G E N D E R E Q U A L I T Y

양성평등인사론

우양호

박영사

머리말

이 책을 쓴 의도는 한국의 정부 관료제와 공직사회에서 '성별', '균형 인사', '양성평등', '차별' 등과 관련된 새로운 주제를 총괄적으로 다루어 보는 것이다. 적어도 최근 몇 년 동안은 공직 인사와 성별 문제를 다루는 책이 국내에 거의 출간되지 않아서, 지금 전국의 학부생과 대학원생은 코로나-19 팬데믹 이전 시절에 나온 다소 오래된 책으로 공부하고 있다. 저술이 시대별 흐름과 세대 변화를 따라잡지 못하고 있으며, 정부 인사나 양성평등 이론 등의 분과 학문의 단절이 우려되고 있다. 지금 대학과 정부도 각각 20대 남녀 학생과 30대 젊은 남녀 공무원을 제대로 이해하고, 다루지 못해서 무척 애를 먹고 있는 것 같다. 세월은 그만큼 유수같이 흐르고, 세대는 빠르게 변해간다. 학문이 현실을 이해하도록 도와주는 돋보기가 되면 참 좋겠다는 생각은 항상 있었다.

학계에서도 인사관리, 인사행정 분야의 인기가 최근 많이 시들해졌고, 학문하는 분위기가 예전 같지 않다. 출판 저술 활동도 예전보다 많이 줄어든 것 같다. 분과 학문에 있으면서 종종 들어온 오해의 목소리는 '인사 관련 책에서는 이제 새로 나올 것이 별로 없지 않나?', '정부 인사정책에 대해 별로 비판의식이 없지 않은가?', '인사는 행정고시나 공무원 시험에 나오는 내용을 그냥 가르치는 것이 아닌가?' 하는 것들이다. 이런 질문들의 근저에는 인사 문제에 대한 오해와 과소평가가 자리 잡고 있다. 필자는 "인사가 곧 만사(人事 萬事)"이고, 시대적 화두는 "성별과 세대" 문제라 생각한다. 이 책은 기존 정부의 균형 인사정책과 제도적 방침에 대해 비판할 것은 비판하면서, 행정학의 본래 성격과 고유한 실용 학문적 가치를 드러내게 하여 이런 오해를 불식시킬 생각이다. 이 책의 출간은 연구자와 학도의 집단 자존감을 높이는 계기가 될 것으로 기대한다.

이 책은 우리나라 정부의 공직 인사 분야의 젠더와 성평등 이슈를 전문적으로 다루는 학술서적으로, 독자와 학생들에게 참신하고 폭넓은 지식을 제공하려 한다. 특히 한국의 정부 공직에 남성과 여성이 각각 참여한 시대적 흐름, 시기별 성별 이슈와 인사의 성평등 주제를 최신 개념을 도입하여 포괄적으로 정리하려 한다. 나아가 이 책은 공직의 인적자원으로서 남녀 인재의 올바른 활용과 성별 공존 방식의 올바른 가이드라인을 최신 트렌드에 맞도록 새롭게 만들어 제시하고자 한다. 이 책을 쓴 필자의 문제의식은 바로 여기에 있었다.

공공부문과 정부 공직 인사에서 남녀의 입직과 성별(gender) 균형의 문제는 한국에서 빈번한 연구와 담론이 이루어져 왔음에도 불구하고, 아직 완벽하게 해명되지 않은 '미완의 과제'로 남아 있다. 공직의 여성 비율 증대, 유리천장과 각종 불평등을 해소하기 위해 양성평등 채용목표제, 승진 할당제가 추진된 최근 30년 동안, 그 변화의 크기는 학자들의 기대에 비해 다소 부족했다. 특히 지난 30년 동안 정부 중간직·상위직 관리자급에서 남녀 성별 균형이 크게 개선되지 못한 사실에 대해서는 누구나 의문을 가질 것이다. 당장 필자를 포함해서 주변 전문가들조차 합당한 설명을 달기가 쉽지 않다. 이제 우리는 공직에서 균형 인사와 성별 평등을 어렵게 했던 모든 가능성을 종합해 볼 때가 되었다는 점을 이 책을 통해 강하게 제기한다.

이 책은 필자의 오랜 연구와 최근의 성과를 다시 정리하여 쓰고, 고치고, 다듬은 것이지만, 책의 출간에 있어서 많은 분들의 도움을 잊을 수 없다. 오랜 시간이 걸린 이 책의 발간을 위해 도와주신 박영사의 안종만, 안상준 대표님과 박부하 과장님, 편집부의 최유라 선생님께도 깊은 감사를 드린다. 항상 바쁜 와중에도 이 책의 마무리 작업에 끝없는 신뢰와 사랑을 보여준 가족들에게도 깊은 사랑과 감사의 마음을 전하고자 한다. 특히 매일 얼굴을 보는 아내와 성인이 된 아들에게는 남편과 아빠로서 "이 세상에서 어느 작은 것 하나라도 이루려면, 남다른 숨은 노력이 있어야 한다"라는 평범한 사실을 몸소 보여주고 싶었다.

2026년 1월

필자 우양호

차례

제1장

왜 지금 '양성평등 인사론'인가?

제2장

유리천장: 승진은 남녀에게 서로 동일한가?

제3장

유리벽과 성별 직무분리: 직무에 남녀 쏠림은 없는가?

제4장

유리문: 공모나 개방형 직위는 남녀에게 고루 분배되는가?

제5장

유리절벽: 퇴직은 남녀에게 서로 동일한가?

제6장

핑크컬러게토: 정부 부처 배치에 남녀 쏠림은 없는가?

제7장

토큰 여성과 여왕벌 신드롬: 허구인가, 실제인가?

제8장

성별 의식의 양가성: 공직의 양성평등은 어떠한가?

제9장

성격 이론과 양성평등: 차별은 선천성인가, 후천성인가?

제10장

한국의 공직 인사, 어떻게 할 것인가?

제1장

왜 지금 '양성평등 인사론'인가?

제1장
왜 지금 '양성평등 인사론'인가?

1 양성평등 인사의 논의와 역사

공직의 여성 참여와 공직 인사의 균형감 있는 여성 대표성' 문제는 행정학, 사회학, 여성학 등에서 20년이 넘도록 활발한 담론이 진행되었고, 분과 학문에서는 상당히 중요한 주제의 하나였다. 기억을 더듬어보면 지난 2000년 이후부터 여성의 공직 진출이 증가하면서 정부 관료제에서 이른바 '소수자'와 '대표성'이라는 개념이 등장하였다. 제도적으로는 중앙정부에 '여성 공무원 채용목표제'가 1999년에 도입되었다. 이것은 몇 년 뒤에 '양성평등 채용목표제'로 이름이 바뀌게 된다. 고위직급에 대한 '여성 관리자 임용할당제'가 처음 도입된 연도는 2002년이었고, 지금도 정부와 각종 공공 인사정책에서 이런 성별 할당제는 크게 유효한 제도로 남아 있다.

결과적으로 보면, 우리나라 공직사회의 인사와 성별 문제에 대한 본격적인 논의와 제도적 장치의 기원은 과거 김대중 정부까지 거슬러 올라가며, 상당한 전통과 역사를 갖고 있다. 약 30여 년 동안 공공 및 민간 부문 학계와 인사 실무 쪽에서는 공직의 성별 문제를 다루었고, 여성 공무원과 직장 여성의 삶과 조직 생활에 대한 논의가 본격화되었다. 필자는 공공 인사 분야에서 기존 저술들이 나온 과거 30년의 시기를 편의상 10년 단위로 끊어서, 생각을 정리해 보았다. 즉 “1세대(1990년대~2010년)”, “2세대(2011년~2020년)”, “3세대(2020년 이후~현재)”로 각각 구분해서 설명해 보려 한다.

1) 1세대와 2세대의 논의

학술서나 전공 서적에서 한국 공직의 성별(gender)에 관련된 주제가 본격적으로 회자되기 시작한 것은 대략 1990년대 말 시기부터로 기억된다. 이 시기부터 전문학술서적이나 교과서 등에는 정부관료제에서의 성별 문제, 대표관료제 낮은 성별 대표성, 공직의 양성평등 문제가 다루어지기 시작했다. 예를 들어 박천오(1996)의 ＜한국 관료제의 이해(법문사)＞, 박재창(2000)의 ＜정부와 여성 참여(법문사)＞, 박통희(2004)의 ＜편견의 문화와 여성 리더십(대영문화사)＞, 주경일(2006) ＜한국 관료제의 이해(경세원)＞ 등이 있다. 1세대에서 몇 되지 않는 이런 서적들은 2000년대 말까지 공직에서의 여성의 참여와 관료제의 대표성과 리더십 문제를 거의 처음 언급한 초창기 저작들이라 할 수 있다.

한국 공직 인사의 성별 균형과 젠더 관련 서적들은 2011년~2020년 사이의 2세대를 거치면서 이론적으로 정교화가 시작된다. 2010년 이전의 1세대 서적들이 양적인 측면에서 대표관료제, 여성대표성, 적극적 조치 등의 시론적 문제를 한국 학계에 제기했다면, 2세대 서적들은 본격적으로 질적인 문제에 주목하기 시작한다. 공직에서의 성차별 이슈나 양성평등, 젠더와 소수자로서의 여성 문제도 본격적으로 다루어졌다. 예컨대, 원숙연(2015)의 ＜젠더 중립성의 신화(이화여자대학교출판부)＞, 박천오(2016)의 ＜한국 정부 관료제(박문사)＞, 박천오 외(2020)의 ＜인사행정론 2판(법문사)＞ 등이다. 이런 저술에서는 공직의 여성참여와 성별 문제가 짤막한 소개 수준이 아니라, 책의 상당 부분을 차지하는 비중으로 다루어지기 시작했다.

1세대와 2세대에 한국에서 공직 여성의 삶, 남녀 구성원의 상대적 인식 등에 관해 선도적이고 우수한 논문들도 많이 나왔다. 학술논문들의 가장 중요한 공헌은 한국 공직에서 여성대표성, 여성의 직무와 삶, 성평등 문제 등에 선험적인 시각을 주창하였고, 결과적으로 책을 쓰기 위한 시대별 자양분으로서 중요한 모티브를 제공하였다는 점이다. 예를 들면 박천오·김상묵·강제상(2000), 박천오·김상묵(2001), 홍미영·강성철(2004), 강인호·권경득(2005), 홍미영(2004; 2006), 김영미·문미경·조경호(2007), 최무현·조창현(2007), 권경득(2010), 박천오(2010), 진종순(2009; 2010), 원숙연(2010; 2015), 진종순·문미경(2018) 등이다. 이런 책이나 논문들은 주로 정부와 공공부문에서 여성 진출이 늘고, 공직사회 조직구조와 문화가 변화를 요구받는다고 보았다. 하지만 이런 변화에 대해 공직은 남성적 성격과 가치, 남성 위주의 문화와 관행, 남성의 기득권 등이 단단하게 선점되고 있다는 결과를 공통적으로 내놓았다.

2) 그간의 평가와 3세대의 논의

그간의 공직 인사의 성별 문제를 다룬 1세대와 2세대 책과 논문들은 학계에 많은 공헌을 했으며, 공직 양성평등 및 균형 인사의 다양한 시사점도 제공했다. 또한 이들 기존 논의는 공직에서 중·하위직과 고위직 여성에 대한 편견이 일부 존재하고, "공직사회 여성이 맡는 자리와 직무는 실질적으로 남성보다는 상당히 제한적"이라는 개연성을 밝혔다. 물론 정부 관료제 책이나 남녀 성별 문제가 다루어진 논문은 꾸준하게 산출되었으나, 다소 일시적이고 파편화된 감이 없지 않았다. 공직의 성별 문제와 균형 인사에 대한 우수한 저작물들이 존재함에도 불구하고, 누군가 나서서 하나의 책으로 정리하고 취합하기에는 열악한 조건들도 분명히 있었을 것으로 생각된다.

지금 시점에 반추해 보자면, 1세대와 2세대에 나온 공직 인사의 성별 균형 인사 관련 국내 학술서와 전공 서적은 그 양과 질에서 지극히 환경적인 제한과 구속을 받았다. 오랜 세월 분과 학문에 종사해 온 본인의 경험으로 보자면, 여기에는 크게 두 가지 이유가 있다고 생각한다.

우선 하나는 공직의 성별 문제, 균형 인사 아젠다가 본질적으로 학제적 성격을 띠기 때문에 행정학의 특정 학문 분과가 주도하거나 체계성 있게 논의되지 않았기 때문이다. 특히 여성학과 행정학에서 분과 학문의 학자 규모(pool)가 상대적으로 작은 것이 상당한 문제점으로 보인다. 인사를 전공하는 신진학자와 후속세대 학자도 점차 줄어들고 있다. 물론 예전보다 인사의 '인기'가 시들한 이유가 가장 클 것이다. 게다가 학문과 제도의 권력관계에 미치는 영향력이 큰 한국 학계의 특성상 공직 인사의 성별 이슈는 학문적 연구와 교육 여건에 있어, 아직도 '주류'가 아닌 '비주류' 위치에 머물러 있다.

기존의 공직 인사와 성별 이론과 학문적 논의가 복잡해진 또 다른 이유도 있다. 예를 들자면, 공직의 양성평등과 성별 균형 문제는 그 발생의 원인과 과정, 현상과 패턴, 공직사회에서의 고용 및 관계, 조직의 소속감과 네트워크 등에 이르는 넓은 스펙트럼을 갖고 있다. 그렇기 때문에 공직의 소수자로서 여성을 바라보는 시각과 그 다양한 경험을 일관된 이론적 접근으로 제시하는 것은 쉽지 않았다. 앞서 밝힌 바와 같이, 한국에서 공직의 여성과 균형 인사의 서적은 양적으로만 봐도 상당히 적고 희소하다. 2000년대 이후에 와서야 조금씩 논문으로 관심을 받고 있으며, 여성학이나 행정학 교과서의 일부로만 다루어지고 있다.

대부분의 기존 저서들이 대표관료제, 공직문화와 조직, 여성리더십, 젠더중립성 등 특정 주제에만 천착하고 있는 것도 적지 않은 아쉬움이다. 이는 한국의 공직 인사의 성별 균형, 여성참여 문제가 시기별로 분절된 원인이 커 보인다. 즉 보수와 진보 정권에 따라 바뀐 역대 정부의 인사정책이나 소수자 현안에 공직 성별의 문제가 큰 영향을 받아왔기 때문이라 본다. 이제는 오랫동안 파편화된 기존의 좋고 훌륭한 문헌과 성과를 하나씩 아우르고 종합해볼 때가 되었다고 본다.

2 새로운 관점과 논의의 시작

이 장은 책의 서설적 성격으로서 한국 공직 여성에 대한 담론과 이론적 존재 양식에 대해서 고찰한다. 이 장은 책의 문제 제기와 서두를 대체하는 부분으로 세부적으로는 공직의 기존 성별 이론과 그 기원에 대해 고찰하고, 현재의 관점에서 재평가해본다. 그리고 기존 한국 공직사회의 대표 관료제 이론에 대한 개념과 접근을 살펴보고, 공직의 여성 친화성, 여성 대표성을 다룬 여러 이론에 대해서도 살펴본다. 공직의 균형 인사와 양성평등의 이론적 기원을 보면서, 현재 단계에서 공직 인사의 성별 균형에 대해 과연 무엇을 어떻게 다시 봐야 하는가에 대해 논의한다.

서설적 성격의 장이 제기하는 문제는 아직은 여성의 숫자가 많아진 공직에서 이제 성별 문제가 그리 심각하지 않고, 여성의 공직생활이 남성과 별반 다르지 않으리라는 예단은 '옳지 않다'는 것이다. 예를 들어, 고위 공직의 극히 낮은 여성 대표성 문제는 행정학자, 정책학자, 여성학자 등에게 거의 20년 가까이 중요한 논의 주제의 하나였다. 중앙정부에 여성 관리자 임용할당제가 처음 도입된 연도가 2002년이었고, 초창기 논의는 약 30년 전인 김대중 정부까지 거슬러 올라간다. 우리 사회와 정부는 여성 공무원에 대한 고위직 진입, 유리천장 깨기, 승진 숫자나 정책적 할당에 몰두해 왔다. 하지만 그 성과는 지속적이지 않았다는 학계의 평가가 많다.

이 장은 한국의 공직 여성에 대한 규범과 평가를 가져오는 과거의 성찰과 기반 구조에 대해 논하고 있으며, 공직에 진출한 여성의 존재와 역량에 대한 사회의 관념이나 시선에 대해서도 설명한다. 특히 한국 공직 인사의 헤게모니와 여성 이슈에 대해서는 '우리는 그렇게 생각하지 않습니다', '과연 무엇을 어떻게 다시 봐야 하는가'라는 제목으로 비평적 관점에서 새로운 문제를 제기하는 데 중점을 둔다.

필자의 시각에 따르면, 2025년을 기준으로 한국 공직 인사의 성별 균형 인사 관련 서적들은 이제 '3세대' 시기에 접어들었다. 그런데 문제는 최근 이렇다 할 책들이 아직 보이지 않고 있다는 점이다. 물론 2021년부터 2023년까지 코로나-19 팬데믹의 장기화로 인하여 분과 학문 모임들이 예전 같지는 않았었다. 기존 1세대와 2세대 집필자들은 대부분 고령으로 인해 연구를 멈췄거나, 교수로서 정년퇴직을 몇 년 앞두고 있다. 인사 전문가와 인사행정, 양성평등 학자분들의 연령이 높아져 가고, 필자도 상황이 크게 다르진 않지만 무거운 책임감은 나름 짊어지고 있다.

무엇보다 위에 소개한 1세대와 2세대 서적들은 상당히 좋은 내용의 책들이지만, 지금 시점의 학술서나 전문교재로 사용하기에는 시의적으로 부족한 감이 있다. 성별 균형과 젠더문제를 카테고리 수준에서 다루거나, 세월이 다소 지난 것들이 많다. 공직의 대표 관료제, 균형 인사의 현재를 진단하고 미래의 방향을 가늠하는 책이 시기별로 정말 중요함에도 불구하고, 아직 시대를 뒤따라가는 모양새이다. 그러나 이런 모든 주제는 한국 공직의 특성과 사회가치의 현실적 변화 같은 측면을 제대로 고려하지 않으면 안 되는 성격을 갖는다.

이제는 1990년 이후 출생자들 집단인 소위 'MZ세대 공무원'들이 공직에 속속 들어오고 있다. 이들은 직업으로서 공직에 대한 생각과 성별에 대한 가치관이 기성세대와 전혀 다르다. 공직의 남녀 평등이나 성별 가치관도 급변하고 있으며, 인사문제의 세대갈등과 성별갈등이 고조되고 있다. 최근 정부도 별도의 책을 스스로 펴내고, 공직자들에게 읽힐 만큼 문제가 크게 인식되고 있다("90년생 공무원이 왔다", 행정안전부 펴냄, 2020년 11월에 출간).

그런 면에서 공직사회의 성별 가치관에 대한 새로운 책들이 학계에서도 꾸준히 나와 현실 세계에 시의적인 도움을 줘야 한다. 한국의 공직의 성별 균형 이슈 및 최신 개념과 동향을 알 수 있는 학술서적을 만드는 것은 연구 및 교육 활성화의 측면에서 필요하다. 이 책은 그런 당위성과 규범의 하나로서 충실한 제 역할을 맡을 것으로 보인다. 그리고 그런 약속은 이 책의 목차와 내용으로 상세한 확인이 가능할 것이다.

지금 이 책이 주장하고 있는 문제의식은 간단하다. 시대적 흐름과 공직의 변화에 착목하여, 성별 균형 인사의 정책내용이 과연 현장의 현실을 제대로 반영하고 있는지에 대한 의문에서 출발하려 한다. 이 책이 갖는 차별성은 향후 MZ세대로의 공직사회 구조변화와 여성 공무원 비율이 지속적으로 증가하는 상황에서 공직 여성에 관한 이론을 풍성하게 만드는 것이다. 그리고 기존 공직의 성별 균형 인사, 남녀 평등 실현, 여성 공무원의 경력 지원, 일과 가족 양립과 워라밸 지원 등의 이슈들이 가진 참모습을 재평가하고 분석해 본다는 점이다.

여성이 많아졌다고 해서 지금 대한민국의 공직은 남녀가 평등한 상황이 되었는가? 결론부터 말하자면 '글쎄, 아직은 아니오'로 대답할 수 있고, 많은 학자들 역시 공감할 것이다. 공직은 우리가 가장 공정하다고 여겨지는 '공무원 시험'을 봐서 대부분 입직을 하고, 일과 가정의 양립이 잘되는 안정된 직업이므로 흔히들 여성에게 제일 좋은 직업이란 생각을 한다. 하지만 공직에 대한 그러한 사회적 인식은 공직에서 여성이 처한 현실과 성별 관계를 정확하게 진단할 수 없게 만들 수 있다.

여전히 공직사회에서 여성은 하위직에 절대 다수가 분포되어 있다. 2020년대 중반 이후에도 국가직 공무원 5급과 4급 중간급에 여성은 대략 6명에 1명 정도이며, 고위공무원단으로 표현되는 고위직은 10명에 1명이 되지 않을 만큼 여성이 희소하다. 물론 지방 공직에서는 남녀 쏠림이 훨씬 심하다. 지난 30년 동안 역대 정부의 성별 균형 인사 정책의 성적표는 냉정하게 보자면 그저 초라하기만 하다. 오랜 세월 동안 학자들과 정책 현장에서의 많은 노력에도 불구하고, 공직의 성별 균형이 전체적으로 개선되지 않은 이유는 분명 보이지 않게 있을 것이다. 그리고 이러한 공직 인사의 그늘과 이면적 속성에 대한 독자의 관심을 다시 환기하는 것도 이 책의 부차적인 목적이 된다.

필자는 책에서 한국 공직 인사의 성별 문제와 균형 인사, 양성평등 주제를 새로운 흐름과 세대 변화로 구분하여 집필하였다. 책의 제목인 <양성평등인

사론>은 앞선 1세대와 2세대 서적들을 참고하여, 공직 진출로 성별 변화를 일으키는 여성 쪽에 더 많은 초점을 맞추려 한다. 그리고 현실적으로 공직의 균형 인사와 양성평등 정책에서는 상대적 소수자인 여성에 주목해 온 이유도 크다. 지금 1980년대 이후 출생자인 MZ세대로 이행된 공직 인력의 구조적 변화도 여성 쪽에 무게가 실린다. 전체 입직 성비는 여성이 약간 더 높기 때문이다.

이 책에서 과거의 이론과 문제점을 되돌아보고, 논점을 명확하게 정하기 위해서는 아무래도 이런 편이 낫다고 판단했다. 물론 학술서적의 정체성을 잃어버리지 않기 위해, 젠더 문제와 여성학적 시각으로 논의를 편향적으로 확대하지는 않는다. 다만 이 책은 한국의 공직사회와 시의적으로 호흡하면서 새롭게 공직의 성별 정체성을 조정하고, 기존 공직사회의 균형 인사와 성별 담론을 새로운 프레임으로 교정하는 것을 목표로 진행이 된다. 다가올 새로운 미래에 대비하여 국내의 독자들에게 새롭게 선보이려는 <양성평등인사론>에 대해 “새로운 이론과 접근”이라는 책의 부제를 굳이 고심해서 달았던 취지도 여기에 있다.

제2장

유리천장: 승진은 남녀에게 서로 동일한가?

제2장

유리천장: 승진은 남녀에게 서로 동일한가?

1 남녀 차별의 이슈와 양성평등

이 장에서는 '유리천장: 승진은 남녀에게 서로 동일한가?'의 내용을 다룬다. 유리천장 이론은 공직 인사 분야에서 최근까지 적지 않은 논문들이 다룬 주제이다. 이 이론은 이제 한국 공직에서도 실증이 많이 된 주류이론이 되어 가고 있는데, 이 장에서는 독자를 위해 그 이론의 기원과 배경을 심층적으로 논의한다. 그리고 유리천장 이론의 토대가 되는 성별 계층화와 승진의 사다리 개념과 그 실제에 대해서 논의를 전개한다. 그리고 유리천장의 대안으로 여겨졌던 발탁인사와 승진 할당제에 대해서는 토큰 여성(Tokens)의 상징성을 중심으로 유리천장 이론이 어떻게 재강화되는지를 논의한다. 유리천장 이론에서 자주 다루어지는 성별 고정관념과 편견을 논의하면서, 여기서는 공직 승진의 수사와 통념이 어떻게 성별로 다르게 작용하는지에 대해서 추론과 논증을 해본다. 그리고 남성 중심적 조직구조와 관료제적 승진 관행에 대해서 현실적으로 작동하는 유리천장 기제들에 대해 토의하는 기회를 갖는다. 주요 논의는 다음과 같이 시작할 수 있다.

한국의 공직사회에서 여성 공무원의 수는 최근까지 꾸준히 증가하여 왔지만, 이들의 '보이지 않는 문제'를 연구하거나 활용하려는 노력은 여전히 저조하다. 아직도 학계에서는 여성 공무원들에 대해 주목하는 학자가 드물며, 공직사회에서는 남성 중심적 인사관행과 여성의 역할과 능력에 대한 편견이 지배하고 있어, 여성 공무원이 중요도가 높은 보직을 맡기 어렵고 승진 등에서도 불이익을 당하고 있으며, 이러한 사실은 최근의 국내의 학술적 논의에서도 간접적으로 확인되었다. 이미 외국에서는 선진국을 위주로 여성의 관리직 진출에 대한 '유리천장(glass ceiling)'이나 '유리벽(glass wall)' 혹은 '분홍색 게토(pink-collar ghetto)' 등에 관한 프로젝트를 추진하였거나 추진하고 있으며, 공직은 물론 사회 전반적으로 내재되어 있는 남녀 간의 불이익을 제거하기 위한 정책적 노력을 경주하고 있는 추세이다.

여성 공무원의 비율이 이미 상당히 높아진 한국도 이제는 인적 자원 활용의 극대화를 위해서라도 여성 공무원들에 대한 논의가 늘어나고 이들을 위한 적절한 인사정책이 마련되어야 할 것이다. 이와 마찬가지로 정부 정책을 결정하는 과정 중에 어느 한 성(gender)에 의한 편파적이고 불평등한 흐름을 막고 남성과 여성 모두의 관심과 경험을 통합하기 위해서는, 모든 정책의 수준과 과정에 여성이 동등하게 참여하고 의사결정권을 가질 수 있도록 여성의 참여 비율을 확대하는 것이 시급하다.

이러한 맥락에서 현재 우리나라 공직에서의 성별 이슈를 둘러싼 가장 중요한 쟁점 사항은 역시 전체 관리직 공무원 수에 비해서 관리직 여성 공무원의 비율은 너무나 저조한 수준이라는 것이다. 그리고 지금까지의 한국의 여성 공무원에 대한 화두가 '차별의 문제'였다면 앞으로는 이를 넘어선 '저활용의 문제' 쪽으로 옮아갈 것이다. 즉 법적·제도적 차별이 많이 개선되고 전체 여성 공무원의 비율이 증가하였음에도 불구하고, 정책결정 과정에 참여할 수 있는 지위에 있는 고위 관리직 여성 공무원의 수가 여전히 낮다면 이에 대한 현상과 원인까지 심층적, 이론적으로 규명해보고 알아볼 필요성이 있다.

기존 한국에 소개된 Gallagher(곽진희 역, 2002)의 저서에 따르면 여성의 고위직 진출이 어려운 이유는 '보이지 않는 차별'인 '유리천장(glass ceiling)'이 존재하기 때문이라고 주장한다. Gallagher(2002)와 이주희 외(2004)에는 여성들이 자신의 커리어를 효율적으로 관리하고 '유리 천장'의 틈새를 통과할 수 있는 방법을 제시하고 있다. 이는 곧 여성들이 성공하지 못하는 이유를 생각하기보다는 성공할 수 있는 새로운 방법을 강조한다. 지금까지 여성들을 가로막고 있는 유리천장에 대한 학술적 논의들은 대부분 여성의 승진을 막는 부정적인 장애물이 무엇인가에 초점을 맞추거나, 남성문화에 정면으로 도전하는 여성의 모습을 부각시켜 소개하는 데 그쳤다고 지적하고, 그 장애물의 틈새를 이용해 정상에 오르는 길을 확인시켜 준다는 점에서 유용하다. 특히, Gallagher(2002)의 논의는 미국의 주요 기업들의 고위급 여성 임원 100여 명을 대상으로 한 인터뷰에 기초하고 있다.

이에 기존 외국의 여러 저서와 학술적 논의에서도 유리천장(glass ceiling)이라는 승진과 경력의 장벽으로 인해 고위관리직으로 올라가려는 여성들이 많은 방해를 받고 있다는 사실을 이론적, 경험적으로 밝혀내고 있다. 세계적으로 볼 때 여성은 전체 노동력의 약 40%를 차지하는데, 공·사 부문을 합쳐 관리직의 경우만 본다면 약 20%가 여성이다. 그런데 한국의 경우 관리직에서 여성의 비중은 많이 잡아 5~6%에 불과하여, 일본 11%, 싱가포르 22%, 네덜란드 23%, 독일 26%, 영국 33%, 뉴질랜드 37%, 미국 43% 등에 비하면 턱없이 부족한 상황이다. 지금 한국의 조직사회에서 유리천장(Glass Ceiling)이 그만큼 견고하다는 것이다.

한국과 마찬가지로 오래전, 미국의 「Wall Street Journal」에서 일본의 기업에는 '콘크리트 천장이 있다'고 하는 기사가 나왔는데, 이는 미국 기업에서 흔히 일컬어지는 '유리천장'이라는 유행어에 빗대어 말한 것이다. 즉, 이는 일본의 조직사회에는 국적이나 성별에 따른 노골적인 승진차별이 있다는 것을 비판한 말이 '콘크리트 천장'이었다. 이런 상태에서는 현지의 우수한 인재를 절대 채용할 수 없기 때문에, 현재 일본의 민간 부문에서는 국적과 성별을 구별을 하지 않는 인사제도를 도입하려고 시도하고 있다.

이에 필자의 견해는 다음과 같이 간단하고 명료하다. 한국의 경우 그동안 공·사 조직을 막론하고 '유리천장'이 아니라 '콘크리트 천장과 시멘트벽'이 있다고 해도 과언이 아닐 만큼 고위관리직에 있는 여성을 찾기 힘들었다. 역시 마찬가지로 학계에서도 공무원직의 성격과 내용을 규정하고 있는 관련 제도와 법률 및 직무의 질과 양이 공무원의 직무수행에 어떻게 영향을 미치는가에 대해서 수많은 인사와 행정학자들의 조사와 검증들이 행해져 왔다. 그런데 이런 논의는 한결같이 '남성'을 공무원의 주류이자, 전형으로 간주하고 있었다. 이는 공무원이 다른 성별로 구성되어 있다는 사실을 간과하고 있으며, 더 심각한 문제는 여성을 공직의 주류세력에서 배제하는 이른바 '성 전형화 현상'을 나타냈다는 것이다.

'성 전형화(sex-typing)'란 어떤 직업이 한 성에 의해 선점되어 다수를 차지하면서, 그것이 당연하다고 여기는 규범적 기대를 갖는 것을 말한다. 성 전형화의 결과는 남녀에게 다르게 나타나는데, 소수집단(minority)으로서 여성은 직업을 제한 당하는 반면 남성은 오히려 성공할 기회와 상승이동에 유리하다는 것이다. 한 예로서, 남성비율이 압도적으로 높은 의사사회에서의 여의사와 대부분이 여성인 간호사직에서의 남성간호사는 각각 상대적으로 그들의 위치가 전혀 다르다는 것이다. 이는 곧 직업적 역할과 성(gender) 역할 간 지위불일치가 일어났을 때 성이 '주된 지위(main status)'가 되어 직업활동을 지배하게 된다는 것을 보여주는 예이다.

무릇 공직의 성비에서의 성 전형화 현상은 여성 공무원에 대한 차별구조를 그대로 대변하고 있다고 볼 수 있다. 특히, 남성 공무원들은 성 전형화를 당연한 것으로 받아들여 왔고, 또 이러한 체제가 지속적으로 유지될 것이라고 여겼을 것이다. 하지만 공직에 성비 변화가 요구되고 또 이것이 양성평등 채용목표제와 승진 할당제와 같은 적극적 정책을 통해 현실화가 되면서 기존의 성비체제를 유지하고자 하는 기존 구성원들의 심리적 갈망은 오히려 보이지 않는 장벽이 될 수 있다. 그런데 이러한 현상은 철저한 계층제의 공직 특성을 반영해 볼 때, 겉으로 표출되는 것보다는 눈에 보이지 않는 '유리천장(glass ceiling)'과 차별의 형태를 띠게 될 가능성이 높다. 이것이 바로 전체 여성 공무원의 비율이 증가했음에도 불구하고, 주요부서와 고위 관리직에서의 여성 비율이 저조할 수밖에 없는 이유에 대한 근거가 되는 것이다.

2 유리천장 이론의 기원과 배경

'유리천장(glass ceiling)'은 1987년 미국 <월스트리트저널>의 기자들이 최초로 만들어 사용했다고 전해진다. 이것은 올라갈 수 있는 것처럼 투명해 보이지만 막상 나아가 보면 더 이상 진입할 수 없는 것으로, 미국에서는 1980년대부터 여성을 포함한 소수인종이 조직의 관리직으로 승진하는 과정에서 겪게 되는 장애를 설명하는 데 있어서 이 용어를 사용해 왔다. 한국에서는 주로 여성학이나 사회학 분야의 논의에서 종종 인용되었다.

이와 비슷하게 '유리벽(glass wall)'이라는 말은 쉽게 말해, 조직 내에서 여성에게 주어지는 역할과 직무가 제한되어 있음을 뜻한다. 즉, 조직의 핵심부서나 중요직책에는 여성이 별로 없으며 대부분 단순 직무나 보조 역할을 하는 경우에 유리벽이 형성되어 있다고 말한다. 여기서 주목할 것은, 유리벽의 문제는 궁극적으로 유리천장 현상과 밀접한 연관이 있다는 것이다. 왜냐하면, 피라미드식 서열조직의 현 공직사회에서 공무원 경력형성의 전형적 특징은 비핵심부서에서 핵심부서로의 수평적 이동을 통해 관리직으로의 상향 이동이 가능해진다는 사실이다.

이러한 전형적인 경력 형성 경로에서 여성 공무원들은 우선 수평이동부터 제약을 받게 되는데, 이를 곧 '유리벽'이라고 하는 것이다. 따라서 여성이 조직 내에서의 전략적이고 핵심적인 부처(인사, 기획, 정책, 재무 등)로 수평이동을 하지 못한다면 핵심 관리직으로의 상향이동(승진)도 불가능하다는 의미에서 유리벽은 유리천장을 초래하는 일차적 원인이 된다고 할 수 있다. 또한 이는 역시 기존의 공사부문의 인사통계에서 경험적으로 증명이 되고 있다.

공직 내 유리천장과 유리벽에 의한 남녀의 직무분리는 곧 수직적, 수평적 분리로 이해된다. 이러한 직종분리의 결과는 임금격차로 나타나는데, 임금격차는 가장 오래된 형태의 성차별이며 성별 직무의 분리가 유지되는 한 계속적으로 존속되기 마련이다. 실제 현실적으로도 공직사회가 성별로 구조화되어 있는 상황에서 여성 공무원은 민원업무, 가정·사회복지와 관련된 업무에 배치되고 있음을 종종 보고 있다. 인사, 기획, 감사 등의 중요업무와 각 부서의 주무과 등 승진과 가깝게 연결되어있는 업무는 여성에게 적합하지 않다는 이유로 배치를 기피하는 경향이 있다. 지금 한국의 공무원 승진과정에서 핵심 평가기준은 근속연수와 훈련성적, 근무성적평정인데 여성은 주요 업무에 배치되지 못해 근무성적 평정에서 낮은 점수를 받게 되어 승진심사 결과 탈락되는 사례가 많다.

조직에 오래 동안 구조화되어온 이러한 인식들과 수평적 관계에서의 '유리벽(glass wall)'은 전형적인 남성들의 직무라고 인식하는 관리직에서의 주요 보직을 여성에게 허용해야만 된다는 사실에 대해 심리적으로 상당한 거부감을 일으키게 된다. 이러한 현상은 여성 공무원이 승진기회와 연관되는 경력과 핵심적인 업무를 수행할 수 있는 보직 배치에서 이중적으로 배제되는 중요한 이유가 되고 있다.

Maume(1999: 483-509)은 기존의 유리천장(glass ceiling)에 대비된 '유리 에스컬레이터(glass escalators)'라는 용어를 처음 사용하였다. 이것은 주로 백인이 흑인보다, 남성이 여성보다 보이지 않는 힘에 의해 자동적으로 승진을 하게 되는 현상을 말한다고 했다. 즉 관리직으로의 승진과정에서 여성은 유리천장으로 막히고, 남성은 유리 에스컬레이터로 자동승진을 하는 경우가 존재함을 경험적으로 규명하고 있는데, 이러한 현상은 여성에 대한 심각한 '이중적 차별'

이라고 강조하였다. 과거 한국의 공직사회도 이러한 사례가 많았을 것으로 사료된다.

이 외에도 '이중유리천장(double glazed glass ceiling)'은 유리천장을 어렵게 극복하고 관리직으로의 진입에 성공한 여성이 조직의 최고위층으로 승진하는 데 있어 다시 유리천장에 부딪히게 되는 현상을 말한다. 이는 하나의 조직에서 여성에 대한 유리천장이 일회적 현상이 아니며, 관리직 여성은 한번 유리천장을 통과했다고 해서 절대 방심하면 안됨을 시사한다. 끝으로 '유리문(glass door)'은 보이지 않는 차별과 고정관념에 의해 특정한 직종이나 부문에 특정 인종이나 여성의 최초 진입조차도 허용되지 않는 현상을 말하는데, 한국에서 공개 시험을 통하여 임용을 하는 대부분의 공직은 이에 해당하지 않는다고 볼 수 있다.

그러면 '유리천장' 발생과 존재의 현실적 가능성에 대해 살펴보면 다음과 같다. 먼저 공직에서 여성에 대한 유리천장이 과연 어떻게 존재하며 이를 가능케 하는 것은 무엇인가에 대한 의문은 기존 문헌이나 사례에 비추어 생각해 볼 문제이다. 이는 이어서 논의할 유리천장 기제들의 일부 원인이라고도 볼 수 있으며, 여기서는 주요 학설이나 주장들이 다음과 같이 정리되었다.

첫째, 양적인 면에 있어 남성 공무원은 물론 최근 들어 여성 공무원 간에도 현재 정도의 인원이면 충분하다거나 적어도 적지 않다고 생각하는 경향이 존재한다는 것이다. 이는 중앙보다는 지방이, 광역보다는 기초자치단체에서 더욱 뚜렷하게 나타나는 경향이 있다. 7급 이하 하위직 여성 공무원의 인력의 비율은 타 직급에 비해 높은 것이 사실이지만 관리직급을 고려할 때 결코 만족할만한 수준은 아님에도 불구하고, 남성은 물론이거니와 여성들 간에도 현재의 인원이 부족하다는 생각을 하고 있지 않다는 점이다. 이는 여성 공무원의 대표성에 대한 문제의식의 부재이다.

특히 이와 관련하여 성공한 여성들의 소위 '여왕벌 신드롬(queen bee syndrome)'은 "여성 후배들이 자신의 모델을 따라 조직이나 사회에서 신분 상승을 꾀하는 경우, 이에 도움의 손길을 전혀 보내지 않는 현상"을 말한다. 또한 외국의 선례에서 사회적으로 유명해지고 성공한 여성들이 그렇지 못한 여성들을 깔보고 폄하하려는 신드롬이 한때 있었고, 문제시되었다는 것이다. 이런 근거가 빈약한 신드롬이 사회 각 부문의 '토큰 여성'과 '잘난 여자'의 구설수를 더욱 부채질하는 것은 당연한 일이다. 특히 이러한 현상은 여성이든 남성이든 '사회적 성공신화'를 모든 것에 우선시하는 한국에서는 더욱 심할 수밖에 없다. 즉, 한국의 조직사회는 여성이 약하면 자연적인 도태를 시키고, 강하면 띄워서 더 많은 부담을 주고 있는 이중적 배제구조인 것이다.

둘째, 공직에서 고위직급으로 갈수록 유능한 여성인력의 이탈 현상이 가속화되고 있다는 점이다. 이는 특히 결혼, 출산, 육아의 단계에 접어들게 되는 경력 5년 이하의 여성이 일과 직장을 겸하기가 매우 어려운 현실에서 기인한다고 하겠다. 정부의 조사 결과에 따르면, 2020년대 이후 퇴직한 여성 공무원의 약 63%가 20~30대에 퇴직한 것으로 밝혀졌다. 이는 남성 공무원 퇴직률 30%의 2배가 넘는 수치로서 대부분의 퇴직한 기혼 여성 공무원이 아이를 낳은 뒤 직장을 그만뒀다고 대답함으로써 출산과 육아가 여성 근로자의 직장생활을 어렵게 하는 주요 요인으로 작용하는 것이 입증되었다.

여성의 직장생활과 자녀의 수에 관한 논의들을 살펴보면 여성 관리자들은 남성 관리자들에 비해서 자녀를 가진다는 것이 쉽지 않은데, 이는 자녀 유무 및 자녀 수가 여성이 직업에서 경력을 쌓는데 직접적인 관련이 있다는 결과들이 학자들을 통해 밝혀지고 있다. 여성의 성공과 관련된 요인으로 늦은 결혼이나 독신을 들 수 있는데, 그 이유는 결혼은 남성에게는 승진을 위한 동기부여 요인이 되지만 여성에게는 오히려 동기부여의 감소 요인으로 작용하기도 하기 때문이다.

셋째, 불가피한 선택의 상황에서 가급적 여성을 소외시키려는 공직문화의 존재이다. 정부의 통계조사 결과에 의하면 민간과 공직의 남성 관리자들은 여성인력에 대해 기피하는 성향이 높은 것으로 나타났다. 이는 전문성이 강조되는 공직에서는 어느 정도 상쇄될 수도 있으나, 결혼, 출산, 육아로 인한 공백에 대한 부담이나 업무의 속성상 당직, 출장, 파견에 제약이 있다는 잠재적 우려에는 공통적이라고 할 수 있다. 또한 1997년 IMF 외환위기, 2008년 금융위기를 거치면서 한국 사회에서 여성은 변화된 조직풍토에 의해 '가장'의 위치에 있는 '남성'에게 자리를 양보해 주어야 한다는 의식이 당연시되어 능력에 상관없이 여성은 직장에서 퇴출 1순위에 놓이게 되었던 것이다.

넷째, 여성만이 소유할 수 있는 미래상의 부재 현상이 유리천장 강화의 원인이 된다. 예를 들어, 정부의 한 조사에 의하면 많은 여성 공무원이 아직도 자신이 속한 조직 내에서 비전을 갖지 못하고 있는 것으로 나타났다. 여성은 시작부터 수적으로 열세에서 출발하고 조직과의 연대감 형성 또한 쉽지 않은 것이다. 또한 결혼, 출산, 육아로 인한 경력 단절은 영향력(power)이나 승진기회에서 여성이 상대적으로 불리하게 만들며, 업무 수행에 있어서도 위험 감수를 회피하도록 한다. 이에 사기(또는 조직몰입)와 생산성이 떨어진 여성인력은 출산과 육아의 부담을 이기지 못하고 직장생활과의 병행을 단념하게 되며, 이러한 경력단절은 조직 내부적으로 여성인력에 대한 투자와 활용증강을 회피하게 하는 근거를 제공하는 악순환을 거듭하게 되는 것이다.

다섯째, 민간과 공공부문의 많은 여성 관리자들은 승진에 노골적인 관심을 보이지 않는다는 것이다. 아니, 관심이 없는 척하는 것이 더 타당하다고 본다. 상징적으로 극소수인 토큰 여성은 이제까지의 자리에 오른 것도 '승진에 관심을 둔 것이 아니라 일이 좋아 열심히 하다 보니 여기까지 왔다'고 한다. 여성 관리자들의 이런 태도는 남성 중심의 조직에서 승진에 대한 관심을 노골적으로 나타내는 여성들은 남성들에게 경쟁과 위협을 유발할 수 있기 때문일 수도 있고, 실제로도 욕심이 없어서 남성들에게 위협적인 존재로 인식되지 않는 여성들만 승진시키는 풍토가 있을지도 모른다.

이와 관련하여 양성평등을 다루는 기존 학자는 여성들이 직장생활 초기에는 장차 관리자 지위에 오르는 데 관심이 없을 수 있더라도 그 기회를 차단하지 말 것을 강조한다. 직장생활 초기부터 교육훈련 기회가 있으면 챙겨 받고 자신의 상품 가치를 높임으로써 나중에 고위직 진출의 발판이 되도록 해야 하기 때문이다. 그리고 일단 관리직에 진입하면 다음 단계를 위해 신경을 쓰기 시작해야 하는데, 여성들은 관리업무에 대해 좁은 생각을 가지는 경향이 있는데 이 때문에 손안의 업무를 정복하는데 모든 에너지를 소모하느라 다음 단계의 일, 더 나은 일로의 경로를 준비하지 못하는 경향이 있다고 했다. 당장 주어진 업무를 완전하게 수행하는 데만 중점을 둬서, 보다 나은 시스템과 환경을 만드는데 필요한 장기목표에 신경을 쓰지 못한다면 하부직원들에게는 불행한 일이라는 것이다. 여하튼 이러한 복합적 원인들은 결국 조직에서 유리천장을 생성·강화시키고, 여성들에게 그것을 실제 느끼게 하는 원인이 되었다고 할 수 있다.

3 유리천장의 선험적 논의들

Morrison(1987)은 조직 내 관리직 여성의 차별현상에 대해 세 가지의 기본 가설을 이론적으로 상정하고 있다. 그것은 각각 여성의 사회적 배경과 자질의 문제, 관행화된 조직문화의 문제, 사회적 편견과 고정관념으로 인한 차별이다. 더욱 구체적으로 여성이 차별을 경험하는 상황으로 몰리는 데는 여성에게 좋지 않은 근무조건, 남성 위주의 조직문화, 그리고 여성 자신의 내부적 문제가 가장 중요한 요인이라고 밝힌다. 그 밖에도 여성의 가정에 대한 부담감, 남성들의 여성에 대한 심리적 불편함, 여성은 관리자로서의 리더십이 부족하다는 고정관념 등도 차별을 강화시키는 역할을 하고 있다고 주장했다.

Guy(1993: 279−282)는 직장에서 성의 역할, 남녀공무원의 경력발전의 비교, 직업에 관한 정책의 남녀반응, 사회적 배경, 가족책무, 선배의 지도(mentoring) 등에 관한 조사를 실시하여 소수여성이 관리직급에 오르지 못하는 요인을 밝히고 있다. 구체적인 내용은 다음과 같다. 그에 의하면 성은 조직의 모든 진행 과정에 투입되고 조직원의 행위와 사건 해석의 틀을 형성한다. 미국 6개 주(Alabama, Arizonaa, Califonia, Texas, Utah, Wisconsin)의 관리직 직업공무원을 조사한 결과 행정관리에서 성(gender)은 지역배경이나 정치적 전통보다 개인의 지위에 더 많은 영향을 미치고 있으며 여성은 남성보다 불리한 여건에서 직무를 수행한다는 결론을 내린다. 권력을 상징하는 장의 지위는 남성이 지배하고 여성적 업무로 간주되는 부서의 장도 대부분 남성이 차지하고 있다. 그에 의하면 남녀는 문화적 기반이 같아도 경력의 발전, 개인의 사회적 배경, 가족에 대한 책무, 선배에 대한 접근, 성폭력, 조직문화 적응성, 관리스타일, 정책 선호 경향에 차이가 있다고 주장한다.

역시 그는 여성과 남성은 보직경로가 다르고, 여성은 전통적 남성 직종에 수가 적고 복지, 보건, 노동 관련 부서에 집중적으로 배치되어 있으며, 극소수 여성은 남성 동료보다 더 젊어서 관리직에 이동하는 경향이 있고, 여성 관리자는 남성 관리자보다 보수가 적고(남성 관리자의 80-90%), 사회적 배경은 여성이 동급의 남성보다 교육수준, 가족배경 면에서 우월하며 이것은 보통의 남성은 관리계층의 상급으로 승진할 수 있으나, 보통의 여성은 어렵고 그 이상이어야 한다는 것을 의미한다는 것이라고 했다.

또한 최상위직(top level)의 남성은 동급의 여성보다 전통적 가족생활을 유지하고 있는 비율이 높다. 즉 가사부담이 여성에게 불리하게 작용하고 있으며 비전통적 생활을 하는 여성은 예외적 존재라는 부담을 지닌다. 최고관리직의 여성이 소수여서 여성들은 여성 선배를 통한 유대나 조언의 기회가 남성보다 적은 것으로 나타났다. 관리직 남성의 57%가 조언을 받을 수 있는 기관장급(director) 남성 선배가 있는 반면, 여성은 35%가 멘토 선배가 있다고 답하였다. 여성이 남성 선배(mentors)를 만날 수는 있지만, 부하 여성이 처하는 장애에 대하여 선배나 상사 격인 남성은 의식조차 하지 못하는 경우가 있어 조언이 어렵다고 말한다.

Bullard & Wright(1993: 189-202)는 여성 공무원에 대해 여성과 남성이 보직경로가 다르고, 여성은 전통적 남성 직종에 수가 적고 복지, 보건, 노동 관련 부서에 집중적으로 배치되어 있다고 주장한다. 이에 극소수 여성은 남성보다 더 젊어서 관리직에 이동하는 경향(이른바 토큰 여성)이 있고, 여성 관리자는 남성 관리자보다 급여가 적고(남성의 80-90%수준), 사회적 배경(가정환경, 교육)은 여성이 동급의 남성보다 우월한 것으로 나타났다. 이러한 사실은 보통 수준의 남성이 관리직급으로 승진할 수 있는 반면, 보통수준의 여성은 이것이 어렵고 모든 면에서 남성의 수준 이상이어야 한다는 것을 의미한다고 했다. 또한 최고관리직에 여성이 소수여서 여성들은 여성 선배를 통한 유대나 조언의 기회가 남성보다 적은 것으로 나타났다. 관리직 남성의 57%가 조언을 받을 수 있는 기관장급(director) 남성 선배가 있는 반면, 여성은 35%가 있다고 답하였다. 여성이 남성 선배(mentors)를 지닐 수 있지만, 여성이 처하는 장애에 대하여 남성은 의식조차 하지 못하는 경우가 있어 조언이 어렵다고 말한다.

Naff(1994: 507-514)는 미 연방정부의 공무원을 대상으로 1964년부터 차별철폐를 위한 조치가 행해져 왔음에도 연방정부 관리직급에는 여성 공무원이 부족한 원인을 찾고자 했다. 이용된 자료는 U. S. Merit Systems Protection Board(MSPB)에 의해 1991년~1992년 동안 작성된 데이터로서, 구체적으로는 연방정부 소속 중고위급 공무원에 대한 14개의 표적집단(Focus Group)의 조사와 U. S. Office of Personnel Management(OPM)의 Central Perssonnel Data File(CPDF)이었다. 그 결과 여성 공무원은 직무경험과 교육수준 등의 요소뿐만 아니라 전통적으로 여성의 비업무영역으로의 진입 갈등이 잠재적 생산성과 능력 개발을 방해한다고 말했다. 그리고 여성 공무원은 경쟁상황에서 다양한 고정관념(stereotype)에 직면하고 있으며, 해결책으로 차별을 해소시킬 실제적·구체적(concrete)인 기관과 관리자의 도입을 주장하였다.

Ely(1994: 203-238)는 조직 여성들의 비율에 따라 여성들 간의 관계가 달라지는지를 검토하였는데, 조직의 성 차별 분위기가 클수록 여성 공무원 리더의 여성 상사와의 관계가 더 나빴다. 이러한 결과는 조직의 여성에 대한 불평등 구조가 커질수록 여성들의 승진 기회가 적어지고, 따라서 여성들은 이러한 적은 기회나 자원을 놓고 서로 경쟁하게 될 수밖에 없음을 보여준다. 또한 이 경우 남성주도적 문화를 전적으로 수용해야 살아남을 수 있기 때문에 후배 여성들에게 멘토링을 할 여유가 없어지고 따라서 적절한 역할 모델이 되기 어려워진다. 앞으로의 논의에서는 여성들끼리의 연대와 조직이 잘 되어 있는 경우와 그렇지 않은 경우에 여성 리더들의 삶의 만족도와 여성 리더 효율성 평가가 어떻게 차이가 나는지를 검토할 필요가 있다. 또한 어떠한 요인들이 여성들 간의 협동과 연대 의식을 높이는가의 진위 여부를 검토할 필요가 있다.

Ely(1994)는 여성 고위직의 비율을 한 요인으로 들고 있고, 문헌에서는 조직의 성차별 문화를 지적하였다. 이렇게 볼 때 고위직 여성들의 수를 늘이는 것이 이전보다 민주적인 성평등 분위기를 만들어 가고 또한 여성 리더들의 효율성을 높일 수 있는 하나의 관건이 될 수 있다. 그러나 지방정부에서 고위직으로 올라갈수록 여성들의 비율이 낮으며, 이러한 현상의 원인이 상당 부분 남성들은 물론 여성들 스스로도 자신들이 관리자로서 적절하지 않다고 평가절하는 데에 있는 것으로 파악하는 논의도 있다.

Yishal & Aaron(1997: 441-465)는 일에 대한 몰입도에 있어서 남녀 간에 별다른 차이가 없음을 알려준다. 외국의 경우 이렇게 소수의 문헌이 있지만 전체적으로 볼 때 여성 공무원의 직무태도나 행태와 관련된 증명들은 극히 제한되어 있다. 이는 외국의 민간 부문에서 직무관련 성별 차이에 관한 논의가 매우 활발하게 이루어져 왔고, 학문적 주제 또한 리더십, 직무만족, 조직몰입, 일중독 등으로 다양한 것과 대조를 이룬다.

Nath(2000: 44-52)는 미국 인디언 여성 관리자의 전통적 역할과 관리직 진출 및 직장생활의 딜레마를 분석하고 있다. 각 부문의 인디언(혼혈) 출신 여성 관리자 20명에 대한 심층 인터뷰를 통하여 소수인종 여성이 관리자로서 성공하는 요인과 보이지 않는 장애요인을 규명하고 있는데, 크게 가족들의 지원과 격려, 조직에서 핵심역할을 하기 위한 개인적 노력과 노하우로 나누어 논의하고 있다.

Wrigley(2002: 27－55)는 의사소통과 조직의 공적인 관계에 있어 여성이 성차별의 개념에 대해 어떻게 바라보는가에 대해 27명의 여성 관리자에 대한 초점집단면접(focus group interview)의 방법을 이용하여 실증적으로 다루고 있다. 논의 결과, 유리천장의 존재를 부정(denial), 성 역할 사회화(gender role social－ization), 과거의 선례(historical precedence), 여성들 사이의 반목(turning against other woman), 집합적 문화(corporate)가 주요 원인으로 나타났다. 또한 이러한 결과에 대해 인종평등과 여성학의 관점에서 극복전략을 제시하고 있다.

4 유리천장에 대한 해외 사례

'유리천장'에 관한 해외의 선진국 사례는 적극적 조치(Affirmative Action Program)의 실행으로 요약된다. 선진국들의 여성 공무원 현황을 살펴보면 한국과 마찬가지로 남성 공무원에 비해 적은 것은 사실이나 여성 공무원의 상위직 비율이 10%에서 24% 정도로 한국보다는 월등히 높은 비율을 차지하고 있는 것을 알 수 있다. 이러한 원인은 외국 선진국들이 여성 채용 및 승진에 있어 평등한 기회를 보장하기 위하여 적극적인 조치를 취한 결과라고 할 수 있다.

여성과 소수 민족을 우선 채용·승진하는 것을 원칙으로 한 소수계층 보호정책, 가정생활과의 병행을 위한 시간제 근무, 여성승진 할당제, 여성승진 우선권 등의 적극적 추진, 각 지방정부 수준의 여성 지위 향상을 위한 조치 등이 꾸준히 실시됨으로써 양성평등 구현의 속도를 촉진시키고 있다. 한국도 인사혁신처와 여성가족부가 있어서 각 부처에 분산되어 있는 여성 업무을 일괄적으로 관리, 집행하도록 하는 것은 환영할 만한 일이었으나, 선진국(미국, 영국, 일본 등)처럼 인사상 차별을 금지하는 적극적 조치를 취할 수 있는 기구가 될 수 있을지의 여부는 아직 미지수로 보인다.

1) 미국의 고용기회평등위원회(EEOC: Equal Employment Opportunity Commission)

미국 연방정부는 1965년 7월 고용기회평등위원회(EEOC : Equal Employment Opportunity Commission)를 설치하여 고용계약에 있어 인종, 성, 지역, 연령 등에 의해 채용, 승진, 보수 등 인사상 차별을 금지하는 적극적 조치를 이행하도록 지도 및 감독을 하고 있다. 고용기회평등위원회는 개인의 인종, 피부색, 종교, 성별(임신 여부, 성 정체성, 성적 지향 등), 국적, 연령(40세 이상) 장애 또는 유전적 요인으로 인한 구직자 및 근로자 차별을 금지하는 연방법의 시행 기관이다. 고용기회평등위원회의 목표는 모두에게 동등한 기회를 제공하는 한편, 성별과 인종에 관계 없이 공평하고 모든 것이 갖춰진 직장을 제공하는 것이며, 위원회의 사명은 불법적인 고용차별을 바로잡고 예방하며 모든 사람에게 평등한 기회를 제공하는 것이다.

예를 들어, EEOC에서는 1998년 한 해 동안 연방정부와 관련해서 12,218건의 차별과 관련된 사례를 접수하여 그 중 7,494건을 해결하였다고 한다. 1972년에는 고용기회평등위원회가 '성차별에 관한 지침'을 발표하여 성의 정형화된 특성에 근거를 둔 고용과, 남성의 직무와 여성의 직무의 구분, 그리고 남성 또는 여성이라는 제목하의 광고를 금지시켜 여성의 실질적인 평등을 촉진시키는 계기를 마련하였다. 1991년에는 Glass Ceiling Act(The Civil Right Ats of 1991, Title Ⅱ)를 제정하여 각 행정기관에 여성에 대한 승진과정에서의 차별이 없도록 개선책을 강구하고 있다.

그리고 미국의 연방인사관리처(OPM: The United States Office of Personnel Management)에서는 연방 공무원의 성별과 인종에 기반을 둔 인적 구성의 다양화와 의사결정직의 여성 참여를 촉진시키기 위하여 매년 정책 실효성을 평가하고 개선현황을 파악하고 있다. 미국에서 15명 이상의 직원이 있는 기업은 고용기회평등위원회 법률의 적용을 받으며, 이 법률은 고용, 해고, 승진, 직장 내 괴롭힘, 임금, 복리후생 등 모든 종류에 근로 상황에 적용된다. 특히 고용기회평등위원회의 채용차별 방지 가이드라인(Uniform Guidelines on Employee Selection Procedures)은 채용 공고 시에 성, 인종, 피부색 등을 명시하는 것과 특정 성별을 제한하는 것을 엄격히 금지하고 있다.

2) 미국의 연방유리천장위원회(FGCC: Federal Glass Ceiling Commission)

연방유리천장위원회(Federal Glass Ceiling Commission)는 미 연방정부가 1991년에 민권법(Civil Rights Act)이 개정되면서 신설되었다. 즉 소수 민족, 특히 여성이 민간 부문에서 책임 있는 위치로 승진할 수 있는 다양한 기회를 인위적으로 증진시키고, 이에 관한 장애의 요인을 규명한다는 목적으로 설립한 기구로서, 대통령이 임명하는 21인의 위원으로 이루어져 있으며 노동부 장관이 의장직을 맡았다. 이 기구는 미국 민간기업에 대해 경영과 의사 결정직으로의 승진, 리더십 교육훈련 활동, 평가보상 시스템 등 세 가지 영역에서의 성비 및 성구분을 점검하는 역할을 수행하였으며, 대략 5년 남짓 활동 후 1996년에 해체되었다.

미국에서 여성인력의 활용을 위한 지원 정책의 일환으로 여성의 승진 차별을 금지하고 여성의 관리직 진출을 지원하였다는 점에서 미국의 유리천장위원회(Glass Ceiling Commission)는 긍정적인 평가를 받고 있다. 구체적으로 위원회의 목표는 민간 기업의 최고 경영층에서 주요한 5개 목표 집단, 즉 모든 여성, 흑인 남성, 인디언 남성, 아시아 및 태평양 섬 출신의 남성, 스페인계 남성의 승진에 영향을 주는 장애 요인, 기회, 정책, 의식, 제도에 대한 정보를 체계적으로 수집하는 것이었다. 즉 여성 노동력을 포함한 노동력 다양화 정책이라고 할 수 있는데, 이를 통해 위원회는 소수민족이나 여성들이 미국 기업 내에서 관리직이나 의사 결정직으로 승진할 수 있도록 하는 각종 지원 방안과 승진에 대한 인위적인 장벽에 대해 탐구를 하고, 그러한 결과에서 발견된 주요한 사실과 결론, 그리고 그와 같은 결론에 기초한 정책 건의 사항을 서면으로 대통령과 의회의 관련 위원회에 제출하는 업무를 수행하였다. 결국 이러한 정부의 적극적인 여성인력 활용 정책은 여성의 관리직 진출 등 인력 활용에 지대한 공헌을 했다는 평가를 받았다.

따라서 이러한 사례에서 미국 정부는 여성 차별 이슈에 대해 적절한 시기에 필요한 부분에 대해서 한시적이지만 적극적으로 개입하고 있으며, 인센티브의 부여와 현실적 접근을 병행하였다는 점에서 주목할 만하다. 즉, 연방유리천장위원회는 정기적으로 발간하는 보고서에서 여성인력 활성화에 앞장서는 기업의 사례를 자세히 소개하는 한편, 여성의 승진을 모든 기업에 대해 일괄적으로 요구하는 것이 아니라, 국가 성장산업 부문 내의 대기업으로 일정하게 제한함으로써 재계 전체가 여성의 고위직 확대에 대해 느끼는 부담을 경감시키는 방법을 취하였다. 연방유리천장위원회의 보고서에는 여성 친화적 정책이 이직률과 결근율의 감소, 생산성의 증가를 통해서 금전적인 이익을 가져왔다는 논의들이 있는데, 한 예로 직장보육시설을 제공한 결과 여성들의 조직몰입도와 직무만족도가 크게 증가하였고, 반대로 사직이나 이직률이 크게 감소하였다고 한다.

3) 미국 시민단체 'Catalyst'와 'Catalyst Award'

민간기업과 여타 민간 부문에서 고위 관리직으로의 여성 진출을 표방하는 "Catalyst"는 현재 미국 사회에서 가장 영향력 있는 시민단체(NGO) 중의 하나로, 올해 2004년에 설립 42주년을 맞이했다. 이 단체는 자체적인 여성 차별에 관한 탐구의 객관성과 "Catalyst 상(Catalyst Award)"의 독립성을 기반으로 기업과 정부에 대한 압력단체로서의 입지가 확고하다.

특히 1987년에 창설되어 매년 여성 고용과 승진에서 탁월한 실적을 보인 기업에게 수여하는 'Catalyst Award'의 경우 수상 후보 기업들의 경영진 커미트먼트, 측정 가능한 실적, 책임성의 소재, 재적용 가능성(replicability), 독창성 등을 평가하는데, "Catalyst"는 1998년부터 시상식이 끝나면 상을 수상한 기업의 심층적 자기진단, 유명 여성 기업인을 초청한 성공전략 강연, 그리고 여성 채용 및 유지와 승진 관련 성공사례 등의 세션을 실시하고 있다. 과거의 주요 수상기업은 American Express사, General Mills사, J. P. Morgan Chaset 등이 있다.

한편, Catalyst는 '기업의 편이나 적'은 아니며 상호 공생관계를 지향하는 전략으로 주목할 만하다. Catalyst는 독립성과 엄정성을 지키는 동시에 기업과의 우호적 관계를 통해 실질적인 영향력 행사에 성공하고 있는 경우이다. 그리고 특이하게 기업으로부터 재정지원을 받으면서 대기업 CEO들로 이사회를 구성하고 있다. 과거 이 단체의 대표 쉘라 웰링턴은, 유리천장의 가장 큰 이유가 대부분의 남성에게는 멘토(mentor)가 있고 여성에게는 없기 때문이라고 주장한다. 최근 번역된 저서에서 그녀는 남성이 지배하는 일의 세계에서 어떻게 여성이 앞으로 나아갈 수 있는지, 스스로 멘토가 되는 법을 알려주려 한다.

4) 영국의 기회균등위원회(EOC: Equal Opportunities Commission)

영국의 경우, 관리직 여성 공무원 수는 점차 증가 추세에 있으며, 1984년과 비교해 볼 때 SCS 직위의 경우 6%에서 1997년 15%로, Grade 6 및 7의 경우 1984년에는 7%에서 1997년에는 19%로 증가되었다(Cabinet Office, 영국의 인사혁신처에 해당). 이렇게 여성 공무원의 상위직 진출이 증가하게 된 계기는 영국 정부가 1975년 성차별금지법을 제정한 이래 이의 실천을 위하여 1976년에 기회균등위원회(EOC: Equal Opportunities Commission)가 설치되고, 공직에서의 남녀 평등이 인사정책의 근간으로 되면서부터였다. 영국의 모든 정부와 부처는 이 기회균등의 원칙을 준수하도록 한 데서부터 유리천장에 대한 인식과 조치가 비롯된 것이었다.

이 제도의 골자는 "공무원으로서의 채용과 승진 등 경력 발전에 있어서 모든 대상자는 그 직무수행에 필요한 능력, 자격, 적격성에 따라 균등한 기회가 주어져야 하며, 연령, 성, 혼인 여부, 장애, 인종, 피부색, 종교 등에 따라 차별이 가해져서는 절대 안된다"라는 것이었다. 이는 기회균등위원회를 중심으로 각 부처의 기회균등 담당관이 협력하여, 성차별에 대한 문제 제기가 있을 시 조사하여, 시정명령을 내리고, 총리실 산하의 공공서비스실(OPS)은 각 부처로부터 이에 대한 각종 자료를 제출받아 기회균등에 관한 집행 현황을 점검하고 이행한 데서 비롯된 것이나, 아직 영국의 여성 공무원의 경우 특히 상위직 여성 공무원이 적은 것이 여성들의 불만으로 나타나고 있다.

이어 기회균등위원회에서는 여성 공무원의 평등을 촉진시키기 위해 1984년 공무원 행동계획(Civil Service Action Programme)을 수립하여 관리직 여성 공무원의 불균형을 철폐하기 위하여 의도적으로 고위직 및 관리직 공무원에 여성을 임명토록 하고 있으며, 여성 공무원의 신규 진출을 장려하고 있다. 또한 공무원 행동계획을 지원하기 위한 정책으로 고위직 및 관리직 여성 공무원에 대한 동등한 훈련기회를 제공하고, 여성 공무원에 대한 경력 및 능력향상을 위한 특별훈련계획(Speial Training Programmes)을 운영하고 있으며, 여성 공무원 인사정책의 실효성 평가와 개선 현황을 파악하고자 공직사회의 기회균등 프로그램(Equal Opportunities in the Civil Service)을 계획 · 운용하고 있다.

5) 일본의 남녀공동참획 플랜

일본의 경우, 1970년대 중 · 후반부터 공직에서 공직의 성별 균형과 여성의 관리직 진출에 대해서 각별한 관심을 갖기 시작하여 정책을 입안하였다. 일본 정부는 1977년 국내 행동계획을 수립한 후, 이어 1987년 신국내 행동계획을 재수립하여 정부위원회 여성위원 목표율을 1995년까지 15%로 설정하였다. 그 결과 여성위원 비율이 1975년 2.4%, 1980년 4.1%, 1985년 5.5%, 1991년 9.0%, 1992년 9.6%, 1993년 10.4%, 2000년대에는 15% 이상의 수준으로 증가하였다. 1996년에는 공직의 여성 참여 확대와 여성의 능력개발의 촉진을 도모하기 위하여 '남녀공동참획(參劃) 2000년 플랜'을 수립하였다. 남녀공동참획은 양성평등을 일본식 고유어로 바꾼 표기이다.

일본 정부에서는 구체적인 양성평등인사의 개혁 방법으로 채용 시에 성 편견주의가 영향을 미치지 못하도록 면접에서 평가 항목을 객관화하고 면접 과정에서 남성과 여성을 면접관에 함께 임명하는 조치를 강구하고 있다. 그리고 이러한 적극적 조치를 일본 정부는 장기간 꾸준히 유지하고 있다. 우리나라 정부의 총리실에 해당하는 일본의 내각부 산하의 남녀공동참획국은 우리나라 인사혁신처와 과거 여성가족부를 합친 것과 유사한 업무를 하는 조직이다. 남녀공동참획국에서는 일본 정부의 양성평등 인사 통계와 연차별 보고서 자료를 꾸준히 생산하고 있다.

5 남성적 조직구조와 관료제적 승진 관행

'승진(promotion)'이란 현재 담당하고 있는 직무보다 책임과 권한이 한층 무거운 상위의 직위로 이동하는 일이며, 하위직급에 재직 중인 공무원을 상위직급에 임용하는 것을 말한다. 일반적으로 승진은 더욱 높은 책임의 증대를 수반하며 보수가 증가하게 되고, 이전보다 큰 위신이나 지위를 가지게 된다. 따라서 동일 직급 또는 동일 등급 내에서 호봉만 올라가는 승급(호봉승급: with-in-grade-salary increase or upgrading)과는 구분되며, 상위의 직위로 이동한다는 점에서 동일한 책임과 권한의 다른 직위로 수평적으로 이동하는 배치전환(transfer)과도 구별된다. 현재 공직사회에서 공무원 개인의 승진이 조직과 개인에 미치는 영향은 매우 크다고 할 수 있다. 특히 지금도 개선 중이지만 공무원 보수의 적정화(optimum)가 아직 완전하지 못하고 권한(authority)이 상위직에 집중되어 있는 상황에서 공무원의 공통적인 욕구(common needs)와 가장 큰 관심사의 하나는 '승진'이다.

특히 서열화와 계층제적 구조(hierarchy structure)를 유지하고 있는 정부의 공공조직 내에서 승진이 지니는 의미는 조직전체와 개인적으로 매우 중요하다. 즉 조직의 입장에서는 승진은 결원 보충의 불가결한 수단이며, 구성원의 직무 동기(motivation)를 유발시키고 자기 발전 노력을 자극하는 수단이며, 공무원들의 입장에서는 승진은 지위 상승과 직업생활 관계 개선의 기회가 된다. 우선, 보수가 인상되고 직무의 중요성(importance of job), 부하의 수가 많아지고, 책임도 커진다. 즉, 여러 측면에서의 신분적 상징(symbol of life–station)이 달라지는 것이다. 마찬가지로 승진은 능력의 증거라고 많은 사람들이 이해한다. 승진에 의한 조직 내에서의 지위 향상은 다른 사회관계에서도 인정되고 존중된다. 승진된 사람에게는 새로운 사회적 평가가 형성된다. 다른 한편으로 인사관리적 관점에서 볼 때, 승진은 조직체의 인적자원 수요를 내부에서 충원하는 것을 말한다. 승진은 인적자원의 확보라는 측면 이외에도 인적자원의 개발과 경력개발의 관점에서도 중요한 의미를 지니고 있다.

이러한 승진의 기준은 여러 가지 방향으로 논의될 수 있으나, 대부분 다음과 같은 측면에서 논의된다. 우선 기준의 성격으로 주관적인 것과 객관적인 것으로 구별할 수 있는데, 주관적 기준은 면접, 근무성적평정, 인사권자의 판단, 승진심사위원회의 결정 등이며, 객관적 기준은 필기시험, 경력평정, 교육훈련 등을 들 수 있다. 만약 주관적 기준의 '정확함'이나 '공정성'을 믿을 수 있다면 승진 기준으로서 감독자나 상급자 또는 인사권자의 주관적인 판단이 가장 이상적이지만 실제로는 그렇지 못하기 때문에 객관적 기준과 혼용되는 것이 일반적이다. 현실적으로 보면, 한국 지방공무원의 현행 승진은 근무성적, 경력, 기타 능력의 실증에 의하여 임용하되, 일반승진, 공개경쟁 승진, 근속 승진, 특별 승진 등이 있다. 결국 이는 연공주의와 능력주의 중에서 어느 쪽에 비중으로 두느냐로 나뉠 수 있는데, 개정된 일반승진은 양자 모두에 해당되며, 근속 승진은 연공주의, 공개경쟁 승진과 특별승진은 능력주의에 가깝다고 볼 수 있다.

승진의 공정성에 있어서 가장 중요한 정책문제는 '경력'과 '능력의 상대적 중요성'이다. 즉 경력 위주가 되느냐, 실적 위주가 되느냐의 문제이다. 이것은 다음과 같은 두 가지의 기본적인 질문을 야기한다. 첫째, "가장 오래 근무한 직원이 반드시 가장 유능한가?", 둘째, "선임권에 의해서만 자동적으로 좋은 직위에 자격이 부여된다면 업무 수행을 개선하기 위하여 신입자에게는 어떠한 유인이 있겠는가?" 하는 것이다. 일반적으로 선임권에 의한 승진은 행정의 침체를 자아내며, 실적에 의한 승진은 공직에 활력과 청신한 기강을 부여한다고 생각하기 쉬우나 결정적인 것은 아니다. 승진 기준으로서의 경력과 실적은 종류에 따라 장단점이 있고 조직체에 따라 이용하는 방법도 일정하지 않으나, 단일기준을 쓰는 경우는 오히려 드물고 대개는 복수의 기준을 동시에 적용하는 것이 보통이다.

승진 인사에서 복수의 기준을 사용하는 경우에는 어떤 기준들을 어떠한 배합 비율로 채택할 것인가 하는 문제가 제기된다. 물론 이때에는 각 기준의 성격과 일반적 용도를 충분히 검토하여 구체적인 사정에 적합하도록 채택해야 할 것이다. 공직의 능률 향상과 안정성 유지, 재직 의욕과 사기의 제고 등에 관한 제반의 요구를 균형 있게 조화시킬 수 있는 배합을 이루어야 하며, 또한 형식적으로 정해 놓은 배합 비율은 얼마든지 왜곡될 수 있는 것이다. 예컨대 경력과 실적이 같은 배합 비율로 정해져 있는 경우에 실적의 사람에 따른 평점에는 거의 차이가 없다면 실질적으로는 경력만이 기준이 되는 셈이 되어 남녀의 배분 비율은 형식화되고 마는 것이다.

공공부문과 민간조직에서 여성은 남성과의 경쟁에서 이기기 위해서는 남성과 동등한 차원을 넘어 월등하다는 것을 증명해야 하고 여성성이 아닌 남성성의 특성을 개발하고 추구해야 한다. 이러한 과정에 잘 적응하지 못하거나 적응의사가 없는 여성은 공식적으로는 퇴직이라는 자발적인 의사표시를 하고 조직에서 퇴장하지만, 사실은 조직에서 부적격자로 간주되고 있음을 인지하고 떠나는 것이다. 칸터(Kanter)에 의하면 조직에서 인정받기 어렵다고 판단되거나 소외되는 개인들은 조직을 떠나려는 경향이 높으며, 여성 공무원의 조기퇴직

원인도 남성 중심 조직문화의 여성소외에서 비롯된다고 한다.

'특별하고 극소수인 여성의 승진 케이스'에 대해 칸터(Kanter)는 최초로 "토큰 사례(token case)"라 불렀다. 구체적으로 그는 조직 내부에서 여성 비율이 15% 이하인 경우의 여성을 일컬어 '토큰(token)'이라고 정의했는데, 이는 수적으로 너무 적어 조직 내 집단을 형성할 엄두를 낼 수 없을 뿐만 아니라, 명목상의 지위만을 지녀 실제적인 힘을 갖지 못하는 경우를 말한다. 그는 남성들과 어깨를 견주며 공직 발전에 따른 막중한 임무를 남녀가 동등하게 수행해낼 수 있으리라 기대했던 여성들이 실제 공직생활을 경험하면서 그들이 소수 토큰 집단이었음을 깨닫는 데는 그리 오랜 시간이 걸리지 않는다고 했다.

또한 그에 의하면 직무교육을 마친 후 보직과 직무, 평정과 진급 등 경력관리에 있어서 여성 공무원은 남성 공무원과는 다른 경로를 밟고 있으며, 토큰 여성의 운명이란 그 고유의 '희소성' 때문에 사람들로부터 특별한 기대를 받게 되어 잘하면 잘한 대로 못하면 못한 대로 그 잘하고 못함이 과장되어 평가된다. 그리고 개인의 특성과 능력으로 절대평가되는 것이 아니라 여성의 특징인 것으로 정형화되어 평가되므로, 결국 토큰 케이스로 승진한 여성은 구조적으로 다수집단 남성이 정형화시키고 있는 여성 이미지에서 구속된다는 것이다.

결과적으로 여성이 일정 직급 이상 승진하는데 제한이 존재하면 '특별한 일부 여성'만이 승진하게 되고 대부분은 승진이 제한되는데, 이때 승진이 제한된 사람들은 계속 근무하기보다는 조기퇴직을 선택하는 경향이 강하며, 더욱이 가사와 육아로 인해 어려움을 겪고 있던 젊은 층의 여성들은 중간 퇴사하는 경우가 많아지게 된다는 것이다. 최근에 학자들은 유리천장에 의한 여성 공무원의 경력 거름(career filtering) 현상으로 대부분 조기퇴직을 선택한다고 했다. 따라서 여성 공무원의 승진 소요 기간과 퇴직 시기는 곧 유리천장의 존재를 부분적으로 설명할 수 있다.

그러면 이에 대한 현실적 실태는 어떠한가? 먼저 '승진'에 대해 2020년대 이후 수년간 정부의 자료를 들여다보면, 대략 다음과 같은 경향성을 보여준다.

직급별 승진 소요 기간의 경우 직급이 높을수록 승진에 소요되는 기간이 늘어나는 것으로 나타났다. 구체적으로는 '9급 → 8급'이 평균 3.8년으로 진급하는 기간이 가장 짧았고, 다음은 '8 → 7급'은 평균 5.7년, '7 → 6급'은 평균 6.2년, '6 → 5급'은 평균 8.3년, '5 → 4급'은 평균 9.4년이 소요되는 것으로 나타났다. 성별로는 5급 이하까지 진급하는데 소요되는 기간이 남녀 간에 커다란 차이가 없었으나, '5 → 4급'으로 진급하는데 남성은 평균 7.5년, 여성은 평균 9.4년으로 남성이 여성보다 약 2년 정도 진급 기간이 짧은 것으로 나타났다. 바꾸어 말하면, 여성에 대한 유리천장은 여기부터 시작된다고 추정할 수 있다.

정부의 인사 통계를 장기적으로 들여다보자면, 근무처별로는 국가직 공무원이 지방직 공무원에 비해 진급 소요기간이 상대적으로 짧았다. 또한 공무원이 '9급 → 5급'까지 진급하는데 중앙행정기관은 21.3년이 소요되고, 자치단체는 25.1년, 기초자치단체는 27.0년이 소요되는 것으로 나타났다. 또한 승진 기회에 관한 설문 중 '남녀 차별 없이 평등하게 제공' 항목에서 남녀 간에 반대되는 평가가 이뤄졌는데, 남성은 73.4%가 '지켜진다'고 평가한 반면, 여성은 73.4%가 '지켜지지 않는다'고 평가했으며, 하위행정기관(기초자치단체: 71.2%)일수록 '지켜지지 않는다'라고 보는 평가가 높게 나타난다. 공직에서 이동영역이 좁거나 이동이 불가능한 직종의 종사자는 업무 경험이 협소해지고 인간관계 폭이 좁아 인사에서 불리해지는 것이 현실이다.

다른 한편으로 별정직 또는 계약직은 배치가 고정됨으로써 자신은 물론 부하직원들도 인간관계의 폭이 제한되어 불만의 요소가 된다. 일반직 상관은 보직경로를 밟아 이동하므로 부하들은 다양한 상관을 만나게 되고 그게 인연이 되어 조직생활에서 여러 가지 도움을 받을 수 있는 기회가 주어진다. 그러나 별정직 또는 계약직은 상관은 이동이 어려우며 특히 그 부하가 별정직인 경우, 인간관계 영역은 상호 제한하는 기능이 있어 더욱 좁아진다. 현재 지방직 4급 이상 여성 공무원 중 별정직과 계약직 공무원의 비율이 남성에 비해 높다. 또 상위직 여성 공무원을 별정직이나 계약직으로 외부 공개 채용하는 경우 내부 여성 공무원의 승진이 침체되어 여성 공무원의 사기를 저하시킨다.

현실적으로도 공직사회가 성별로 구조화되어 있는 상황에서 여성 공무원은 민원업무, 가정·사회복지와 관련된 업무에 배치되고 있음을 보고 있다. 인사, 감사 등의 중요업무와 각 부서의 주무과 등 승진과 가깝게 연결되어있는 업무는 여성에게 적합하지 않다는 이유로 배치를 기피하는 경향이 있다. 승진과정에서 주요한 평가 기준은 근속연수와 훈련성적, 근무성적평정인데 여성은 주요 업무에 배치되지 못해 근무성적 평정에서 낮은 점수를 받게 되어 승진심사 결과 탈락되는 사례가 많다. 이러한 차별은 여성 공무원이 승진기회와 연관되는 경력과 핵심적인 업무를 수행할 수 있는 보직 배치에서 배제되는 이유가 된다.

다음으로 남녀공무원의 퇴직 실태를 알아보자. 2020년대 이후의 정부의 공무원 퇴직통계를 보면, 퇴직 기간이 5년 미만인 여성이 가장 많아 남성의 경우 20년 이상 장기근속자가 다수인 것과 대조적이다. 또한 현실적으로 결혼전에 직장생활을 하지 않은 경우에는 취직이 더욱 불가능하기 때문에 이러한 결과는 과거에 비해 여성 비율이 높아지기는 했지만 공직에서의 여성 비율, 특히 관리직의 비율은 여전히 낮은 수준이며 여성 공무원의 상당수가 결혼과 출산, 유리천장의 상황을 겪으면서 직장을 그만두고 있음을 입증하고 있다. 이는 여성의 직업욕구와는 괴리된 현실을 반영하는 것이다. 왜냐하면 공무원을 포함한 대부분의 직업여성들은 직장생활을 계속 하기를 원하기 때문이다.

근래의 남녀직업에 대한 통계청의 조사(“통계로 보는 여성의 삶”)에 의하면 여성 취업자의 희망취업 지속 기간은 “늙어서 할 수 없을 때까지”가 33.2%로 가장 높았고, “쉬고 싶을 때”, “경제적 여건이 좋아지면”의 순으로 나타났다. 직종별로는 전문직, 기술직 및 준 전문직 종사자는 “늙어서 할 수 없을 때까지” 취업을 희망하는 비율이 높았고, 서비스판매직 및 단순노무직 종사자는 “경제적 여건이 좋아지면” 그만두겠다는 비율이 가장 높았다. 상식적으로 공무원은 전문직 내지 준 전문직에 속한다고 볼 수 있으므로, 여성 공무원은 곧 정년퇴직 때까지 재직을 희망하는 것을 쉽게 알 수 있다.

고착된 남성 위주의 승진 관행이나 조직구조에 대한 부정적 인식을 탈피하기 위해 현재 정부가 추진 중인 공직 부문의 '여성 관리자 임용확대계획'을 더욱 적극적으로 확대할 필요가 있다. 이에 대해 정부 부처인 여성가족부와 한국여성개발원과 한국여성단체협의회 등에서는 정부의 목표율을 연도별 2%씩 추가 상승시켜야 하며 임용 실적에 대한 점검 및 평가를 현행보다 강화시켜야 한다는 지적을 했다. 현재 여성 공무원에게 근무성적평가가 불리할 수밖에 없는 것이, 승진에서 필수적인 근무성적평정제도는 근무성적평정(50점), 경력평정(30점), 훈련성적평정(20점) 등으로 매겨지는데 경력이나 훈련성적은 객관적 평가가 가능하지만 가장 큰 근무성적평정은 전적으로 상급감독자(남성)의 몫이기 때문이다.

그리고 외부에서 전문능력을 갖춘 여성인력을 별정직이나 계약직으로 임용하는 것도 하나의 방법이 되겠지만, 현실적으로 여성 관리자를 충원하는 방안은 6, 7급 여성 공무원을 승진시키거나 5급을 고시로 신규 임용하는 방법밖에 없는데, 분명 신규채용에는 한계가 있을 것이다. 따라서 승진 할당에 의해 선진외국의 '적극적 조치'와 같이 여성 공무원의 승진상황이 강제적인 방법으로나마 개선될 것이며, 이의 부작용(역차별 주장)을 막기 위한 보완책을 함께 강구해야 한다.

그러나 제도적 조치만 이루어진다고 해서 견고한 유리천장과 유리벽이 저절로 사라지는 것은 아니다. 여성 '스스로의 유리천장 존재 인식(self glass ceiling)', 여왕벌 신드롬, 토큰의식, 여성의 상호 교류나 정보 수집을 근본적으로 차단하는 남성 중심적 조직문화가 남아있다면 유리천장이 깨어질 가능성은 매우 낮다. 여성 관리자들을 싫어하는 원인으로는 "직급이 높아지면 시킬만한 적당한 일이 없다.", "여성인력에 대한 배려가 오히려 남성의 역차별이다.", "결혼, 출산, 육아로 인한 공백으로 생산성이 저하된다.", '성희롱 이슈에 대한 부담이 있다.", "소명의식과 주인의식이 남자에 비해 절대 부족하다.", "야간근무, 장기출장, 파견이 어렵고 본인도 싫어한다.", "일부는 소심하고 예민한 편이다." 등이다.

이는 대부분 여성에 대한 고정관념으로 볼 수 있으나, 남성 관리자들은 자신들이 직접 여성 공무원과 동료, 부하직원으로 같이 근무하면서 경험한 사실이라고 종종 말해 주목할 만하다. 공직에서 남성 공무원이 연공서열에 의해서 일정 기간이 지나면 거의 자동으로 승진하는 데 비해 관리직으로 승진하는 여성의 경우는 이른바 '간택' 내지 '등용'되는 성격이 강하게 나타나고 있었으므로 이러한 문제에 대한 주목 역시 필요하다.

6 남녀 평등의 '이분법'을 넘어서: 정책의 지속가능성

결과적으로 정부와 공직사회의 조직문화를 변화시키기 위해서는 첫째, 정부가 보다 적극적으로 여성에게 조직의 내·외부에서 승진을 위해 관리자로서의 다양한 경험을 쌓게 해주고, 남성만의 네트워크가 공유하는 기본적 정보를 여성도 공유할 수 있도록 해주는 작업이 필요하다. 그리고 이때 중요한 것은 이런 유리천장과 유리벽 깨기는 여성에 대한 배려의 차원이 아니라 여성인력의 성공적 활용을 통해 효율성을 높이기 위한 국가의 생존전략 차원임을 구성원 모두가 인식하는 데서 출발해야 한다는 것이다.

둘째, 관리직급에 있는 남성 공무원과 중간관리자의 의식 개선을 위한 실효성 있는 교육프로그램을 시급히 마련해야 한다. 현재 공직에서 남성은 업무지향적일 경우 적극적이라는 이유로 높은 점수를 얻지만, 여성은 억척스러운 인물로 폄하되고 업무보다는 관계 지향적 행동이 높게 평가된다. 따라서 여성이 승진하려면 업무처리 능력은 기본이요, 남성들에게 위협적이지 않도록 유순하게 행동해야 한다는 '이중적 부담'을 지고 있으므로 학계와 실무자는 이를 심각한 문제의식으로 바라보아야 한다. 마찬가지로 관리직은 하위직보다 전체 공직문화의 형성에 있어 역할 비중이 크기 때문에 여성에 대한 고정관념의 탈피와 함께 소수자와 여성에게 쏠려 있는 인적자원 활용 문제에 대한 대승적 차원의 인식이 반드시 필요하다.

정부의 남녀 평등에 대한 의식교육이나 프로그램 훈련뿐만 아니라 실제 업무가 얼마나 여성인력 개인의 역량에 맞게 주어지는가도 점검하여 개선해 나가야 할 과제이다. 구체적으로 규모가 있고 복잡한 업무를 수행할 기회가 여성에게 부여되었는가, 전문성과 협조가 요구되는 업무 경험을 거쳤는가, 고도의 의사 결정력이 요구되는 업무에 배치된 적이 있는가 등을 인사기록과 내부통계로 관리해야 한다. 이에 희망적인 것은 정부는 계속적으로 관리직 여성 공무원을 육성, 관리하기 위한 실무적 방안을 각 부처와 지방자치단체에 권고하고 있다는 것이다. 가장 최근 나온 방안으로 '관리직 여성 공무원의 인명록'을 작성하여, 지속적인 인력풀(pool)의 관리를 가능케 함과 동시에 승진이나 보직 배치에서의 후보를 선정할 때 적극 활용하려 노력하고 있다.

실무교육에는 보고서 작성, 업무 계획 수립, 기안 작성 요령 등에 관한 매뉴얼 개발이 선행되어야 한다. 또한 민간 전문교육기관 위탁교육을 확대, 권장하는 방안인데, 공무원교육훈련기관 교육과정에 여성참여비율 확대하고 업무실적의 집계시 성별 분리통계 작성 의무화할 것, 운영실적에 따라 공무원 교육훈련기관 평가 시에 가산점을 부여하는 방안이 검토될 수 있다. 그리고 훈련대상자 추천 시에 해당직급 여성 공무원 비율 고려하여 장·단기 국내외 교육훈련 프로그램에 여성 공무원 참여를 확대하는 것과 장·단기 교육 개설 확대 및 참여 활성화를 통한 하위직 여성 공무원의 교육훈련 기회 확대가 이루어져야 한다.

구체적으로 이러한 프로그램의 수행 방안은 여성 및 인사관련 전문가에 의한 강의도 있겠지만, 관련 학술단체의 도움을 받은 학술 세미나 개최를 통해 상호 입장 차이를 줄이기 위한 실무토론 등의 방안도 고려되어야 한다. 비단 공직에서의 여성 활용 문제에 관해 한국은 아직까지 계몽적, 인지적인 상태로 이러한 인식의 부재를 해결하지 않고서는 변화하는 정책 환경에 지속적으로 적응할 수 있는 유연성과 관리능력을 갖추기가 어렵다고 판단된다. 남녀 평등에 기초한 변화된 동반자 관계(Partnership)는 인간 중심적이고 지속 가능한 국가개발(Human-Centered and Sustainable Development)을 위한 전제 조건으로 여성 공무원 활용의 문제를 보다 장기적인 안목에서 전략적으로 접근하려는 노력이 필요하다고 생각된다.

장기적으로 국가의 모든 정책이 결정되고 시행됨에 있어 사전에 그 정책의 남성과 여성에 대한 영향이 고려된 분석을 거침으로써, 정책의 성 불평등 효과를 사전에 제거할 수 있도록 모든 정책결정 과정에 성인지적 관점을 통합하도록 촉진하는 작업이 필요하다. 이러한 여성 친화적 정책의 특수성은 곧 정책을 수행하기 위한 여성정책 행정조직 역시 특수하게 짜여질 수밖에 없음을 의미하게 된다. 국가의 모든 부처의 정책 수행이 성인지적으로 이루어지기 위해서는 이러한 것을 가능하게 해주는 행정 조직상의 뒷받침이 요구된다고 볼 수 있다.

정책형성 전 단계에서 남녀에게 미치는 영향을 고려하여 정책을 기획하고 집행하며 평가하기 위해서는 우선 성인지적 시각 또는 관점이 필요함은 물론 이러한 작업을 할 수 있도록 안내하는 구체적인 지침 또는 정책도구가 필요하다. 성인지적 정책을 형성할 수 있도록 도와주는 정책도구를 외국에서는 성분석(gender analysis), 양성평등분석(gender equality analysis), 성별 영향평가(gender impact analysis)라는 명칭으로 부르고 있으며 캐나다, 뉴질랜드, 유럽의 몇몇 국가에서 시범적으로 사용하고 있다.

제3장

유리벽과 성별 직무분리: 직무에 남녀 쏠림은 없는가?

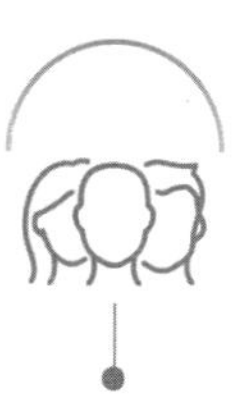

제3장

유리벽과 성별 직무분리: 직무에 남녀 쏠림은 없는가?

1 유리벽 이론의 기원과 배경

이 장에서는 <유리벽과 성별 직무분리: 보직과 직무에 남녀 쏠림은 없는가?>의 제목을 통한 논의를 한다. 유리벽과 성별 직무분리는 유리천장의 선행적 원인이 될 수 있다. 여성이 공직에 입직하여 중요한 보직과 핵심 직무를 맡지 못하는 경향이 있고, 이것이 승진 경력의 낮은 경쟁력으로 이어진다는 논리이지만, 아직 국내에서는 많이 다루어지지 않았다. 이 책은 유리벽 이론의 기원과 배경에서 출발하여, 수평적 성별 분리와 수직적 성별 분리에 대해 심층적으로 다룬다. 그리고 성별 분업의 문화와 성비 불균등의 구조가 유리벽을 발생시킨다는 점에 대해 문제를 제기하고, 공직사회에서 개연성이 있을 법한 여성의 성 역할 갈등과 남성화의 문제, 성별 소수자로서의 자기방어기제 등에 대해서도 심층적으로 분량을 안배하려 한다.

유리벽(glass wall)은 "조직 내에서 여성에게 주어지는 역할과 직무가 보이지 않게 제한되어 있음"을 뜻한다. 기존 문헌에서 정의된 유리벽의 원래 개념은

"조직에서 특정한 부서나 직무에 유색인종이나 여성의 진입이 전혀 허용되지 않는 현상"이었다. 이로 말미암아 유리벽은 최근 '유리문(glass door)'의 일종으로 표현되기도 한다. 좋은 직무와 보직을 통한 전형적인 경력형성 경로에서 여성은 우선 수평이동에서부터 보이지 않는 제약을 받게 되는데, 이를 유리벽이라 부르는 것이다. 유리벽은 부서와 보직이동에 있어서 여성의 범주는 극히 제한되어 있다는 표현으로, 전형적인 남성들의 직무라고 인식하는 주요 직무나 보직을 여성에게 허용해야 된다는 사실에 대한 심리적 거부감에서 비롯된다고 한다. 유리벽이 양성평등인사에서 화두가 된 배경은 다음과 같이 설명된다.

우리나라에서 공직사회에서 여성을 둘러싼 성별 이슈의 문제는 양적 문제(quantity question)에서 질적 문제(quality question)의 패러다임으로 전환되고 있다. 지난 1996년부터 2002년까지 공직에서는 '여성 공무원채용목표제'가 실시되었고, 2003년부터 최근까지는 양성평등 채용목표제가 실시됨으로써, 여성의 공직 유입과 양적 대표성에는 상당한 가시적 성과가 있었다. 공직에서 여성의 비율은 2000년에 약 31.5% 정도였으나, 2007년에는 40.1%로 증가하였으며, 2016년에는 44.6%, 2025년에는 49.4%까지 늘어났다. 우리나라 공무원 정원 약 100만여 명 중에서 여성은 거의 절반인, 약 49만 명 이상으로 추산되고 있다. 이런 성별 변화는 계속 진행형으로 보인다.

여성 비율의 이러한 외형적 증가에도 불구하고 공직사회의 여성 역할 수용, 대표성 인식 등은 전통적 여성상, 고위직 여성 공무원의 수적 부족, 남성 지배적 조직문화와 가치관 등에 여전히 가로막혀 있는 것으로 논의된다. 공직사회에서 여성의 양적 증가는 고무적이지만, 이것이 남성과의 절대적 평등을 뜻하는 것은 아니기 때문이다. 게다가 근래에는 일자리 창출과 경력단절의 배려차원에서 시간선택제 및 기간제 공무원이 정책적으로 늘고 있는데, 여기에도 여성이 80% 이상 고용되는 것으로 알려져 있다. 정규 공무원보다 처우가 열악하다거나 계약직 혹은 시간제 공무원에 여성이 훨씬 많다는 것은 이제 놀라운 사실이 아니다.

유리벽으로 인한 유리천장 현상에 관한 보다 자세한 내용으로서는 '유리천장 깨뜨리기(이주희, 전병유 역, 제인 리 지음, 2000, 한울출판)라는 책을 소개하고자 한다. 이 책에서 저자들은 한국기업에서의 여성 관리직 실태를 조사하기 위해 각 기업의 여성고용 현황과 인사원칙 등을 조사하고, 관리직에 있는 여성들에 대한 심층 면접을 실시했다. 그 결과 여성이 상위 관리직으로 진출하는 데 장애가 되는 일반적 저해 요인으로 여성의 경험 부족, 경력 형성 기회의 제약, 경영 핵심의 남성 중심적 네트워크, 성차별적 관행과 명목상의 성차별 폐지 등을 지적했다. 그런데 유리천장의 문제는 곧 유리벽(Glass Wall) 현상과 연관된다. 피라미드식 조직의 대기업에서 경력 형성의 전형적 특징은 비전략적 부서에서 전략적 부서로의 수평적 이동을 통해 핵심 경영관리직으로의 상향이동이 가능해진다는 점이다.

이런 전형적 경력 형성 경로에서 여성들은 우선 수평이동부터 제약을 받게 된다. 이를 '유리벽' 현상이라고 부른다. 저자들은 여성이 제품개발이나 마케팅 등 기업조직 내에서의 전략적 부문으로 수평이동을 하지 못한다면 핵심 경영관리직으로의 상향이동도 불가능하다는 의미에서 유리벽은 유리천장을 초래하는 일차적 원인이 될 수 있다고 주장한다. 그런 의미에서 저자들은 유리천장과 유리벽을 없애기 위한 가장 기본적인 방법으로 성별 평등을 구현하고자 하는 기업체의 체계적인 인적자원 관리전략을 제시한다. 이 전략의 핵심은 '능력과 전문성에 기초해 편견 없이 같은 기회를 제공한다'는 것이다.

그러나 제도적 차별이 없다고 해서 견고한 유리천장과 유리벽이 저절로 사라지는 것은 아니다. 저자들은 여성의 네트워킹이나 정보 수집을 근본적으로 차단하는 남성 중심적 조직문화가 만연하다면 유리천장이 깨질 가능성은 매우 낮다고 지적한다. 따라서 성차별적 조직문화를 변화시키기 위해서는 기업이 보다 적극적으로 여성에게 회사 안팎에서 미래의 승진을 위해 기업 운영에 대한 다양한 경험을 쌓게 해주고, 남성만의 네트워크가 공유하는 기본적 정보를 여성도 공유할 수 있도록 해 주는 작업이 필요하다. 그리고 무엇보다 중요한 것은 이런 유리천장과 유리벽 깨기는 여성에 대한 배려의 차원이 아니라 여성 인력의 성공적 활용을 통해 효율성을 높이기 위한 기업의 생존전략임을 구성원 모두가 인식하는 데서 출발해야 한다는 점이다.

공직을 포함한 여성의 직장생활에서 현재까지 검증된 이슈들은 주로 여성에 대한 무형적이고 보이지 않는 '차별(discrimination)'의 문제였다. 즉 여성에 대한 편견이나 고정관념, 남성 위주의 조직문화, 여성 배제의 구조 및 차별적 관행 등의 문제였고, 주로 여기에 근거한 논의가 주류를 이루고 있다. 전통적으로 동양의 유교문화권하에 있었던 우리나라에서 공직이란 직업은 오랫동안 남성의 전유물(male－dominated occupation)이었기 때문이다. 공직 분야 내에서도 특정한 직무의 사회적 파급효과가 크거나 고도화된 재량을 요구하면서 숙련된 노하우를 가진 직무는 지속적으로 남성의 특권으로 인식되었다.

그런 이유로 공직에서 여성은 남성보다 상대적으로 다양한 부처와 중요한 직무에 종사하지 못하고 있으며, 특정 부처나 기관에 편중되는 현상이 계속 나타나고 있다. 하지만 이런 상황은 공직의 발전과 성과 향상에 부정적인 요소가 될 수 있다. 이제는 중앙정부뿐만 아니라 지방의 공직사회에서도 여성 공무원에 대한 여성 친화적 정책은 조직의 성과 창출과 유의미한 인과관계가 증명되고 있기 때문이다. 따라서 현재 시점에서 공직에 유리벽과 성별 직무분리의 개념을 도입하고 이를 논의해 보는 것은 중요한 의의가 있을 것이다.

2 유리벽과 성별 직무의 분리

유리벽(glass wall) 이론에 따르면 여성 직무와 남성 직무의 분리는 현대사회 전체에서 지속적으로 존재해 왔다고 한다. 그런데 만약 어느 조직에서 관행상 범주화된 어떤 직무에 여성들이 지속적으로 배치되는 것은 그 직무의 지위나 이미지가 하락한다는 것을 의미할 수 있다고 본다. 해외사례의 경우 공공부문의 지역사회서비스 부문에서 남성보다는 여성이 단순 업무와 대인 직무에 많이 노출되지만, 그 인내력은 오히려 약해서 퇴직이나 이직이 유도되는 것으로 나타나고 있다. 특히 국내외적으로 여성이 최초 공직에 채용될 때에는 높은 지적 기준과 인성, 자질이 적용되지만, 정작 공직에 진입한 뒤에 여성이 맡는 직무는 남성의 그것과 차이가 있다는 측면에서 직무몰입과 동기부여에도 성별 직무분리는 큰 장애가 되는 것이다.

오히려 외국의 경험에서 흔히 나타났던 성별 직무분리 현상은 여성의 실질적인 권익증진으로 포장되어 왔다고 평가된다. 즉 "우리 조직은 여성들의 직무와 보직에 있어 성차별을 하지 않으며 여성을 대우한다"는 것을 대외적으로 알리는 것에만 주력했다는 점이다. 환언하면 전통적인 남성의 직무에 여성이 들어가더라도 다른 구성원으로부터 제대로 인지되고 대접을 받는데 있어 한계를 보이게 된다는 것이다. 새로 남성적 직무를 수행하게 되는 여성은 기존의 남성과 같이 직무수행에 있어 많은 재량을 부여받을 엄두를 낼 수 없을 뿐더러, 거의 명목상의 직책만을 가지기 때문에 행동에도 보이지 않는 제약을 받게 된다는 점이 발견되었다. 따라서 성별 직무분리는 장기간 잠복성과 고착화 과정을 거치면서 자연스럽게 출현하게 된 소위 '여성전용 직무영역(works only for women)'을 만든다. 나아가 조직 내부의 여성이 가진 성별 정체성을 도구적(instrumental existence)이면서 소외적인 존재(isolated existence)로 고착시키는 최우선 기제(priority mechanism)가 된다는 점이 바로 성별 직무분리가 갖는 심각성으로 규정된다.

성별 직무분리와 관련 있는 직장 여성의 개인적 요인에 대한 가장 일반적인 설명은 주로 여성 개인의 자질 혹은 자격이 남성에 비해 낮기 때문이라는 주장이다. 이에 반해 노동시장의 구조적 요인이 이러한 여성의 불리함을 설명해 준다는 관점은 개인적 자질에 상관없이 노동시장의 구조적 특성으로 인해 여성은 특정부문에 고용되는 경향이 있으며, 이러한 경향에 의해 여성은 남성에 비해 임금을 적게 받는 등의 불이익과 차별을 당하게 된다고 주장한다. 이러한 관점들은 논의의 구조가 개인적 자질과 노동시장의 구조로서 매우 상반되지만, 이들이 공통적으로 지적하는 것은 분명하다. 그것은 여성이 결혼과 출산, 자녀의 양육, 집안일 등의 가사노동 등으로 인해 고용이 안정되지 못하며, 이와 같은 이유로 직장에서의 경력이 지속적이지 못하다는 것이다.

이런 논리는 이른바 이중노동시장론(double labor market, dual labour market) 혹은 분절노동시장론(segmented labor market)의 이름으로 알려져 있다. 즉 이것은 개인적 접근이 가정하는 남녀 간의 능력경쟁이 아니라 노동시장 구조 자체의 불완전성과 불평등성을 인정하는 모델이다. 그리고 가장 대표적인 기제는 성(sex)에 의한 이중화 및 분절이다. 즉 성에 의한 분리는 자본주의 발전단계에서 자본이 최대한의 이윤을 확보하기 위해 직무구조를 계층화하고 남녀 노동력의 자연적, 사회적 차이를 기초로 노동자 집단을 이질화하였기 때문인데, 성(sex)은 대표적인 자연적 차이의 하나로 직업과 직종을 분절화 시킬 수 있는 가장 중요하고 유용한 기준으로 활용되어 왔다. 남성은 흔히 고용의 안정, 고임금, 최적의 승진과 직업훈련 등을 보장받는 반면, 여성은 대체로 고용의 불안정, 임시직과 저임금, 적절한 승진의 기회나 직업훈련이 거의 없는 상태로 고착화된다는 이론이다. 이는 현재 공공부문과 민간 부문의 직무와 직군 모두에 광범위하게 확산되어 있다는 주장이 많다.

직장 세계에서 여성의 직무가 남성과 동등한 위치에 있지 않다는 것을 단적으로 보여 주는 것이 여성의 평균 임금이 남성에 비해 낮다는 점이다. 또한 서구나 아시아권에서 조직에서의 위상이나 지위가 높은 행정관리직이나 전문직 혹은 기술직에는 여성의 분포가 낮고, 위상이나 지위가 낮은 단순 노무나 보조업무, 서비스직에 여성의 분포가 높게 나타난다는 점에 있어서도 직무분리의 가능성을 의심할 수 있다. 이렇게 여성들이 특정한 직업들에서 과잉 혹은 과소 분포되어 사람들에게 여성 직무 혹은 남성 직무로 받아들여진다는 사실은 성별 직무분리의 고착화와도 관련이 깊다고 한다.

공직에서 성별 직무분리는 여성과 남성이 질적으로 다른 두 개의 직무집단, 혹은 직무군으로 분리되는 경향이 있기 때문에 문제가 된다. 여성이 조직에서 주도적인 위치에 있는 남성들이 가진 직무들로부터 격리되어 있다면, 바로 그것이 질적으로 평등하지 못한 현상으로 규정될 수 있다. 이것은 미국에서 흑인과 백인을 서로 격리된 작업공간에서 일을 시킬 것이냐, 아니냐의 논쟁과 비유되기도 한다. 즉 인종 차별주의자들이 "흑인과 백인이 서로 격리되었지만 동등한 임금을 지급하므로 평등하다(separated, but equal)"는 것을 주장한데 대해서, "격리되었다는 바로 그 자체가 본질적으로 불평등하므로(separated is essentially unequal), 아무리 임금을 똑같이 줘도 흑인과 백인은 동등하지 못한 것"이라는 주장 사이의 논쟁과 유사한 논리로 볼 수 있다. 여성과 남성의 사이에서도 이러한 논쟁이 충분히 가능하며, 최근까지 서구 선진국에서는 이에 관해 본격적인 검증을 해오고 있다.

3 수평적 성별 분리와 수직적 성별 분리

성별 직무분리(sexual task segregation)의 정의는 우리 주변의 직업 현장에서 직무와 보직이 남녀 성별적 요인에 의해 분리 혹은 분절되는 현상을 말한다. 예를 들어 생산직 현장에서 물리적 힘을 크게 요하는 직무는 남성이 맡고, 그럴 필요가 없는 소규모 부품 조립이나 단순 직무는 여성이 맡는 식이다. 사무직종에서는 비서직이나 안내직, 업무보조직 등에 여성이 주로 많고, 남성은 이런 주변 업무보다 핵심부서나 주무직에 많은 경우를 종종 보게 된다. 성별 직무분리는 이런 대목에서 업무의 특수성, 숙련도, 전문성보다는 단지 성별 격차(gender gap)나 성별 요인(gender factor)에 따라 관행적으로 직무가 나눠지는 것을 더 중요하게 바라본다. 또한 성별 직무분리는 업무 분야에서 수평적으로 나타나기도 하지만, 직급이 있는 계층제 조직에서는 승진과 관련되어 수직적으로 나타나기도 한다. 흔히 말하는 공직에서의 '유리천장(glass ceiling)'이 대표적인 예이다.

공직의 성별 직무분리 현상은 대부분의 직무들이 여성직 혹은 남성직으로 분리되어 있음을 일상생활에서 관찰할 수 있다는 사실에 근거한다. 즉 각각의 직무들에 남녀가 성별로 고루 분포되어 있는 것이 아니라, 각기 한쪽 성이 지배적인 직무에 많이 있는 것을 의미한다. 또한 성별이 직무에 따라 다른 비율로 나뉘어서 상대적으로 격리되어 있는 경우도 같은 뜻이다. 성별 직무분리는 거의 모든 업무공간이나 사무실에서도 나타나고 있으며, 직무 차원에서의 격리도 또한 매우 심각한 수준이라고 한다. 이때 여기서 남녀가 격리된다는 말은 그들의 직무가 원천적으로 달라서 신체적으로 서로 격리되거나 마주 대하지 않는다는 의미가 아니다. 즉 남녀가 같은 사무실이나 업무공간에 섞여서 일상적으로 일을 하고 있다 하더라도, 그들이 가진 직무의 명칭이 다른 경우가 허다하여 성별 직무분리 현상은 남녀가 공동으로 직장에 존재하는 것과는 상관이 없다. 오히려 같은 공간에서 함께 일해도 직무는 성별로 보이지 않게 나뉜다는 점에 주목한다.

또한 2000년대부터 신공공관리론(New public management) 혹은 신관리주의의 영향으로 인해 서구 및 우리나라 공직사회의 상당수 직무들이 정규직에서 비정규직, 혹은 아웃소싱(out-sourcing) 등을 통한 외주직 등으로 변화해 왔다. 이러한 변화는 일반적 숙련 기술(general skill)을 필요로 하는 직업이나 미숙련 직업과 같이 외주나 비정규직으로의 대체가 용이한 직무들에서 빠르게 진행되었다. 비서직, 사무보조, 단순노무직, 청소나 환경관리, 경비 및 감시직, 급식이나 운전 등과 같은 직무들은 최근 우리나라 경제위기와 공공부문의 개혁기간 동안에 공직사회 안에서 빠르게 비정규직으로 변화한 대표적인 직무들이다. 그런데 여기에는 기존에 여성들이 많이 맡았던 저임금, 미숙련, 보조적 직무들이 상당히 많이 포함되어 있다는 것이 특이한 점이라 할 수 있다. 이러한 남녀 간에 보이지 않는 직무와 보직의 분리는 업무성과와 승진으로 이어져 장기적인 여성의 공직 대표성을 저해하는 기제가 될 수 있다.

기존 학자들의 논의에 따르면, 서구사회의 공직이나 공공부문에서도 여성이 맡는 직무는 실질적으로 남성보다는 상당히 제한적이다. 공공부문이나 정부에서 직장세계의 일원으로서 존재하는 여성은 남성과는 달리 거의 모든 직무에 두루 분포되어 있지 않고, 소수의 직무에 과잉분포 되어있는 경향이 있다. 그리고 이렇게 여성이 지배적으로 분포되어 있는 여성주종직무는 남성주종직무에 비해 위상이 낮고 처우도 낮은 직무들인 것이 보통이다. 이와 같이 여성이 공직의 직무분포에서 열등한 이유는 다양할 수 있으나, 크게는 개인적인 차원에 더하여 공직사회 특유의 구조적 요인을 지적할 수 있다.

물론 남녀에 대한 직무상의 분리는 일종의 분업의 효율성(efficiency of separation) 논리에 의한 자연스러운 현상에 불과하다는 초창기 성별 직무에 관한 학자들의 의견도 있다. 학문적으로는 여성 개인의 자의적인 선택(choice)이라는 입장과 조직문화나 구조에 의해 강요된 배치(assignment)라는 입장이 서로 엇갈리고 있기도 하다. 하지만 설령 그럴지라도 이 개념이 공직사회에 장기적으로 고착화되거나, 전체 공직 여성에 대한 평판적 시선과 사회적 평가에도 작용이 된다면 중요한 문제가 된다.

한편, 성별에 따른 직무분리(task segregation)는 직종분리(job segregation)와 유사하지만, 전자가 후자보다 좁고 미시적인 개념이다. 즉 의류나 화장품산업에서 여성이 많고 기계나 자동차산업에서는 남성종사자가 높은 것처럼 성별로 직업 자체가 나뉘는 것은 '직종분리'라 할 수 있다. 그러나 같은 사무직 안에서 남성은 기획, 영업, 인사 등의 업무를 맡고, 문서작성이나 업무보조 등의 주변적 업무는 여성이 수행한다고 할 때 성별에 따라 직무가 나눠지는 것을 '직무분리'라고 한다. 그러므로 성별 직무분리는 성별 직종분리의 세분화된 개념으로 같은 직종 혹은 하나의 조직 안에서 나타나며, 그 유형으로는 수평적 분리와 수직적 분리로 각각 구분된다.

우선 수평적 분리(vertical segregation)는 "여성과 남성이 다른 영역의 일 또는 직무에 집중되는 현상"을 일컫는다. 예컨대, 성별에 따라 일의 영역을 구분하여 여성은 가사와 관련되거나, 서비스, 모성과 관련된 직무에 집중시키는 것이다. 이는 같은 부서나 직급 내에 다른 직무의 수행에 대한 성차별 인식과도 유사하며, 성별 기능적 직무의 할당 및 배정의 경험 또는 인식으로 정의할 수 있다.

반면에 직종 내 수직적 분리(vertical task segregation)는 "동일한 직군 내에서 성별로 다른 직급에 고용 또는 배치되는 경향"이며, 여성과 남성의 성별에 따라 서로 다른 직급의 일에 종사하도록 함으로써, 다시 성별 차이에 따라 어느 한쪽이 상대적으로 높은 가치와 평가를 점유토록 하는 것이다. 이는 조직의 구조적 측면에서 승진이나 권한의 분배에 대해 구성원이 성별 차이에 따라 기회가 차단되었다고 느끼는 지각, 자신의 성공 가능성이 매우 적거나 없다고 인식하는 것과 밀접한 연관을 갖는다. 그러므로 성별 직무분리 이론에서 수평적 분리는 수직적 분리의 또 다른 선행적 원인이 되는 것으로 알려져 있다.

현대사회의 직종이나 직무는 남녀 성별에 따라 분화되어 왔다는 것이 관련 학계의 정설이다. 이는 일반적으로 어느 조직에서 여성이 집중된 직무는 남성이 집중된 직무에 비해 수적으로도 소수(minority)일 뿐 아니라, 상대적으로 저임금(low wage)을 제공하고 안정성(occupational stability)도 떨어지는 하위직종이라는 사실에 기초하고 있다. 이러한 성별 직무분리는 여성의 지위향상에 가장 큰 걸림돌이라는 것이 학자들 사이에 통념으로 굳어져 왔다. 그러나 그 구체적인 원인에 대해서는 학문적 관점에 따라 여러 학자들의 의견들이 엇갈리고 있으며, 이를 구체적으로 논의해 보면 다음과 같다.

서구에서는 일찍부터 성별 직종이나 직무의 성별 분리(sex segregation)의 측정에 깊은 관심을 보여 왔다. 성별 직무분리를 계량적으로 측정하기 위해 외국학자들 사이에서 최근까지 가장 흔하게 이용되어온 척도는 격리지수(IS: Index of Segregation)이다. 이는 상이지수(ID: Index of Dissimilarity) 혹은 던컨(Duncan)의 상이성 지수(DID: Duncan Index of Dissimilarity)라고도 하며, 성별 직무분리를 계량적으로 측정할 때 가장 빈번하게 사용되는 지표라 할 수 있다. 성별 직무분리에 관한 상이성 지수는 어떤 특정한 그룹이 다른 그룹과 비교되었을 때, 지정된 범위 안에서 얼마나 고르게 분포되어 있는지를 보여주는 지수이다. 구체적으로 상이성 지수는 성별 직무분포가 전체 근로자의 성별 분포와 거의 동일하기 위해서 여러 직군이나 직무들 간에 이동을 해야 할 여성의 비율을 의미하며, 일단 '0'에서 '1' 사이의 숫자로 나타나게 된다. 즉 상이성 지수(DID)는 다음과 같은 식(1)과 식(2)의 형태와 같은 계산식으로 표현된다.

$$DID(1) = \frac{1}{2}\sum_{i=1}^{n}|M_i - F_i| \quad , \quad M_i \equiv \frac{m_i}{m} \; and \; F_i \equiv \frac{f_i}{f} \text{ ....식(1)}$$

$$\text{Duncan Index of Dissimilarity} = \frac{1}{2}\sum_{1}^{n}|\frac{F_i}{F} - \frac{M_i}{M}| \text{ ....식(2)}$$

상이성 지수를 구하는 식(1)과 식(2)의 계산식에서 $i = 1, \ldots, n$ 등으로 표현되는 것은 분석하고자 하는 직군(직무)의 숫자를 나타내며, $F=$ 전체 여성 근로자 수, $F_i = i$ 직군(직무)에 종사하는 여성 근로자 수, $M=$ 전체 남성 근로자 수, $M_i = i$ 직군(직무)에 종사하는 남성근로자 수를 각각 의미한다. 각각의 직업군에 대해서 이러한 값은 완전한 균형상태에 도달하기 위해 남녀 중 한쪽 성별의 이동 정도를 표현해 준다. 가령 0은 완전한 50%대 50%의 성별 균형 상태이며, $M_i = F_i$의 상태를 나타낸다. 그러나 1은 어느 한쪽의 성에 의해 100% 독점된 완전한 불균형 상태이며, $M_i > 1$ 이거나 $F_i = 0$ 일 수 있는 등 여러 경우의 수를 갖는다. 즉 상이성 지수는 통상 백분율로 표시되며, 상이성 지수가 백분율로 0%이면 남녀의 직종이 고르게 분포되어 있음을 의미하며, 상이성 지수가 백분율로 100%이면 성별로 직무나 직군이 완전히 분리되어 있음을 의미한다.

이를 다시 환언하자면, 특정 직무나 직군 안에서 남녀 근로자의 비율이 완전히 똑같으면 상이성 지수는 '0'의 값을 갖는다. 이는 남녀 간의 성별 직무분리나 성별 직군분리의 현상이 전혀 없는 것이고, 반대로 그 값이 1쪽으로 커질수록 성별 직무나 직군분리 현상이 심화되는 것으로 파악할 수 있다. 그래서 상이성 지수의 값은 어느 기관이나 부서의 여성 다수직무에서 여성 소수직무로 여성이 각각 얼마나 옮겨야 하는지를 말해 준다.

동시에 이러한 상이성 지수는 여성과 남성이 동일한 직업적 분포를 나타내기 위해 현재의 직군이나 직종을 새로 버리거나 얻어야 하는 여성(혹은 남성)의 비율을 의미하는 것이다. 성별 직무분리를 다룬 대다수 기성학자들은 상이성 지수야말로 가장 효율적인 균일성의 측정도구라고 설명하고 있는데, 현재에도 여전히 강력한 분리지수로서 기능할 수 있는 이유는 간단하다. 그것은 기본적으로 상이성 지수가 측정하고자 하는 것이 특정 조직이나 집단의 성별 패턴을 균일성(evenness)의 측면에서 살펴본 것이라는 점에 있다.

그런데 상이성 지수는 각 직무나 직군의 크기, 그리고 그 직무를 가진 사람들의 수가 많은가 혹은 적은가에 따라서 영향을 받기도 하고, 전체 직무를 얼마나 대분류로 혹은 세분류로 나누는가와 직무의 카테고리가 세밀한가에 따라서도 미세하게 달라진다. 상이성 지수 혹은 격리지수는 그 분류체계와 직군이나 직무카테고리의 수에 따라 민감하게 반응하기 때문이다. 게다가 분석에 포함된 직무나 직군의 분류체계가 다르거나, 그 직무나 직군의 숫자가 다른 자료들의 격리지수를 내어 단순 비교한다는 것은 별로 의미가 없다.

다만 산출된 서로 다른 격리지수들을 놓고서 어떻게 해석해야 할 것인가의 문제가 생긴다. 또한 일정하게 제한되는 분석의 기간에 걸쳐 도출한 상이성 지수의 추이만으로 그 변화의 세세한 의미를 도출하기는 쉽지 않다. 이에 기존 공공부문과 공직의 성별 직무분리에 관한 많은 문헌들은 상이성 지수의 계량 분해를 시도하고 있으며, 이를 통해 성별 직무의 분리 경향성을 파악하고 있다. 물론 상이성 지수에서 새로운 현상이 발견되면, 이를 토대로 추가적인 설문이나 조사를 통해 의미를 도출하고 있는 경우가 많다.

4 성별 직무를 나누는 주요 원인

1) 개인적 요인에 의한 분리

전통적으로 성별 직무분리를 불가피하게 정당화시키는 쪽의 관점은 초기 '노동경제학(labor economics)'의 논자들이었으며, 이들이 이 분야의 이론적 주류를 형성하였다. 이는 전통적 경제학의 '인적자본론(human capital theory)'의 주장과도 유사한 것으로, 여성 개인의 인적자본은 남성 개인보다 약하다는 믿음에 근거하고 있다. 특히 이들은 주로 성별 직무분리가 여성 스스로 가진 개인적 요인(individual difference factors)에 의해 발생함을 주목하고 있다. 성별 직무분리에 대한 노동경제학적 관점은 기존 여성이 남성을 능가할 만큼의 업무능력을 보이지 못했거나, 상대적으로 남성에 비해 비효율성과 거래비용을 증가시키는 나약한 생물학적 존재였다는 주장을 편다. 이 때문에 개인으로서의 여성은 자신을 사회와 직장으로부터 지키기 위해 필연적으로 어떠한 의식과 행동을 취하게 되는데, 그것이 성별 직무분리의 결과를 초래하고 있다는 것이다. 그리고 그러한 의식과 행동에는 대체로 다음과 같은 요인들이 논의되고 있다.

첫째, 성별 직무분리는 여성에게 주어진 환경적 조건하에서 개인의 '합리적 선택(rational choice)'의 결과이며, 스스로 성별에 따른 직무의 효율성을 도모하도록 유도한다는 점이 제기된다. 즉 현대 산업사회에서 남녀가 원래부터 성별로 다른 직무를 수행했던 이유는 남성과 여성의 다른 신체 혹은 물리적 조건 때문이며, 이는 과학적으로도 검증이 완료된 사실이라는 점을 밝힌다. 이에 조직에서 주로 맡는 직무가 서로 다른 이유는 여성이 그 업무에 더 적합하다거나, 아니면 객관적으로 여성이 남성에 비해 자질과 능력이 부족하였기 때문이라고 전제한다.

노동경제학에서는 이러한 논거를 소위 '혼잡가설(crowding hypothesis)'이라고 부르고 있으며, 여성들은 스스로 여성적인 직업이나 직무를 선택하기 때문에 노동시장과 조직에서 낮은 지위를 갖게된다고 한다. 즉 여성들은 주로 결혼과 출산, 가사와 양육의 부담 때문에 가정생활과 양립하기 쉬운 직업을 선택하게 되고, 그 결과로서 소수의 직무나 직군에 다수의 여성이 몰리면서 분리가 조장된다는 것이다. 이는 분리된 직무나 직군에서 노동력의 공급이 수요를 초과하는 현상이 발생하여, 여성 전체의 처우를 계속 낮아지도록 만든다는 논리이다. 또한 여성과 남성은 정규 및 비정규 교육과정을 거치면서 성장하여 전형적인 여성상과 남성상에 부합하는 성 정체성(sexual identity)을 가진 인간으로 길러져, 결국 특정한 유형의 직무에 서로 다른 강점을 갖는다고 본다. 이는 한마디로 개인이 이해득실에 대한 판단결과를 예상하면서 기회비용을 줄이고자 하는 합리적-경제적(rational-economic) 인간관에 기초하는 주장과 다르지 않다.

이를 부연하면, 1980년대부터 사회가 발전하고 여성의 경제활동 참가가 보편화됨에 따라 세계적으로 성별 직무분리가 감소하고 있는 추세를 보이는 것으로 나타난다. 그러나 그 변화의 이면을 구체적으로 살펴보면 성별 직무분리의 추세가 균일한 경로로 움직이는 것만은 아니었다는 사실이 밝혀진다. 1980년대 이후 세계적으로 나타난 성별 직무분리의 추이는 개인의 선택 문제로 치부되거나 조직 내부에서 설명될 수 없는 양태를 보여주었기 때문이다. 그러나 노동경제학자들은 여전히 특정직에 대한 진입 이전에 서로 다른 남녀의 개인적 조건을 고려하지 않고, 젠더 이론가와 사회학자들이 직무분리의 결과만을 분석의 대상으로 하는 것도 문제라는 주장으로 계속 맞서 왔다

둘째, 여성들은 직장에서 스스로 '성 역할갈등(gender role conflict)'이 발생하고, 이를 최소화하기 위해 노력한다는 점을 든다. 즉 여성은 상대적으로 직무의 영역을 확대해 나가기 힘든 구조일 경우, 스스로가 살아남기 위한 생존전략으로 성별 직무분리의 발생은 필연적 현상이라고 밝힌다. 게다가 여성에게는 가정과 직장의 양립 사이의 역할갈등을 줄일 수 있다는 긍정적인 측면과 더불어, 특정 직무 영역에 여성 스스로를 한정시키면서 조직에서 성별 직무분리를 구조화해 나가고 있음이 밝혀지기도 했다. 특히 대부분의 기혼직장 여성(married female workers)은 성별 직무분리를 통해 스스로 자녀들에 대한 모성을

지키고 가정에도 일정부분 시간과 역량을 할애하려는 의식이 많은 점을 학자들은 강력한 증거로 제시하고 있다. 직장생활에 있어 성별 직무분리는 여성 스스로 모성(maternity)과 같은 여성성(femininity)을 숨기는 것에 오히려 도움이 되는 기제로 판단하고 있다는 것이다.

셋째, 여성은 직장과 사회로의 진출 시기에 강력한 자기방어기제(self defense mechanism)를 갖는다는 설명이 있다. 서구의 사례에서 유색인종이나 이민자의 경우 그 성장과정에서 인종차별이나 성차별을 당한 경험이 있기라도 하면, 그 사람은 직장생활 중에도 자기방어를 위한 소극적 자세를 보일 수밖에 없는데 여기에는 대부분 여성이 많다고 한다. 또한 여성이 직장에 들어온 이후 조직생활을 경험하면서 스스로 여성성을 강요받고 나약한 존재였음을 깨닫는 데는 그리 오랜 시간이 걸리지 않는다.

대다수 직장 여성은 스스로 조직 내에서 소수자 그룹이기 때문에 심지어 다른 사람에 대한 방어적 태도를 자주 취한다. 이 때문에 자기방어기제는 외부환경에서 오는 위험으로부터 자신을 보호하기 위해 여성이 무의식적으로 이용하는 사고방식 및 행동수단으로도 정의된다. 특히 자신이 하위직급에 있으면 공식, 비공식 석상에서 의식적, 무의식적인 자기보호를 한다는 것이다. 만약 남성 직무에 배치된 자신이 잘못한다면 앞으로 다른 여성이 다시금 이 자리에 오지 못할 것이라는 적지 않은 심적 부담을 가지기도 한다. 따라서 성별 직무분리는 대다수 여성들이 직장에서 가지는 안전의 욕구와 자기방어기제로 인해 필연적으로 발생된다는 주장도 상당한 설득력을 얻게 되었다.

한편, 이상의 노동경제학적 관점에 의한 성별 직무분리 현상의 정당화나 불가피성의 주장은 이후에 많은 한계점을 노정하였다. 경제적 인간관과 개인적 관점에만 의존한 성별 직무분리의 설명은 논리적으로 많은 허점을 가지고 있었기 때문이다. 특히 수평적 분리와 수직적 분리가 공존하는 성별 직무분리 개념의 교차성(intersectionality)을 '경제적 개인'만으로는 명확하게 설명하지 못하였고, 후일 노동사회학이나 양성평등의 적극적 젠더 이론에 의해 많은 비판을 받게 되었다.

2) 조직적 요인에 의한 분리

성별 직무분리에 관한 노동사회학(labor sociology)이나 젠더 이론(gender theory)의 관점은 생물학적 성(gender)과 노동의 가치(value)는 서로 분리되어야 한다는 주장으로, 오늘날의 성별 직무분리를 보다 현실적인 시각에서 이해할 수 있게 도와준다. 무엇보다 이러한 이론들은 개인이 속한 직장환경 및 조직적 요인(organizational factors)에 의해 강요된 성별 직무분리 현상에 대해 새롭게 주목한다. 즉 성별 직무분리를 한마디로 "여성 노동력에 대한 남성의 통제"로 정의하고, 조직에서의 성별 분업이나 여성성의 강요, 가부장적 권력구조에 대한 분석이 선행되어야 설명이 가능하다고 본다. 게다가 공직사회에서 성별 직무분리의 문제를 정확하게 인식하기 위해서는 우리나라의 전통적인 유교문화 권하의 성별 분업과 가부장적 이데올로기, 남성 중심적 조직문화와 관련된 이론으로 규명해 볼 필요가 있다. 특히 노동사회학과 젠더 이론에서 주목하는 개념은 성별 분업과 여성성의 역할, 권력의 한계성 등으로 요약된다.

첫째, 남녀직무에 대한 전통적인 사회의식 속에 담겨있는 전형적인 전제의 하나는 성별 분업(sexual division of labor)의 문화적 개념이다. 현대사회에서 성별 분업의 조직문화는 여성과 남성이 생물학적으로 다르다는 데서 연유하지만 더 이상 중립적인 성격의 것이 아니라고 본다. 왜냐하면 직장과 가정에서의 성별 분업은 대부분 남성에게는 유리하게 작용하지만 여성에게는 불리하게 작용하기 때문이다.

예를 들어 여성과 남성은 비슷하고 경쟁적인 일을 하기보다는 각기 다르고 보완적인 일을 해야만 조직의 기초가 붕괴되지 않는다는 의식이 있다. 가정에서의 성별 분업은 어머니로서의 여성의 생물학적 역할에 따라 여성은 가족의 감정적인 안정을 책임지게 되고, 남성은 아버지로서의 역할에 따라 경제적 안정을 책임져야 한다는 의식도 동·서양에서 오랫동안 고정되어 왔다. 이러한 가부장제 구조는 자본주의 사회에서 여성노동력을 통제하고 성별 직업분리와 가사노동을 통해 여성의 사회적 지위를 낮춘다고 본다. 즉 경제적 지위가 낮은 여성들은 미혼여성은 결혼을 통해 남성에게 의존하고, 그러한 기혼여성은 후일 가사노동을 전담하도록 강요받는다는 것이다. 따라서 이러한 생물학적 성별 분업의 전제는 사회적으로 성별 직업이나 직무분리와 무관치 않다는 주장이 설득력을 얻어 왔다.

둘째, 여성들이 집중된 직무에서 나타나는 특징은 사회적으로 부여되어 온 전형적인 여성성(femininity)의 역할 관념과 유사하다는 점에 학자들은 주목한다. 여성의 직종이 다양화되지 않았던 시대에 오래된 조직적 관행에서는 업적과 승진에 유리하고 핵심적인 직무 안에 여성이 새로 들어오는 것을 그다지 좋아하지 않는 경우도 보이지 않게 존재한다고 본다. 원래 고정관념이라는 것이 사회 내에서의 성별 역할(gender role)의 구분이나 그로 인해 형성된 성 정체성(gender identity)에 의해 구조화된 것이기 때문에, 이러한 성별 직무분리 현상은 특정 개인이 가진 문제라기보다는 직장이 가진 환경적 요소가 중요하다는 논리이다.

여성성(femininity)의 역할은 일종의 사회적 고정관념으로 상위의 개념이다. 이는 조직문화와 구조의 특성인 성별 분업 문화와는 분명 다른 개념이다. 우선 여성성은 여성의 직무가 가사노동과 유사한 일, 육체적 부담이나 위험이 덜한 일, 노약자나 병자를 돌보는 일, 구속이 덜하고 시간사용이 자유로운 일 등 일반적인 사회적 고정관념(social stereotype)과 유사한 직무라는 것이다. 사회적 고정관념은 직무주체인 개인으로 하여금 그와 유사한 직무에서 여성의 근무를 장려하고, 그와 다른 직무로의 여성 진출을 다소 부적절한 것으로 간주하도록 하는 역할을 한다.

반면에 성별 분업 문화는 여성과 남성은 비슷하고 경쟁적인 일을 하기보다는 각기 다르고 보완적인 일을 해야만, 조직의 기초가 붕괴되지 않는다는 의식이 만연되어 있을 경우를 말한다. 즉 성별 분업에 기초한 조직구조는 여성과 남성이 생물학적으로 다르다는 데서 연유하지만, 중립적인 가치를 가진 것은 아니다. 기존의 다수 남성들에게 보완적 역할을 수행해 오던 소수 여성이 갑자기 발탁이나 할당을 통해서 좋은 보직에 배치되거나 승진하는 변화에 대해 조직은 수용적일 가능성이 낮기 때문이다. 남성의 직무나 직책이라고 여겼던 곳에 여성이 들어오려 하면, 이는 지금껏 내려온 조직의 '상징적 질서(symbolic order)'에 대한 위협으로 해석된다.

셋째, 여성에 대한 '권력의 한계성(limitations of power)'은 조직의 성별 직무분리를 구조적으로 가속화시키는 역할을 하는데, 이는 직장 여성에게 동일한 직위와 경력을 가진 남성에 비해 직무에 관한 재량(discretion)이 보이지 않게 덜 주어지는 현상을 말한다. 재량권(discretionary power)이란 직장에서 주어진 업무를 원활히 수행하기 위한 기본적인 요소인데, 인적 혹은 물적 자원을 스스로 동원(mobilization)하고 판단(judgment)할 수 있는 능력의 원천이 된다. 그런데 형식적으로는 똑같은 지위나 역할이라 할지라도 그것을 소유하는 사람이 여성이냐, 남성이냐에 따라 부여되는 권력의 정도는 다를 수가 있다는 것이다. 기존의 남성 중심적 조직에서 다수인 남성은 동일한 성을 가진 공식적, 비공식적 네트워크를 활용하여 업무를 융통성 있게 추진하는 경우가 있다. 반면에 대다수 여성은 그렇지 못하기 때문에, 시간이 지날수록 여성의 능동적이고 적극적인 업무태도가 수그러지게 된다. 이는 조직에서 여성의 행동반경에도 영향을 미치게 되며, 결국 성별 직무분리가 확장 및 재생산되는 환경적 요소로 지적된다.

이상과 같이 젠더 관점과 노동사회학 계열의 성별 직무분리 이론이 가장 주목하는 것은 조직의 남성이 그동안 자신들이 독점해 온 인정과 선망을 여성과 나누고 싶어하지 않는다는 가능성이고, 이는 성별로 다른 직무가 고착화되도록 한다는 점이다. 일례로 여성이 소수의 특정직무에 집중되는 현상은 비단 특정 국가들에 국한되는 문제는 아닌 것으로 보인다. 성별 직무분리가 미국과 유럽을 비롯한 거의 모든 사회의 정부와 기업에서 광범위하게 발생하는 현상임을 학자들은 이론적, 실증적으로 증명하고 있다. 우선은 민간 부문에서 조직에서의 여성 비율이 낮을수록 성별 직무분리가 더 심해지고, 여성의 상대적 임금이나 복지의 수준도 떨어지는 것으로 나타났다. 또한 성별로 분리된 직무는 곧 직무성과에 따른 보상이나 공식적 권위로도 연결되며, 상급자나 동료의 지원에 있어서도 남성보다 상대적으로 불리한 위치에 처하도록 만드는 것으로 알려져 있다.

특히 공·사 조직의 남성들이 독점해 온 직무에서 여성이 리더십과 영향력을 제대로 발휘하지 못한다는 의견은 성별 직무분리 현상의 고착화 가설을 더욱 견고하게 만들어 주고 있다. 일례로 성별 직무분리 현상은 미국의 기업과 공직사회에서 전반적인 완화추세를 보이는 가운데에서도 상당한 완고함을 보여주고 있는 것으로 분석된다. 미국 사회에서 1980년대 이후 차별철폐와 소수자 우대조치(affirmative action) 등의 제도적 정비가 상당한 정도의 진전이 있었음을 감안하면, 성별 직무분리는 여성의 기업과 공직 진출이 일정 정도 제약받는 시기에 있었던 과도기적 현상으로만 보기 어렵다는 것이다

결론적으로 지금껏 논의되고 있는 성별 직무분리에 관한 여러 이론들이 공통적으로 말하는 효과는 이것이 수평적인 업무분담이 아니라 인위적인 차단으로부터 시작되어, 다시 의사결정권한의 차이를 가져오는 수직적인 위계의 성격을 띠게 만든다는 것이다. 그리고 나아가 직장에서 여성의 직업적 성공이나 고위직으로 승진하는 데 있어서 성별 직무분리가 중요한 장애가 되고 있다는 점을 강조한다. 물론 다수의 문헌에서 남녀 간에는 성별 직무분리의 유무와 정당성에 대한 성별 의견 차이(sex difference)가 나타나고 있으며, 그 원인이 개인인지 조직인지의 여부도 치열한 논쟁 중에 있다. 하지만 성별로 직무가 분화되는 현상이 직무능력과 직접 관련이 없는 사회적 편견에서 비롯된 것이라면 그로 인한 차이는 차별(discrimination)의 의미로 규정될 수 있다. 성별 직무분리는 많은 직장 여성들이 고위직이 되기 위한 노력을 스스로 포기하도록 만들고, 조직의 입장에서는 잠재된 여성의 능력을 활용할 수 없게 만든다는 점

에서도 부정적 개념으로 다루어졌다. 그리고 성별 직무분리의 현실적 표출은 여러 명의 학자에 의해 '핑크컬러게토(Pink Collar Ghetto)' 혹은 '벨벳게토(Velvet Ghetto)'의 개념으로 보다 정교하게 이론화되었다.

5 유리벽과 성별 직무배치의 사례

1) 입직과 보직에 의한 분리

먼저 입직과 보직의 한계에 의한 차별은 공무원 인사의 문제 제기가 있어도 정책 이슈로 채택되지 못하고 기존의 제도가 지속되는 것을 잘 설명해 주는 내용이라 할 수 있는데, 이러한 원인을 더욱 심층적으로 규명하기 위해서는 사례가 필요하다. 그래서 필자는 공직 현장에서 여러 명의 공무원을 만나 면접을 실시하였으며, 그 결과는 다음과 같이 소개된다.

> "저는 아직 여성이 상사가 된 경험은 없지만 그렇게 된다고 해서 규칙이나 규제가 늘어나거나 하지는 않을 겁니다. 제 생각에 그것은 사람의 성향에 관한 것이지 성별의 문제가 아니지요. 실제로 남자 상사라도 부하직원을 진짜로 못 견디게 하는 사람이 있기 때문에 그것은 전혀 문제가 안됩니다. 그리고 우리 부처에 여성이 온다고 가정하면 저 개인적으로는 반대입니다. 왜냐하면, 자리가 생기고 우리 부서가 여력이 있어도 젊은 여성이 관리직으로 오면 그 자리에는 다음에도 여성이 승진하게 되므로 남성들은 상대적으로 진급이 안된다는 것이 가장 큰 문제일 겁니다. 그래서 남자라도 9급으로 들어온 경우 5급을 달지도 못하고 퇴직하는 경우도 있고, 구청이나 하위기관의 경우는 더욱 심각하여 6급조차도 달지 못하고 퇴직하는 경우도 실제로 많이 보았습니다(공무원 A씨)".

기존에 여성은 수가 적고 기득권이나 의사결정권이 없기 때문에 남성의 기득권 상황에 대해 영향을 행사할 수 없다. 흔히 정책학에서의 '무의사 결정(non-decision making) 이론'에 의하면 제기되는 이슈가 지배계급의 가치나 이익에 불리한 변동을 요구하는 것이면 행정관료는 이 문제를 의제로 채택하지 않고 방치해 버리는 결정을 하게 된다. 이러한 정책결정의 속성에 의해 여성을 차별하는 제도와 인사관행이 계속적으로 지속되는 것이다. 위의 물음에 대한 결과, 개인적으로 양성평등의 가치와 당위성을 인정하는 인사담당 공무원도 가부장적인 집단과의 동일성을 유지하기 위해 자신의 고유한 가치를 부정하며, 기존의 남성 중시의 '인사틀(인사관행)'을 지속시키는 경향이 있는 것으로 나타났다. 즉, 계층제 구조를 가지고 있는 관료제는 개인의 오류를 정당화해 주고 책임을 최소화해 주는 힘이 있기 때문에 개인은 가치 갈등을 최소화하게 된다.

역시 같은 맥락에서, 남녀 관리직 공무원들에게 관리자들의 행동스타일이 성별에 따라 다른지 물으니, 남성들은 "별로 다를 것이 없다"고 한 반면, 여성들이 "다르다"고 응답하는 경향이 있었다. "다르지 않다"고 답한 이들도 여성이 남성에 비해 인간적, 민주적이라고 보는지 묻는 질문에 "그렇다"고 동의하였다. 그런데 더욱 흥미로운 것은 '여성들이 인간적인 것'이 여성에게 더 유리한지 물었을 때 여성 공무원들은 '아니다'라고 답하고, 남성 공무원들은 '그렇다'고 답하였다는 점이다. 이러한 현상을 볼 때, 흔히 여성들은 인간관계 면에서 남성에 비해 더 나은 것으로 알려져 있지만, 그만큼 여성들이 인간관계 때문에 어려워하는 것을 알 수 있다. 여성 공무원들이 직장에서 경험하는 가장 큰 어려움으로 "대인 간 관계"를 제일 먼저 말하는 것은 모순적인 것 같아도 이해가 되는 부분이다. 여성들이 인간지향적인 것이 리더십을 발휘하는 데 불리하다고 해서 남성들처럼 강력한 지배와 통제 일변의 리더십 스타일을 보인다면 그들은 남성들에 비해 더욱 부정적인 평가를 받는다. 그들의 행동이 '여성은 부드럽고 인간적'이라는 가부장적 고정관념 및 성 역할 사회화와 상충되기 때문이다.

그리고 공직의 여성 공무원들은 이따금 자신들에게 관리자로서의 자질을 획득하도록 도와주는 이도 없이 홀로 고군분투를 하는 경우가 많다고 한다.

바꾸어 말하면 공식적, 비공식적 관계의 다양한 네트워크를 활용한다면 여성 관리직 진출에 도움이 될 것이라는 사실이다. 남성 공무원들 사이에서는 네트워크가 활성화되어 있는데 비해 여성 공무원들은 끼리끼리 친한 관계는 있어도 전략적인 목적의 네트워크의 활용은 미흡하며 여성들은 '자기 업무에는 철저하지만 타 부서나 외부와의 네트워크 구축을 위한 노력은 부족하다' 는 말들이 있다. 다음의 인터뷰를 살펴보면 이러한 사실을 뒷받침한다.

"남녀 구분 없이 모든 관리직 공무원에게 요구되는 자질 중에 하나가 정보 및 인맥이라고 봐요. 점점 위로 올라갈수록 자기가 맡은 업무의 영역이 커지게 되지요. 이때 다른 부서와의 공식, 비공식 네트워크를 만들어 놓으면 훨씬 좋습니다. 남자들은 이걸 잘 하지만 대부분의 여자는 이걸 못합니다. 왜 그런지에 대해서는 모든 여성들이 심각하게 고민해야 합니다. 또 다양한 조직에서 비슷한 위치에 있는 여성 관리자들 사이의 네트워크도 필요한데요, 같은 직장에서 관리직 여성은 적습니다. 성격이 다른 부서의 여성 공무원과 교류를 가지면, 현재 자신이 몸담고 있는 부서에서 실습하지 못했던 새로운 지식이나 행동에 대한 아이디어를 얻을 수도 있고, 그 네트워크가 실제 업무에 도움을 제공할 때도 있을 것입니다. 따라서 여성 공무원들이 공직사회에서 성공하기 위해서는 안팎으로 남성들과의 네트워크, 여성들과의 네트워크 등을 구성하여 전략적으로 관리할 필요가 있다고 생각합니다(공무원 B씨)."

"사실 지금 한국 사회에서 기업이나 공직에서 성공한 여성은 남성 중심의 조직에서 관리직으로 진출하기까지 부단한 노력을 통해 인정을 받아온 대단한 사람들이라 할 수 있을 겁니다. 이들 중에는 자기가 여자이기 때문에 각종 특혜를 입는다는 소리를 주위로부터 듣지 않으려고 스스로 여성이라는 것을 애써 무시하는 이들도 있어요. 예를 들어, 여자의 한명으로 보이기 싫어서 여직원들 모임에 참여하기를 꺼린다거나, 여직원들과 출퇴근, 점심을 함께 하지 않으려 한다는 이들도 있다는 거지요. 조직에서 여성에 대한 부정적인 고정관념이 잔존해 있기 때문이기도 하지만, 남성 위주의 관리직에서 생존하기 위해서는 그들과 같은 부류로 인정을 받아야 하기 때문에 이러한 문제는 더욱 심각한 사안이 되는 겁니다(양성평등 전문가 K씨와의 인터뷰)."

면접에 응한 대부분의 관리직 남성 공무원들은 여성 공무원이 중대한 실수나 잘못을 저질러도 '화를 내거나 싫은 소리를 하면 뒤끝이 오래가거나 울 것 같아서 야단을 치지 못하겠다'고 말했다. 따라서 이해관계나 비공식적 측면에서 이유야 어떻든 남성 공무원들 상호간의 꾸짖고 다독거리고, 끌어주고 밀어주는 식의 끈적끈적한 상사와 부하관계가 여성 공무원들에게는 없다는 것만은 분명하며, 이는 남성 공무원이 동료, 부하, 상사로서의 여성 공무원에 대한 저항감을 불러오는 것 만은 확실한 것으로 판단된다. 특이할 만한 사항으로 차이가 크지는 않지만 연령별 차이에서 40대가 오히려 20대, 30대보다 여성에 대한 차별의 강도가 적은 현상이 나타났다. 이의 원인을 규명하기 위해 40대 남성 공무원을 면접한 결과는 다음과 같다.

> "젊은 나이, 특히 30대는 대부분 업무의욕과 승진욕심이 앞서는 시기지요. 재직기간이 대부분 10년 미만입니다. 자신과 가정을 위해 어서 빨리 승진을 해야 하는 입장에서 5급에 여직원이 많을 경우에 여성이 남성에 비해 4~5년, 5~6년 정도 빨리 승진하게 될 수가 있어요. 이때 서열배수에도 안 들어가는 경우도 승진을 하게되는 경우 반발심이 상당히 클거라는 겁니다. 또한 승진을 한 여성들은 능력이 뛰어나서가 아니라 할당제의 혜택으로 승진하게 되므로 경쟁적 입장에서는 능력이 없는데도 승진한다는 것에 대한 반발심리가 작용하지요. 즉 합리적 근거도 없이 여성이라는 이유만으로 승진하는 데 대한 반발이 클 수 있다는 거지요(공무원 C씨)."

> "제 생각에는 현 직급에서 근속기간이 짧은 공무원은 긴 공무원에 비해 당장 승진할 것이 아니라 상대적으로 여유가 있기 때문일 겁니다. 근속기간이 평균 잡아 7년 이상으로 긴 공무원은 승진이 임박했거나 승진 연수 근처에 있거나, 승진에 누락된 적이 있을 것이므로 분명히 현실적으로 경쟁의식을 가지기 때문이죠(공무원 D씨)."

즉 이러한 대답은 현 직급의 근속기간이 길수록 여성의 차별태도가 강함을 알 수 있다. 또한 현 직급의 근속기간이 짧을수록 여성대표성에 관한 긍정적 관심을 나타냈다. 이러한 결과는 공무원의 총 재직기간과는 또 다른 의미를 가진다고 할 수 있을 것이다. 즉, 상대적으로 고위직에 있으면서 재직기간이 긴 공무원들은 여성 관리자와의 경쟁이나 여러 면에서 부담을 가질 것으로 추정할 수 있다. 또한 조직에서 재직기간이나 경험이 많을수록 여성에 대한 관대한 태도를 보인다는 해외의 논의와는 조금 결이 다른 결과이다. 즉 일반적으로 연령이 높은 공무원이 여성에 대한 차별을 높게 보인 결과와 어느 정도 일맥상통하며, 뒤이어 논의될 여성과의 근무 경험의 분석 결과와도 상충된다고 할 수 있다. 한국의 공무원은 대부분 연령이 높을수록 재직기간이 길고, 재직기간이 길수록 여성과의 근무 경험이 많기 때문이다.

2) 관행과 편견에 의한 분리

남성 공무원의 인터뷰에서 여성에 대한 그러한 고정관념과 편견의 존재를 부정하는 답변을 하였으나, 다음의 인터뷰에서 여성은 남성과 반대되는 의미의 답변을 하였다. 즉, 남성과 여성 간의 구분 의견은 짚어볼 문제가 있다는 것이다. 특히 남성과 여성 공무원 중 30대 연령층은 일반적으로 공무원으로의 채용 이후 일정 기간이 경과하면서 생산성이 가파르게 상승하는 단계에 해당된다. 그러나 이 시기가 여성은 자녀양육기에 해당하는 생애 단계로 가정과 직장의 조화가 가장 힘든 단계이며, 이에 따라 업무수행능력에 대한 자신감과 주변의 평가에서 남녀의 차이가 크게 나타나는 것으로 생각된다. 인터뷰 결과는 다음과 같다.

> “남자 입장에서 지금 우리 부서에서 회식을 할 때, 남자들이 여자와 같이 가고 싶어해도 자신이 스스로 가기 싫어서 안가는 것이지 남성들이 안 끼워주거나 해서 안가는 것은 아닙니다. 그리고 저는 남자와 여자가 각각 할 일이 따로 있다고 생각 안합니다. 그 외에도 직장문화에 있어서, 예를 들면 업무상 차를 타거나 손님을 접대하는 등의 일은 남성이든 여성이든 누구나 할 수 있는 일은 사람이 하기 때문에 그런 부분에서는 문화는 사라졌다고 생각합니다(공무원 E씨).”

“사실 제가 여자라는 이유로 괜히 눈치를 살피는 경우가 있기는 있어요. 이건 일하는 여성이 가지는 공통점이라고 생각합니다. 그런데, 남자들은 그걸 알아차리지 못하는 경우가 많습니다. 예를 들면 여자들이 보기에는 ‘분명 저게 아닌데’ 하는 것이 당연하게 여겨지는 경우가 있습니다. 아마도 근본적인 의식 차이가 있기는 있는 것 같아요. 또 ‘당신이 여성을 차별하는 그런 사람이냐’고 물으면 솔직하게 답할 남자가 거의 없을 겁니다. 즉, 선생님이 하시는 작업이 뭔지 대충 짐작이 가지만 아마 제 생각에 원하는 걸 제대로 알아내시기가 쉽지는 않다는 이야기지요(공무원 F씨).”

그러나 인터뷰 결과 실제 여성 공무원과는 달리 많은 남성 공무원들은 여성 공무원을 부하직원으로 데리고 있는 것을 마치 커다란 시혜를 베풀고 있다는 듯한 암시적인 표현을 하곤 하였다. 특히 직급이 높고 재직기간이 길며 나이가 많은 남성 공무원, 그리고 모두 여성 공무원을 동료와 부하직원으로 두고 있는 사람들이 다음과 같은 말을 일부 조심스럽게나마 표현하였다.

“내가 정말 누구한테 말도 못하고 있는데, 남자들 대부분이 느낄겁니다. 남자가 여성 공무원들 데리고 있느라고 얼마나 힘이 드는 줄 아십니까? 업무는 몰라도 사적으로 재미도 없고 농담 잘못하다가는 큰일 나기 십상이죠.” “정말 자리 나눠먹기 하자는 것도 아니고, 요즘에는 공직에서 남자들이 밥그릇 챙기기가 더 많이 힘듭니다”, “여성 공무원들 제대로 교육시키려면 힘은 힘대로 들죠, 생산성은 떨어지죠, 그리고 뭐 사소한 것까지 조심하느라고 얼마나 피곤한데요. 특히 기혼 여성은 그나마 좀 낫지만 미혼 여성한테는 최근 들어 함부로, 아니 편하게 대하기가 어려워요(공무원 G씨).”

마찬가지로, 공직의 남성들은 여성과의 근무를 통해 쌓이는 부정적인 인식이나 의견 많았고 이를 털어놓았다. 예를 들어, “하는 일은 보면 여자들은 나이 좀 들면 책임 있는 일을 맡길 수가 없다. 월급은 남자들과 같이 올려 주면서 일은 허드렛일만 시켜야 한다.”, “생리휴가, 시댁일, 임신, 출산, 애 아프다, 무슨 일, 무슨 일 하면서 종 잡을 수 없이 휴가를 많이 가니 시한과 책임이 따르는 프로젝트는 맡길 수가 없다.”, “퇴근 시간에 내일 뭐 때문에 못 나온다는 등 한마디 던지고 가면 끝이다. 그러면 답답한 게 상관이라서 그 일은 자연히 같은 부서의 남자직원에게 넘어 간다.", "퇴근 때가 되면 남자들이야 밤을 새든 날이 새든 어김없이 가방 들고 사라진다. 도대체 일에 대한 책임성은 어디에도 보이질 않는다. 정해진 8시간만 때우면 월급 준다는 생각만 머리에 꽉 차 있다."는 등 여성 공무원의 고질적인 근무행태에 대한 불만이 높은 가운데, 보상은 같은 것에 대한 불만이 많았다.

이러한 현실에서도 지금의 정부는 현재 기존 공무원들에게 여성과의 잦은 대면과 업무교류, 전문성 강화의 방법을 통하여 여성의 관리직 진출을 모색하고 있다. 그런데 인터뷰를 하면서 발견한 사실은 반드시 이러한 방법이 효과적이지는 못할 것이라는 추측을 가능하게 하며, 곧 이는 여성 공무원 인사정책 실무자에게는 다소 충격적인 사실이 될 것이다. 마찬가지로, 정부의 기존 정책과제의 제안 중에서 '후견인(멘토링) 제도'를 도입해야 한다고 주장하였으나, 이에 대한 방법론상에 판단의 재고도 요구된다는 판단이 든다. 왜냐하면, 면접에서 여성 공무원들은 공직생활 과정에서 영향 받은 사람이 있었으며, 여성들은 자신의 직장생활을 위해 이끌어 주고 모범이 되는 남성 공무원을 비중있게 생각하는 것처럼 보였다.

그럼에도 불구하고, 여성 공무원의 경우 위에서 제시한 문제로 인해서 정작 후견인을 원해도 구하기가 쉽지 않은 것이 사실이다. 지금 공직에서 고위직급에는 여성 공무원이 극소수에 불과하여 여성 후견인을 찾는 것은 거의 불가능하고, 여성 공무원에 좋은 이미지를 지닌 남성 공무원은 여성 공무원의 후견인으로 자처하다가 잘못된 루머나 소문에 휩싸일 수도 있어 그마저도 굳이 내켜하지 않는 경향이 많아 보였다. 하지만 설령 그렇다고 할지라도 여성 공무원은 자신이 속한 조직 내부 아니면, 혹은 외부에 후견인을 꼭 만들도록 노력하는 태도를 보이는 것이 좋을 것이다.

그러면 이에 대한 대안은 무엇일까? 가장 근본적인 문제는 여성 스스로에게도 있다는 사실을 인지해야 한다. 앞에서 이론적으로 논의한 여성 스스로의 자신감 결여(self glass ceiling), 편견, 여왕벌 신드롬(queen bee syndrome), 토큰의식(tokenism) 등이 모두 이러한 문제점이 되며, 이러한 부정적 의식의 극복을 통한 현 직무태도에서의 변화가 요구된다고 사료된다. 즉, 공직에서 여성들 스스로 여성의 권위를 찾으려면 남성과 여성을 편가르지 말고, 똑같은 의식과 참여로 편견을 버리고 남자들과 같이 대우받기를 노력해야 한다는 사실이다.

한편, 면접과정에서 여성과의 근무경험이 있는 사람이 차별적 태도가 더 강함으로써 통상적인 논의나 상식과는 다르게 나타났다. 이에 면접자는 피면접자에게 새로운 호기심을 가지고 대상자 모두에게 모두 여성과의 근무경험 유무를 따져보았다. 이에 차별적 태도가 높은 집단은 모두 여성과의 근무경험이 있는 사람들이었으며, 차별이 낮은 집단은 여성과의 근무경험이 있는 사람과 없는 사람이 혼재되어 있었다. 따라서 원래 성(sex)에 대한 고정관념은 여성과의 근무를 통해 약해지는 것이 아니라 오히려 강해짐을 재차 분명하게 확인하였다.

"여성 직원과 근무한 사람의 경험은 좋을 수도 있고 나쁠 수도 있지요. 저는 솔직히 안 좋은 경우에 가까워요. 선생님의 설문지도 제가 보니까 한 마디로 여성에 대해 남성 직원들의 안 좋았던 고정관념이 더욱 굳어져서 그렇다고 봅니다. 상위직급이고 경력이 많은 사람의 의식구조와 경력은 많은데 직급이 낮은 사람의 의식구조는 확실히 다릅니다. 저뿐만 아니라 이처럼 여성에게 일을 맡겼는데 희망하는 대로 결과가 나올지 여부에 대해서는 회의적인 경우가 많습니다. 업무수행 행동에서도 여성은 현장업무에 약합니다. 예를 들어 여성이 동사무소에 있다고 하면, 비가 많이 오는 날, 화재가 발생할 때, 집단 민원이 쇄도할 때 대처하는 능력이 약하다고 저는 봅니다. 여성들은 일단 맡겨달라고 하지만 업무에 대처하는 능력이 약해 적합치 않아요. 대안을 말하자면, 일정시기까지는 다소간 무리가 따르더라도 사회가 요구하는 수준까지는 간부직 양성을 해야 하지만, 그 역할과 요구는 하루아침에 이루어지지 않는다고 봐야죠(공무원 H씨)."

이러한 결과는 양 집단 간, 즉 여성 공무원과 근무한 경험을 기준으로 남녀 간의 태도차이가 더욱 벌어진다는 것을 의미하며, 이를 해석하면 남성이 여성에 대해 더욱 부정적인 태도와 인식으로 돌아섬을 뜻한다. 특히 가장 큰 차이가 나타났던 성 고정관념의 두 변수를 살펴보면, 여성에 대한 고정관념이나 편견이 여성 공무원과의 근무 전 보다 근무 후에 더욱 강해짐을 알 수 있다.

환언하면, 이는 남성 공무원에게 있어 고정관념적 사고나 편견, 부정적 태도가 여성과의 근무를 통해 점점 축적, 강화되는 것을 의미하는 것으로, 기존 문헌에서는 주장되지 않았던 중요한 발견점이라고 할 수 있다. 결국 심층면접의 결과는 여성을 경험한 이들 중에서 여성은 여성을, 남성은 남성을 더 긍정적으로 평가하는 방향으로 동성 편향이 더 높은 가운데, 관리자에 대한 평가는 고연령·고학력으로 갈수록, 부서 내 여직원의 비율이 작을수록 남성 쪽으로 편향을 보인 결과를 제시한다.

3) 여성 친화에 대한 감정에 의한 분리

이론적 당위성과는 달리 현실적으로 여성 공무원 친화적 정책의 필요성은 인식하면서도 다른 부분, 즉 정책의 목표나 결과 등에 대해서 부정적인 이유는 무엇일까? 이는 상당히 중요한 이슈이며, 더욱 주목할 문제는 응답에서 여성도 포함되어 있음을 알 수 있다. 따라서 여기서는 남성과 여성 공무원에 대한 면접을 통하여 원인을 찾아내려 하였으며 그 결과는 다음과 같다.

> "제 경험에 비추어보면 여성국장의 경우에는 부서 내부에서 업무를 제대로 추진하지 못하여 능력의 한계를 나타내기 때문이라고 생각해요. 일반적으로 시청에서 국장급이라면 업무에 대한 전문성과 추진력을 가져야 하는데 여성이 그와 비슷한 자리에 앉았던 경우에 전문성도 없고, 추진력도 별로 없었어요. 또 저는 현실적으로 현직에 있는 고위직 여성 공무원으로서 제대로 능력을 갖춘 사람이 없어요. 결국에는 여자도 남자와 같이 사적인 인간관계, 즉 학연이나 지연 등에 의해 승진한 경우일 수 밖에 없지요. 당연히 제도나 정부방침 자체를 인정하고 싶어하지 않는 겁니다(공무원 I씨)."

여성이 관리직에서 남성과 비슷한 자리에 있을 때 제대로 같은 수준의 능력을 발휘하지 못한다는 말은 성 고정관념일 수 있으나, 위의 경우는 과거 자신이 여성과 근무해본 경험상 그러했다는 것이므로, 여기에서 상정한 관행과 편견에 의한 성차별 유형의 타당성을 지지하는 것이다. 그리고 기존의 남성 공무원들은 능력을 갖추지 못한 여성이 승진하는 것에 대한 심한 반발감을 가지고 있는 것을 알 수 있으며, 이는 정부가 추진하는 강력한 여성할당제 실시에 대한 거부감으로 이어진 것이라 추정된다. 다음의 사례도 역시 이와 같은 사실에 대한 실제적 근거가 되고 있다.

> "여성 공무원 확대 정책은 어느 정도는 해야 하지만 적정수준이 어디냐는 문제가 제일 크지요. 선진국으로 발돋움하는 단계에서 여성인력을 활용한다는 측면과 양성비율을 고려하는 점에서는 필요한 정책이라고 보지만 정책의 결과에 대해서는 '부정적'이라기보다는 '회의적'이라고 부르고 싶습니다. 즉 관리직은 책임자죠. 그런데 현재 여성 관리직 공무원을 보면 역량의 문제라던가 관리자의 자질훈련이 안 된 상태에서 경력만 찼다고 관리직으로 가면 관리직 업무수행이 제대로 안 됩니다. 이는 관리자로서의 훈련이 안 되어있기 때문인데요, 이처럼 괴리가 있기에 정책을 통해서 인위적으로 끌고 가는 것은 정말 곤란하다고 생각합니다. 그리고 아마 여성 스스로도 자존심이 많이 상하게 될 겁니다(공무원 J씨)."

> "할당제의 경우 한마디로 한정되어 있는 자리를 나눈다는 말이지요. 예를 들어 10개의 자리가 있다면 그중 3개의 자리를 여성에게 할당한다는 것인데, 이것이 당장은 여성에게 유리할 수 있으나 장기적으로 볼 때는 여성에게 주는 자리는 3자리로 한정될 수 있다는 말도 돼요. 따라서 실력과 능력이 있어도 여성에게 주는 자리는 한정되어 있어서 다른 주요한 자리로 갈 수 없게 되는 족쇄가 될 수도 있다는 겁니다. 현재 자격요건이 되어서 승진한 경우는 결코 많지 않아요. 이처럼 여성이 실력 형성이 안된 경우에 무작정 숫자로 채워 넣으면 2~3년이 지나서 능력이 되어도 여성에게 할당된 자리 외에는 승진이 불가능하여 오히려 여성 공무원의 고위직 자리가 막혀버리게 됩니다. 그리고 일단 사람은 기득권을 가지면 잘 내놓으려고 하지 않아서 30%의 할당을 매년 시행하기보다는 당사자 능력으로서 받아들여져야 한다고 봅니다(공무원 J씨)."

위의 사례는 여성의 경우에도 여성 친화적 인사정책을 수용하지 못한다는 특이한 경우를 보여주고 있는데, 이는 통계적 결과치에서도 마찬가지로 여성이 여성에 대해 동료의식이 부족하고 제 식구 감싸기를 하지 않으며, 경우에 따라서는 오히려 남성보다 더 부정적인 태도를 보이는 것으로 나타났다. 일반적으로 여성은 남성과는 달리 자신들에게 유리한 여성 공무원 인사정책이 추진되고 있는데 대해 환영하고 적극 수용할 것이라고 예상되지만, 조사에 응한 일부 여성 공무원들은 그러하지 못하였다. 이렇게 여성정책을 수용하지 못하는 이유에 대해 자리채우기에 급급한 인상이 있고, 능력이 되지 않는데 관리자로 승진을 시키는 것은 장기적으로는 여성 공무원 전체에게 좋지 않다는 의견을 내놓았다. 이는 충분히 설득력이 있는 말이지만, 지금 추진되고 있는 여성 관리자 임용할당제의 근본적인 취지를 전혀 이해하지 못하고 있는 사례이기도 하다. 따라서 정부는 합리적이고 효율적인 정책집행을 위해 남녀 모두에게 정책의 타당성과 장점을 충분히 지각시키는 대책이 필요할 것이다.

남성 공무원의 경우에 우리나라 정부의 양성평등 채용목표제와 여성 관리자 임용할당제는 물론, 아직 본격적으로 실시되지 않은 성별 희망 보직제 등에 대해서도 비판적인 의견을 말함으로써, 제도의 종류는 다르지만 대부분 이에 대한 부정적인 시각이 많음을 알 수 있었는데, 이에 대해 다음의 심층면접 결과를 살펴보기로 하자.

> "꼭 저의 생각이 맞다고는 할 수 없습니다만, 여성 공무원의 채용이나 승진 할당제는 지금 당장은 좋은데 자격이 안되면서도 할당제에 의해 5급 이상의 관리직에서 여성에게 주어진 자리가 다 채워지면, 나중에는 능력과 실력을 가지고 남성과 대등하게 경쟁할 수 있는 여성이 나와도 실력 없는 여성들이 자리를 다 자치하고 있어서 어떠한 자리로도 갈 수 없게 됩니다. 따라서 장기적으로는 여성이 손해를 보게 될 수 있어 문제입니다. 또 지금까지 5급 이상으로 승진한 여성은 승진 소요 연수로 보면 자격이 안 되는데도 정부정책으로 인해 갑자기 하루아침에 특별승진으로 서열이 밑에 있는 사람을 끌어 올려서 5급으로 승진시킴으로서 오랫동안 안정적으로 유지된 공직사회의 서열이 깨지고 역차별이 됩니다. 이건

남성과 여성을 떠나서 결코 좋은 게 아니라고 봅니다(공무원 K씨).”

“제가 알기로는 보통 공무원이 공직생활을 9급으로 시작하는 경우 5급까지 승진하는 데 최소 10년이 걸려요. 그런데 무작정 여성이기 때문에 승진해야 한다고 하면 그것은 남성을 역차별하는 거지요. 예전에는 남녀 차별이 많았습니다. 그래서 관공서에 여성정책과가 상징적으로 존재했습니다. 그러나 2~3년 전부터 남녀 차별이 사라졌다고 많은 사람들이 공감하고 있어요. 근데 이보다 근본적인 문제는 지금 승진 연차에 있는 여성이 별로 없다는 겁니다. 그럼에도 여성이기 때문에 승진하게 되면 반발이 많으므로, 정부가 진정한 여성 공무원 발전에 기여하고자 한다면 승진 연차가 안되는 여성을 억지로 승진시키기보다는 여성이 중요 보직을 여성이 맡을 수 있게끔 하는 것이 여성 발전에 기여하는 것이라고 생각합니다(공무원 L씨).”

“(한숨을 쉬며) 여성 공무원의 희망보직제 같은 것은 **시에 도입해도 기대할 것 없어요. 모든 사람이 수긍하고 완전하게 정착된 객관적 절차도 없고, 합리적 기준도 없기 때문이죠. 완벽하게 오픈해서 투명하게 하지 않기 때문에 소기의 성과를 기대하기 힘들며, 이는 다른 사람들도 마찬가지일 겁니다(공무원 M씨)”.

일반적으로 공직에서 여성에 관한 정책이란 대부분의 조직 구성원과 관련이 있는 문제들을 합법적으로 해결함으로써 경쟁력이나 성과를 훼손하지 않는 범위에서 균형성을 향상시키고자 하는 정부의 미래지향적인 활동 방침 또는 활동 목표로서, 여성에 관한 현실적인 문제 해결을 위한 정부의 실제적이고 의도적인 활동이다. 따라서 여성 공무원 정책이란 이러한 일반적 정책개념에서 실현시키고자 하는 정책의 내용이 공직에서의 여성문제의 해결이라는 특정 목표를 갖는 정책이 된다.

양성평등한 인사의 문제는 남성이라서, 아니면 여성이기 때문에 받는 불이익, 성에 기인하는 불평등, 여성의 역할에 대한 사회적 고정관념 등으로 인하여 공무원이 자신의 삶을 스스로 선택할 수 있는 자유가 제한되는 모든 경우에 해당하며, 이의 해결을 위해서는 공직의 모든 영역에서 남녀 평등 실현을 위하여 성에 기인한 사회적 차별구조가 극복되어야 한다. 그러나, 앞의 여러 가지 사례와 같이 여성에 대한 정책 자체에 대해 부정적인 태도를 보이고 수용하지 않는다면, 해결대안의 원천과 실행의 근거 자체를 봉쇄하는 것이 되고 만다. 예를 들어 공직에서의 여성 희망보직제의 경우, 결과적으로 공직 현장에 실시되지 않았음에도 불구하고 그에 대한 부정적 태도가 높은 것은 문제시된다. 향후 양성평등 인사정책에서는 이러한 정책불응 문제의 해결을 위한 종합적인 대안이 요구된다고 할 수 있다.

6 성별 직무분리에 관한 상이성 지수

성별 직무분리에 관한 상이성 지수는 계량적인 분석의 한 방법이다. 성별 직무분리의 검증 방법인 상이성 지수에 대한 통계적 분해기법은 여러 가지가 나와 있다. 그러나 기존에 사용되는 사용하는 가장 대표적인 방식은 Oaxaca가 제시한 기법이다. Oaxaca는 상이성 지수의 한계점을 온전히 지수 자체의 문제(index number problem)라고 규정하였다. 그래서 상이성 지수의 일반화 논의는 상이성에 대한 개념 및 측정 지수들이 혼재되어 있는 지금까지의 실정과 관련되며, 학자들은 기존에 제시된 성별 다양성 측정 지수들을 일반화하여 논의하고자 했다. 이러한 일반화의 관점에서 구체화된 Oaxaca 지수 분해는 Duncan의 상이성 지수의 특정한 버전이라 할 수 있다. 즉 Oaxaca(1973)의 지수 분해는 직무집단 분리(segregation) 내의 모든 변화를 성별구성효과(sex composition)와 직무혼합효과(task mix component)의 형태로 제각각 계량적 분해를 할 수 있다는 주장이다. 그리고 다음과 같은 기본 산식을 토대로 이를 응용하여 분해가 가능하다.

$$\ln Wm = \alpha m + \beta m Xm + \epsilon m, \ln Wf = \alpha f + \beta f Xf + \epsilon f$$

$$\ln Wm - \ln Wf = (\ln Wm - \ln Wf^*) + (\ln Wf^* - \ln Wf)$$

$$= (\alpha m' - \alpha f') + (Xm - Xf)\beta m' + Xf(\beta m' - \beta f')$$

상기의 산식에서 나타내고 있는 α와 β는 각각 추정계수를 뜻하고, Xm는 남성 특성변수의 평균, Xf는 여성 특성변수의 평균을 의미한다. 또한 산식의 Wm는 특정한 직무에서 남성의 평균비율, Wf는 특정한 직무에서 여성의 평균비율을 의미한다. 그리고 던컨(Duncan)의 상이성 지수(DID)를 다시 분해하여, 어느 특정한 직종이나 조직에서 사로 다른 복수 직무사이에서 얻을 수 있는 Oaxaca(1973)의 차별계수(discrimination coefficient)는 다음 식과 같이 구할 수 있다.

$$DID(2) = \frac{(W_f / W_m) - (W_f / W_m)^*}{W_f / W_m^*}$$

Oaxaca의 계수 분해법에 따라 우선 여기서는 공직의 성별 직무분리에 대해서 성별구성효과와 직무혼합효과를 별도로 구분하여 분해해야 한다. 이러한 계산을 하기 위해서는 다음과 같은 과정이 필요하다. 먼저 앞에 제시된 던컨(Duncan)의 상이성 지수에 관한 앞선 식(2)의 일부가 Oaxaca(1973)이 제안한 식(3)의 적용을 통해 분해되어, 새로운 식(4)의 형태와 같은 계산식으로 전환되어야 한다. 그리고 여기서 구체적으로 첫 번째 분해항인 성별구성효과는 각 직무의 규모가 일정하다는 전제하에서 해당 직무나 직군의 성비 변화에 따른 지수의 변화를 의미해야 한다. 두 번째 분해항인 직무혼합효과는 각각의 직무 및 직군 내 성비가 일정하다는 가정하에서 직무의 규모가 변화하였을 때의 지수의 변화를 의미해야 한다.

그래서 성별 직무분리의 실증에서는 각 연도별 Duncan의 상이성 지수를 정부 부처의 성별 공무원 숫자 차이를 토대로 한 직무 및 직군의 서로 다른 분류코드를 활용하여 도출할 것이다. 그리고 별도로 도출한 연도별 상이성 지수들의 장기적인 추이를 살펴볼 것이고, 추가적으로 부처의 유형별 추이 역시 함께 살펴볼 것이다. 또한 식(4)~(5)의 방식으로 Duncan의 상이성 지수의 기간 간 변화를 분해하여 지수의 변화가 성비의 변화와 직무 규모의 변화 중 어느 것의 영향을 통해 주로 변화하였는지 살펴볼 수 있다. 공직의 성별 직무분리에 관한 측정의 기초적 자료를 제공한다는 측면에서 보수적으로 상이성 지수 산출방식을 토대로 한다. 그리고 그러한 방식에 더하여 기간별 분해를 추가로 응용하는 방식을 사용했다는 점을 밝히고자 한다. 또한 상이성 분석의 정확성을 더하기 위해서는 우리나라 중앙정부 정부 인사의 공식통계가 생산된 최소 20년 이상의 연도를 다룰 필요가 있을 것으로 본다.

$$I = \frac{1}{T}\sum_{i=1}^{n}\left|(1-a)m_i - a f_i\right|,\ T = m + f,\ and\ \ a = \frac{m}{T}$$

$$DID(3) = 0.5\left\{\sum_{i=1}^{3}\left|\frac{m_i}{m} - \frac{f_i}{f}\right|\right\} = 0.5\left\{\left|\sum_{i=1}^{3} M_i - F_i\right|\right\} = 0.5\left\{\left|\frac{m_1}{m} - \frac{f_1}{f}\right| + \left|\frac{m_2}{m} - \frac{f_2}{f}\right| + \left|\frac{m_3}{m} - \frac{f_3}{f}\right|\right\}$$

공직 사회의 직무구조와 분류에 대해 '우리나라 정부기능분류체계(BRM)의 데이터를 자료로 설정할 수 있다. 현재 중앙정부의 모든 직무에서의 성별 분리현상을 측정하기 위해서는 될 수 있는 한 세분화 된 직무코드 자료가 필요하기 때문이다. 현재 공식적으로 출판된 정부통계 중에서 직무를 각각 대기능 분류, 중기능 분류, 소기능 분류에 따른 3가지 코드(3-digit occupation code)로 분류하고 있는 것은 이 자료 외에는 없는 것으로 보인다. 그리고 이러한 정부기능분류에서 대분류보다는 중분류를 사용하면, 중분류보다는 소분류(혹은 직무) 데이터를 사용하면 남녀의 성별 직무분리의 정도가 더욱 선명하게 나타난다. 그 이유는 정부의 직무 대분류 내에서 임금과 사회적 지위, 책임과 권한 등에서 다른 여러 개의 작은 직업집단들이 포함되어 있고, 성비가 크게 다른 것들도 포함되어 있어 서로 충돌효과를 상쇄시키기 때문이다.

BRM의 표준분류는 다시 대분류, 중분류, 소분류 등 계층적으로 구성되어 있는데, 대분류(Level-1 항목)는 일반공공행정 등에 걸친 총 15개 분류항목이 포함되어 있고, 대분류 아래 67개의 중분류 항목(Level-2 항목), 중분류 아래 487개의 소분류 항목(Level-3 항목)로 구성되어 있다. 현재 우리나라 중앙행정기관에 대한 정부기능분류체계(BRM)의 데이터 세트(set) 상에서는 대기능 분류코드(BRM Level-1)는 470개이며, 중기능 분류코드(BRM Level-2)는 5,683개, 소기능 분류코드(BRM Level-3)는 35,283개 정도로 집계되어 있다.

행정부 국가공무원인사통계 및 인사혁신처의 인사통계연보가 작성되어 있는 2003년부터 2024년까지의 시기는 정부기능분류체계가 비교적 정확한 기간이다. 물론 실제 분석에 이용된 원자료의 통계수치는 정부에 의해 공표가 되어 있는 익년도(각 연도+1년) 자료이다. 정치적으로도 이 기간은 김대중 정부, 노무현 정부, 이명박 정부, 박근혜 정부, 문재인 정부 등을 거치면서 보수와 진보를 이념적으로 비슷하게 넘나드는 기간이다. 그리고 이 시기에 역대 정부 간 정부조직의 개편은 3차례가 있었다. 정부 조직의 개편과정에서 이에 BRM의 표준분류는 각 역대 정부의 부처 코드에 맞게 다시 재분류하였다.

표 3-1 중앙정부의 공직 성별 직무분리에 관한 상이성 지수(DID)

연도	평균 (전체기관)	부(部)	처(處)	청(廳)	위원회 (委員會)
2004	0.32	0.45	0.17	0.42	0.21
2005	0.31	0.41	0.21	0.44	0.25
2006	0.37	0.55	0.20	0.50	0.36
2007	0.40	0.45	0.22	0.56	0.40
2008	0.42	0.52	0.16	0.53	0.33
2009	0.41	0.48	0.24	0.50	0.39
2010	0.40	0.63	0.20	0.55	0.36
2011	0.39	0.32	0.16	0.53	0.34
2012	0.36	0.39	0.14	0.46	0.27
2013	0.45	0.48	0.21	0.59	0.36
2014	0.48	0.51	0.15	0.50	0.31
2015	0.46	0.41	0.12	0.47	0.28
2016	0.50	0.47	0.20	0.58	0.38

2017	0.52	0.47	0.15	0.59	0.37
2018	0.53	0.50	0.14	0.60	0.40
2019	0.49	0.56	0.21	0.59	0.30
2020	0.46	0.40	0.15	0.54	0.31
2021	0.48	0.31	0.13	0.53	0.34
2022	0.47	0.46	0.18	0.57	0.36
평균 (전체연도)	0.43	0.46	0.17	0.53	0.33

* 주: 0 〈 DID 〈 1, DID가 1에 가까울수록 성별격차나 성별 직무분리가 크다.

또한 정치적으로 정권의 변화에 부침이 적은 공통의 부처를 사전에 선별하였으며, 특정한 정부 시기에만 있었거나 설립의 역사가 짧은 특정 부처들은 모두 제외하고 탐색적인 분석을 하였다. 따라서 공직사회에서 성별 직무분리의 정도를 측정하는 데는 정부기능분류체계 직무코드 데이터를 토대로 하여 상이성 지수를 이용한 기본적인 직무분리의 수준이 탐구되어야 한다. 그리고 이와 함께 소수의 직무에 여성이 얼마나 집중되어 있는가를 측정하여 직무코드 데이터에서 성별의 상대적 집중도를 동시에 살펴볼 수 있다. 중앙정부의 공직 성별 직무분리에 관한 상이성 지수 결과는 <표 3−1>과 같이 잠정적으로 나타났다.

한편, 이러한 상이성 지수를 나타낸 변화추이를 <그림 3−1>의 형식으로 다시 나타냈으며, 이에 대한 주요 해석과 논의는 다음과 같다. 우선 공직에서 여성은 남성에 비해 특정부처와 직무로의 쏠림 현상이 장기적으로 일어나고 있었다. 반면에 남성의 경우에는 여성에 비해 모든 직종에서 상대적으로 고른 분포를 보이고 있었다. 우선 앞에서 언급된 공식에 따라 전체 부처들의 성별 상이성 지수를 계산하였더니, 2004년도에는 상이성 지수 수치가 0.32 정도였으나, 약 20년 뒤인 2022년도의 수치는 0.47로 나타났다. 앞서 논의한 바와 같이, 이 상이성 지수의 수치들은 공직의 각 부처들에서 남녀의 분포가 동등한 방식, 즉 남녀 비율이 50:50으로 이루어지기 위해서 기본적으로 필요한 숫자들이다. 그래서 수치가 크면 클수록 현재 성별로 불균등하다는 의미가 된다. 또한 상이성 지수는 공직의 각 부처에서 남성과 여성의 분포가 전체에서의 남성비율과 여성 비율처럼 동등하게 분포되기 위한 필요수치이기도 하다.

이런 맥락에서 2004년도에는 상이성 지수 수치가 0.32라는 것은 32%의 여성 혹은 남성이 다른 부처로 옮겨가야 하고, 2022년에는 47%의 여성 혹은 남성이 부처를 바꾸어야 한다는 말이 된다. 과거 우리나라의 공직에는 항상 남성이 다수였고 여성이 부족했으므로, 32%나 47%의 남성이 여성에게 직무나 자리를 비워주어야 한다는 의미로 해석해도 무방할 것이다. 여하튼 이들 두 연도의 상이성 지수들을 단순 비교하면, 약 20년 동안 약 15% 정도 높아졌다. 이것으로 우리나라 공직사회에서의 성별 직무분리 현상은 그동안 심화되어왔다는 사실을 잠정적으로 추정할 수 있다. 정확한 남녀 상이성 수치를 논외로 하더라도 그 경향성을 보면 역대 정부별로 남녀 공무원 사이의 직무분리와 업무의 쏠림 현상은 과거보다 심해져 왔다는 주장을 조심스럽게 할 수 있다.

보다 세부적으로 초기 통계에서 중앙정부에 속한 부(部), 처(處), 청(廳), 위원회(委員會)의 남녀 간의 상이성 지수는 평균적으로 0.32로 높은 편은 아니었다. 특히 중앙정부의 부(部)와 청(廳) 같은 대규모 조직에서의 상이성 지수는 위원회(委員會) 같은 소규모 조직에서의 그것보다 상대적으로 높게 나타났다. 이는 전반적으로 정부부처나 공공조직에서 조직의 규모가 클수록 성별 직무분리 현상이 심화된다는 것을 주장한 기존의 학설을 지지하는 것으로 보인다. 또한 이는 정부조직 상에서 부(部)나 청(廳)과 같이 조직의 규모가 클수록 여성의 숫자가 많은 하위의 현업부서나 지원부서, 혹은 산하기관이나 유관단체를 더 많이 거느리고 있기 때문으로 생각된다.

장기간 흐름을 통해 살필 수 있는 중요한 하나의 경향성은 부처별로 남녀 간의 성별 직무분리가 최근으로 올수록 나아지거나 평준화되지 않고 있다는 점이었다. 즉 최근까지 시험을 통해 공무원에 입직하는 비율은 여성과 남성이 거의 비슷해지고 있는 실정이지만, 실제 공직의 입직 이후에 맡는 직무나 업무들은 성별에 따라서 차이를 보여줄 개연성을 이러한 결과는 충분히 담고 있다. 남녀 간의 성별 직무분리가 단순한 차이라고 보기에는 상식적으로 직무나 부처 쏠림의 기간이 너무 길고 반복적이다. 그래서 우리나라에서 공직의 성별 직무분리는 기존의 조직문화나 성별 관행, 혹은 보이지 않는 요소에 의한 다소 의도적인 차별 쪽에 기운다고 보는 것이 더 설득력이 있을 것이다.

그림 3-1 성별 직무분리에 관한 상이성 지수(DID)의 변화 추이

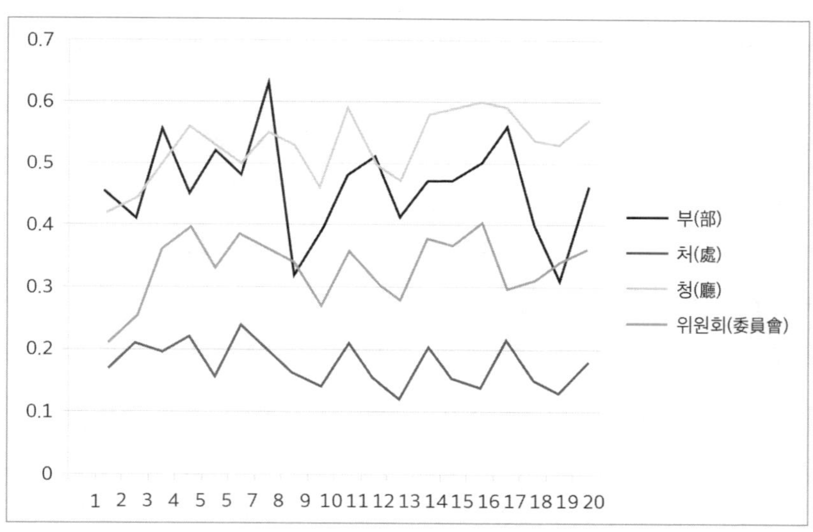

* 주: 숫자는 2(2004년)부터 20(2023년)까지 각 정부 시기(t-1 기준).

게다가 여성공무원에 대한 양성평등 채용목표제나 여성 친화정책이 거의 20년 가까이 일관되게 추진되어 왔음에도 불구하고, 남녀 간 직급 및 직무의 상이성 지수가 높게 유지되고 있는 점도 문제시된다. 이런 결과는 적어도 학계의 관련 전문가와 정책실무자에게 기존의 여성인사나 양성평등정책의 효과성에 대하여 새로운 고민을 하게 만들 것이다. 공직에서 여성공무원 비율이

크게 증가하고 있음에도, 여전히 부서 배치에 편차가 있고 성별로 직무가 쏠려 있다는 것은 향후에 구조적 혹은 규범적으로 꼭 해결되어야 할 문제이기 때문이다.

결론적으로 공직의 성별 문제는 사회과학에서 빈번한 탐구 주제가 되어왔지만, 성별 직무분리 문제는 여전히 해명되지 않은 과제로 남아 있다. 우리나라보다 앞선 해외의 논의와 경험에 비추어 보면, 공직사회 여성의 지위와 기존 관행의 변화는 단기간에 쉽게 오지 않을 것이다. 그런 맥락에서 공직사회의 이 문제가 현재 학문적으로 중요한 의미를 갖는 이유는 해외의 주장과 같이 여성의 실질적 공직 대표성과 상대적 지위에 미치는 부정적 영향 때문이다. 공직사회에서 성별 직무분리의 여부와 그 원인을 이해하기 위해서는 일단 현상의 존재와 정도를 우선 확인해야 한다고 생각된다.

성별 직무분리의 개념은 직업현장에서 직무와 보직이 남녀 성별적 요인에 의해 분리 혹은 분절되는 현상을 말했다. 이 개념이 우리나라 공직사회에 도입될 여지는 충분해 보인다. 서구사회의 공직에서도 여성이 맡는 직무는 실질적으로 남성보다는 상당히 제한적이었다. 우리나라 공직의 성별 직무분리 현상에 대해서도 몇몇 선험적 문헌들이 존재하고 있으며, 다수 부처나 직무들이 관행상 여성 혹은 남성으로 분리되어 있음을 관찰할 수 있다. 특히 기존 사례나 이론이 동의하는 바는 여성이 지배적으로 분포되어 있는 여성 직무는 남성 직무에 비해 위상이 낮고 처우도 낮은 것이 많다는 점이다. 현재 우리나라 공직의 인사정책이나 성평등정책에 있어서 성별 직무분리에 대한 설명은 부족한 상태이며, 관련 담론도 미흡한 편이다. 이 장에서는 이런 문제를 본격적으로 제기한 것에서 그 의의를 찾을 수 있다.

제4장

유리문: 공모나 개방형 직위는 남녀에게 고루 분배되는가?

제4장

유리문: 공모나 개방형 직위는 남녀에게 고루 분배되는가?

1 유리문이란 무엇인가?

이 장에서는 <유리문: 공모나 개방형 직위는 남녀에게 고루 분배되는가?>라는 질문에 대해서 심층적으로 다룬다. 유리문은 아직 생소한 개념이지만, 유리천장과 비슷한 의미로 쓰인다. 이는 외부인의 채용이나 입직에서 보이지 않는 원인에 의해 인종과 성별로 차이가 있다는 사실에 기반한다. 특히 공모나 개방된 경력직 직위에 여성이 희소하거나 과소대표 되는 현상을 유리천장이라고 하지 않고, 유리문이라 부른다. 유리문 가설이 적용되는 대상은 승진이나 보직이동이 아니라, 공모나 외부인의 신규 입직 케이스를 말한다. 즉 외부인의 경력인재나 전문가의 스카우트 방식에 따른 공직의 여성 채용 결정에 대한 이론적 모델이다. 여기에는 몇 가지 주목할 가설들이 있다. 회전문 인사와 유리감옥 이론, 유사성 매력 이론과 동종애의 원리, 남녀에 대한 멘토링과 네트워크의 차별성, 협업체계와 상호의존성의 차이 등에 관한 가설과 이론들이 많다.

이 장에서는 여성 임용에 대한 '유리문 효과(Glass Door Effect)' 가설을 학계에 소개하고, 우리나라 중앙부처의 개방형 직위를 중심으로 이 개념의 한국적 유효성을 탐색해보는 것이다. 기존의 '유리천장'은 주로 조직 내부의 '승진'에서 여성에게 나타나는 현상이었다. 반면에 해외 논의들에 의하면 '유리문' 효과는 주로 고위직 특채나 면접을 통한 외부인의 신규 임용, 경력직 등용이나 발탁인사의 과정에서 종종 나타난다. 현재 우리나라 정부 인사에서는 '개방형 직위 제도'가 여기에 해당한다. 과연 우리나라 개방형 고위공직에서 유리문 효과 가설은 유효한가? 이 질문에 답하기 위해 이 장에서는 심층적 논의를 진행한다. 대부분 선진 해외의 이론들이지만 한국의 성별 균형과 평등인사 등에서 거의 다루어지지 않은 내용이므로, 비교적 참신한 내용들로 이 장이 채워질 것으로 보인다.

먼저 유리문의 정의를 알아보자. '유리문(Glass Door)'은 우리에게 다소 생소한 개념이다. '유리문 현상'에서 '문(Door)'이 갖는 표면적 의미는 "누군가 문을 한 번에 열고 어느 조직 안으로 들어가는 것"이다. 그 문이 누구에게나 보이고, 항상 평등하고 공정하게 열린다면 별 문제가 되지 않는다. 만약 그렇지 않고, 인종이나 성별로 차이가 난다면 문제가 전혀 달라진다. 유리문 가설은 후자에 적극적인 동의를 하는 이론이다. 즉 유리문 가설은 "외부인의 채용이나 입직에서 보이지 않는 원인에 의해 인종과 성별로 차이가 있다는 사실"에 주목한다. 특히 '유리문(Glass Door)'은 '여성에 대한 보이지 않는 장애(Intangible Obstacle) 혹은 투명한 장벽(Invisible Barrier)'이라는 측면에서는 적어도 '유리천장(Glass Ceiling)'과 거의 비슷한 개념으로 생각하면 될 듯하다.

'유리문 가설'은 고위직이나 관리직군의 '외부 신규임용(Newly-Hired Workers)'에서 여성과 남성에게 동일한 잣대나 기준이 적용되지 않을 가능성에 주목한다. 외부인의 공개임용이나 스카우트, 면접과정 등에서 여성이 유리문에 의해 보이지 않게 차별 당한다는 가정을 깔고 있다. 보다 현실적 차원에서 유리문은 "외부에 개방된 경력직 직위에 여성이 희소(Scarce)하거나 과소대표되는

(Underrepresented) 현상"을 의미한다. 다만 유리문 가설이 적용되는 대상은 승진이나 보직이동이 아니라, 신규 입직의 케이스이다. 그리고 신입사원이나 하위직보다는 경력을 요구하는 고위직이나 관리직에서의 '신규 임용(New Employment)'을 더 주목한다.

'유리문'은 고위직이나 관리직에서 '남녀 비율의 성별 격차와 그 이유'를 추가적으로 설명하는데 유용한 개념이다. 여성들은 그동안 승진과 성공의 '유리천장 깨뜨리기(Breaking Glass Ceiling)'에만 주력한 감이 없지 않았으며, 다른 새로운 가능성에는 소홀했다. 고위직급, 관리직에 유리천장이 없어지면 여성이 상층부에 늘어날 것으로 기대했다. 공직과 기업에서 고위직은 내부 승진으로만 자리가 생기지는 않으므로, 실상은 물론 그렇지 않았다. 오히려 중요한 요직은 외부인의 경력인재나 전문가의 스카우트 방식으로 채워지는 경우도 많다. 그래서 해외에서는 조직의 고위직 여성 채용 결정에 대한 이론적 모델로 '유리문 현상'을 종종 설명한다. 고위직에서 여성의 과소대표성과 성별 임금격차 등은 유리천장으로 막힌 '내부 승진 기회(Internal Promotion)' 외에도, '외부 경력직 입직기회(Recruitment of Experienced Workers)'의 성별 차이일 수 있다는 가정이다.

유리문은 "오래된 유리천장을 남성들이 더욱 공고하게 만들고, 오히려 이것이 조직에서 장기적으로 안정화되는 현상(equilibrium phenomenon)"을 이론적으로 부연 설명도 해준다. 그래서 '유리천장'과 '유리문'은 완전히 별개의 이론이라고는 볼 수 없다. 관리직이나 고위직급에서 종종 이루어지는 경력직 외부인 채용은 다시 내부의 인사와 승진을 좌우하는 간접적인 기제가 될 수 있기 때문이다. 여성은 유리문을 열고 관리직에 들어가면 다시 그 안에서 유리천장에 마주할 수 있다. 유리천장을 부수고 고위직에 오르더라도, 이직이나 퇴직할 경우에는 다시 유리문에 부딪힌다. 그래서 유리문 가설은 '하나의 조직'이 아니라, 외부의 '여성 노동시장' 전체를 관망한다. 구조적으로 얽혀 있는 이러한 성불평등의 상황을 채용, 승진, 보직 등에서 각각 단편적으로 바라보아서는 해결책이 없다고 본다.

2 왜 유리문이 중요해지는가?

우리나라 '공직의 전문성과 개방성 확대'는 빠르게 진행되는 4차 산업혁명 시대를 대비하려는 정부혁신의 핵심이 되고 있다. 제도적으로 중앙정부 공직은 2025년 기준 대략 475개의 개방형 직위에 대한 공모를 통하여 외부 경력인사의 채용을 크게 늘렸다. 민간출신 임용자는 대학교수, 기업인, 언론인, 연구원, 시민단체 출신 등으로 다양해졌다. 지난 2000년 우리나라에 처음 도입된 '개방형 직위제도'는 오랜 세월 동안 공직의 폐쇄적인 인사운영을 개선하고, 외부의 우수한 인재를 폭넓게 유치하였다. 그 결과 공직에 새로운 변화와 활력을 불어넣고, 정부의 경쟁력을 높이는 긍정적 효과도 있었다. 하지만 '성별(Gender)'의 관점에서 보면 과거 개방형 직위 임용이 균형적이었고, 양성이 과연 평등하였는가에 대한 의문점이 남는 것도 사실이다.

해외 선진국에서도 이미 공직에 외부의 전문가를 채용하는 경우가 많았다. 사실 우리나라 공직의 개방형 직위도 해외와 민간 부문을 모방한 것이다. 유명 기업이나 글로벌 대기업에서는 고위 관리자를 인터뷰와 평판조사 등을 통하여 외부인재로 종종 선발하거나 발탁하기도 한다. 그런데 외부인의 임용이나 스카우트를 할 때, 최근 해외 학계에서 이슈가 되고 있는 것이 '남녀 고용의 성평등(Employment Equity of Gender)' 문제이다. 쉽게 말해, 같은 자질과 조건을 갖춘 여성과 남성이 있으면, 여성은 외부자 공모나 경력직 임용에 보이지 않는 장애를 겪는다. 해외에서는 이것을 '유리문 효과(Glass Door Effect)'라고 부르고 있다.

'유리천장(Glass Ceiling)'은 주로 조직 내부에서의 '승진(promotion)'에서 여성들에게 자주 나타나는 현상이었다. 반면에 '유리문(Glass Door)' 효과는 주로 고위직 특채나 면접을 통한 외부인의 신규 임용, 경력직 등용이나 발탁인사의 과정에서 많이 나타난다. 즉 유리문은 공개 경쟁시험이 아닌, 고용주나 인사권자의 주관성이 개입되는 제한 공모나 특별채용에서 자주 나타난다. 최근 정실주의나 연고주의가 상대적으로 약한 서구사회에서도 '유리문 가설'은 심심치 않게 입증되고 있는 상황이다. 그런데 상대적으로 인맥과 평판을 중시하고, 사회적 네트워크가 영향력을 발휘하는 우리나라에서 '인사와 채용의 공정성'은 항상 이슈가 되어 왔다. 공직에서도 출신과 성별의 '유리문'이 전혀 없다는 단정을 내리기가 어렵다.

우리나라 공직에서는 그동안 개방형 직위의 숫자가 많지 않았고, 개방형으로 뽑히는 사람들의 개인적 특성이 어떤가에 대한 관심도 적었다. 하지만 이제는 상황이 달라졌다. 중앙부처의 경우, 최근 고위직 공무원의 20% 수준까지 개방형 직위를 늘려나가도록 노력하고 있다. 개방형 직위 및 공모직위로 지정된 중앙정부 고위공직은 고위공무원단과 과장급을 합쳐서 약 500개 이상으로 늘었다. 이는 적지 않은 숫자이기도 하지만, 개방형 직위가 갖는 공직사회에서의 파급효과도 과거보다 증가했다. 중앙부처에서 이들은 대부분 중간관리자나 일부 고위직을 맡기 때문이다. 실제 개방형 직위는 각 부처나 기관의 국장이나 과장급이어서, 형식적으로는 공직사회 의사결정구조의 상층부에 있다고 봐야 한다.

우리나라 중앙정부의 개방형 직위는 고위공무원단 직위 총수와 과장급 직위 총수의 각 20% 범위 안에서 부처별로 지정한다. 개방형 직위 지정의 하한선은 최소 10% 이상 수준에서 지정하도록 제도를 운영하고 있다. 2024년 이후를 기준으로 총 475개의 직위가 중앙정부 개방형 직위로 지정되었고, 이 중에 공무원 내부 임용자는 41%, 외부 임용자는 59% 수준이었다. 중앙부처의 고위직에서 개방형 직위는 외부 인력풀이 극히 적고, 해당 분야의 오랜 경험이 요구되는 직위가 대부분이다. 명목상으로 개방형 직위는 공개모집에 의한 선발시험을 거쳐 직무수행 요건을 갖춘 최적격자를 선발한다. 특히 개방형 직위 중에서도 '경력개방형.' 직위는 공직의 외부 민간인만 지원할 수 있는 직위로서, 공무원은 지원이 불가하다. 2015년부터 도입된 경력개방형은 민간에서 쌓은 다양한 경험과 시각을 공직에 접목하여 각 부처에서 긍정적 변화와 활력을 일으키자는 취지였다. 홍보 · 정보화(IT) · 문화예술 등 민간의 인재풀이 풍부하고 전문성 · 혁신성 도입의 필요성이 특히 높은 일부 직위가 해당된다.

인사혁신처는 최근 10년 동안 '개방교류과'의 경력개방형 제도와 '인재정보담당관실'의 민간 스카우트 제도 등을 통해 민간인 임용을 확대해 왔다. 지난 2015년부터는 '헤드헌팅 제도'와 '국민추천제'를 도입하였다. 그 결과, 최근 447개 개방형 직위에 민간인 임용은 약 190명으로, 중앙정부 인사혁신처 출범 당시인 약 50~60명 수준에 비해 3배 이상 증가하였다. 민간전문가가 임용되는 경우에는 임기제공무원으로 임용되고, 특별한 사정이 없는 한 최소 3년의 임기가 보장된다. 성과가 탁월한 경우 5년을 초과하여 제한 없이 재연장이 가능하다. 보수는 직무의 특성과 개인의 능력, 자격 등을 고려하여 임용기관과 협의하여 결정하며, 공무원보다 높은 기준액을 적용받기도 한다.

중앙정부의 경우, 인사혁신처의 중앙선발시험위원회에서 각 부처별로 지정된 개방형 직위에 대한 공모식 임용을 하고 있다. 1년에 상반기와 하반기로 나누어 시행한다. 중앙선발시험위원회는 관련 분야 전문가를 포함해 전원 민간위원으로 구성되며, 심층의 면접시험을 거쳐 복수의 임용후보자를 선발하여 부처로 추천한다. 직무수행에 필요한 자격요건은 각 부처가 해당 직위별 특성을 고려하여 중앙선발시험위원회에서 자율적으로 지정한다. 개방형 직위 응모자는 필요한 요건 중에 하나의 요건을 구비하면 응시가 가능하다.

근래 인사혁신처의 '개방형 공모직위 규정'이 전면 개정되어, 민간임용자의 일반직공무원 전환 근거도 마련되었다. '개방형 직위 및 공모 직위의 운영 등에 관한 규정(약칭 개방형공모직위규정)'의 최근 개정된 내용은 다음과 같다. 개방형 직위 민간임용자의 일반직 전환요건 완화(제9조), 개방형 직위 임용자의 일반직 전환 후 3년 필수보직기간 완화(제9조), 경력개방형 직위는 추천 임용후보자 중에서 임용(제7조), 민간인만 선발하는 경력개방형 직위는 소속 장관이 중앙선발시험위원회에서 추천한 임용후보자 중에서 자유롭게 임용토록 하여 각 부처에서 경력 전문성 역량 등을 고려해 최적격자를 선택하도록 개선하는 내용 등이다.

최근부터는 개방형 직위로 임용되어 3년의 근무기간이 지나면, 재평가를 통해 정년이 보장되는 일반직 공무원으로 갈 수 있는 길이 열렸다. 또한 공모직위의 재평가를 간소화시키고, 제도가 예전보다 유연하게 운영되는 계기도 마련되었다. 공모직위에 대해 부처 간 인사교류나 타 부처 적격자 임용을 통해 충원할 경우 반드시 거쳐야 했던 '사전협의'를 면제하였다. 이러한 신분보장과 처우개선으로 민간 임용 및 개방성은 지속적으로 확대되고 있다. 대략 60개 이상의 다양한 '경력 개방형' 직위에 민간출신 인사와 전문가들이 영입되었다. 개방형 직위 임용자에 대한 공직입문교육과정 운영, 멘토링 실시, 민간 임용자간 네트워크 구축 등도 장려하고 있다.

중요한 것은 중앙부처 개방형 직위에서 여성의 신규 임용은 최근 10년 동안 약 10% 이하 수준에서 계속 머물렀다는 점이다. 물론 그 이전에는 개방형으로 임용된 여성공무원이나 외부인사가 약 5% 수준도 되지 않았다. 본론에서 이 점에 대해 자세히 다루겠지만, 개방직 여성은 정부의 공무원인사통계에도 아직 잡히지 않고 있다. 심지어 선행적 논의가 거의 없어서 학계나 전문가들도 이 문제를 정확하고 치밀하게 다루어 보지는 못한 것 같다. 공직의 개방형 직위에서의 공무원 임용은 일반적인 '공무원 지필시험'을 통한 임용이 아니라는 점에서 양성평등 문제가 더욱 중요하다. 현행 제도로는 평정자의 '주관'이 개입될 소지가 있는 면접과 경력심사의 방법이 대부분이다. 남성과 같은 경력과 동등한 전문성을 갖춘 여성이 전혀 배제되지 않는다는 보장이 현재로서는 거의 없는 것이다.

우리는 이제 "공직의 개방형 직위 고용에서 과연 양성이 얼마나 평등한가?"의 문제를 따져볼 시기에 왔다. 그리고 개방형 공직 임용에서 여성이 남성과 동등하게 경쟁하고 있지 못할 개연성도 생각해봐야 한다. 여성에 대한 '유리문 가설'의 주장처럼 적어도 주관성이 개입되는 면접과 기존의 경력, 인맥 및 사회적 네트워크가 채용에 영향력을 발휘한다는 점에서 그렇다. 여성 인력 풀이 적거나 공모에 지원하는 숫자 자체가 적다는 이유를 들 수도 있다. 유리문 가설은 이것 또한 성불평등의 구조적 문제로 본다. 남성이 절대적인 다수를 차지하고 다소 보수적 성격을 가진 우리나라 공직사회에서 '여성에 대한 유리문 가설'은 탐색적으로 알아볼 가치가 있다. 여기서는 개방형 고위공직 대한 '유리문 가설'을 소개하고, 우리나라 중앙부처의 개방형 직위를 중심으로 이 개념을 탐색적으로 적용해보고자 한다. 여기서 탐색적이라는 용어를 쓴 것은 아직 '유리문 가설'에 대한 국내의 기존 논의나 선행적 탐구가 매우 부족했고, 현실적 증거와 가능성을 찾는 시작 단계로 보기 때문이다.

3 유리문 발생의 원인과 이유

1) 경력직 여성의 희소성

유리문 현상을 다룬 기존 문헌들은 가장 먼저 경력직 여성 인재의 숫자와 인력풀이 적음을 지적한다. 이는 절대적으로 적은 수치일 뿐만 아니라, 남성에 비해서도 상대적으로 적은 수준이다. 경력 여성 인재의 '희소성(Scarcity)'은 구조적으로 여성들이 더 높은 직급과 직위에서 신규로 고용될 가능성이 줄어들게 만든다. 경력이 우수한 여성이 '구조적으로 결핍(Structural Deficiency)'되어 숫자 자체가 적기 때문에, 채용권자나 기관으로서는 어쩔 수 없다는 입장이다. 기존 문헌들은 고위직이나 여성 인재를 영입하려 해도 유리문 효과는 불가피하게 발생될 수밖에 없다는 주장과 논리를 현장에서 종종 발견하였다.

그래서 유리문 효과는 산술적으로 '여성의 희소성' 개념에 근거하여 절대적 효과와 상대적 효과로 구성된다. '절대적 유리문 효과'는 조직의 높은 직급이나 직위에서 여성이 새로 채용될 가능성은 원래 높지 않다는 의미이다. 흔히 공공기관이나 회사는 고위직이나 관리직을 뽑을 때, 적당한 경력을 갖춘 지원자가 적거나 인력풀이 많지 않다는 이유를 든다. 우리 조직이 뽑을 경력과 자질을 갖춘 사람을 찾는데, 여성이 희소한 외부 노동시장의 조건 자체가 좋지 않다는 식의 주장이다. 이것은 정부나 기업에서 채용분야에 따라, 실제 구조적으로 그렇기도 하고 아니기도 하다.

흔히 '상대적 유리문 효과'는 조직의 기존 문화나 관행에 의해 노동시장에서 외부 여성의 '가치(Human Resources Value)'를 낮게 평가하는 경향이다. 남성보다 화려하면서 내실 있는 경력을 갖춘 여성은 현실적으로 극히 적다는 식의 논변이다. 실제 고위직의 특채나 외부인재의 등용 과정에서 여성의 경력은 남성의 경력과 비교할 때, 질적으로 의심을 받는 경우가 종종 있다. 특히 출산이나 육아휴직, 모성보호정책의 수혜를 입은 여성경력자에 대해 사업주나 채용권자는 그리 관대하지 않다. 경력단절 여성의 재취업이 어려운 이유 중에는 경력의 단절기간과 더불어 '경력의 질(Quality of Career)'이 중요한 요소가 된다. 그래서 상대적 관점에서 유리문은 고위직에서 유리천장이 지속되고 유지되는 이유에 대한 추가적인 이유와 설명을 제공한다.

2) 업무 외적인 요인

외부 노동시장에서 남성과 여성은 동등한 능력을 가지고 있지만, 여성에게는 '업무 외적인 관계 요인(Nonoccupational Relationship Factors)'과 상관성이 더 높다는 가정이 있다. 이것은 여성학, 노동사회학 등에서 오래된 주제이기도 하다. 예를 들어, 기혼여성의 경우 '아이의 양육과 후견에 대한 문제(Custody Issues)', '가사나 집안 문제의 요인(Household-related Factors)' 등에서 남성보다 자유롭지 못하다. 그래서 임용권자나 인사권자는 외부 임용 시 여성의 퇴직이나 이직 가능성을 미리 염두에 두게 된다. 조직의 성과나 생산적 손실 측면에서 퇴직, 이직의 잠재적 효과는 고위직에서 더 클 것이기 때문이다. 그래서 이러한 업무 외적인 요인은 공개임용이나 스카우트 과정에서 남성들이 여성 채용에 소극적인 경향을 만든다.

이와 반대로 여성은 기존의 여성 사업주나 여성 관리자에 의해 고용될 가능성이 조금 더 높은 것으로 나타났다. 여성은 경력직 인재를 뽑을 때, 단지 동일한 여성이기 때문에 선호하는 것은 아니다. 채용권자나 사용주로서의 여성은 많은 경험을 갖추고 오래된 경력을 갖기까지 여성이 처했던 과거의 어려움을 잘 알기 때문이라는 해석이 우세하다. 여성은 같은 업계에서 일을 오래 하더라도 남성에 비해 고위직군에 인맥이 넓지 못하다. 그래서 경력단절 시에 새로운 일자리를 얻거나 이직이 쉽지 않음을 같은 여성들끼리는 잘 알고 있다. 여성이 유리문에 부딪히는 보다 근본적인 이유는 비공식적인 일자리 구직 활동에서 상대적으로 남성보다 '제한된 인적 네트워크'를 갖는다는 점이다. 이것은 업무적인 관계보다는 비공식적이고 사적인 관계, 업무 외적인 인간관계에서 남녀 간 더욱 큰 격차를 보여주는 것으로 보고되어 있다. 남성 특유의 인간관계와 비공식 네트워크는 승진에서 보이지 않는 힘이 되기도 하지만, 이직과 외부인 입직에서도 큰 힘을 발휘한다. 유리천장과 유리문이 겉으로 드러나지 않는 이유도 이런 속성 때문으로 설명된다.

3) 협업체계와 상호의존성

최고관리자나 경영자는 항상 조직구조 안에서 각 부서와 보직 간의 '협업체계(Cooperative System)'와 '상호의존성(Interdependence)'을 고려하지 않을 수 없다. 구성원 사이의 수평적, 수직적 체계의 원활성은 최고관리자나 경영자가 항상 조직관리에서 신경 쓰는 부분이다. 이는 외부인을 새로 요직에 채용할 경우도 예외가 아니다. 어느 조직에서도 인사, 기획, 사업, 회계부서 관리자 간의 유기적인 협력은 '조직성과(Organizational Performance)'에 중요하기 때문이다. 게다가 이러한 기존 관리직이나 보직자들이 대부분 남성으로 채워져 있으면, 같은 성별인 남성이 종종 채용된다. 같은 성별이라 업무협조가 서로 원활할 것이라고 보는 '막연한 기대(Vague Expectations)' 때문이다. 물론 기존 조직의 관리직에 여성이 소수라도 있으면, 여성 경력직의 외부 채용 가능성은 높아질 수 있다. 하지만 기존 유리문 이론은 소수의 여성이 여성 채용에 큰 영향은 아니라고 보는 데 동의한다. 외부의 여성경력자를 스카우트하려면 조직의 책임자는 일정 부분 관리체계상의 심리적인 위험부담을 감수해야 한다. 이런 사용주나 채용권자의 '심리적 압력(Psychological Pressure)'도 유리문 발생과 연관성이 있다. 유리문은 처음부터 여성을 채용하지 않거나, 채용하더라도 그 여성에게 덜 중요한 직무를 맡기거나 부담이 덜한 자리를 줄 가능성이 높다. 이 경우도 여성이 가진 우수한 경력이나 능력은 상관성이 낮다.

4) 비유사성의 회피

'유리문 가설'에 따르면, 외형적으로는 여성들이 외부 공개채용에서 장벽을 경험한다는 증거를 거의 발견하지 못한다. 외부여성의 신규 진입을 막는 '유리문'은 주로 남성들이 만드는 무형의 기제이기 때문이다. 남성의 경우, 직장동료나 부하를 선택할 때 평소의 '주관'이나 '선입견'이 많이 개입된다. 대부분의 남성은 같은 동성과의 '인적 유사성(Human Similarity)'에 대한 착시효과와 더불어 이성에 대한 배제와 차별의 기제가 존재한다고 한다. 즉 남성에게는 직장이나 조직에서 본인과 유사하지 않은 여성과의 관계를 피하고자 하는 동기가 있다. 이것을 '비유사성 회피(Dissimilarity Repulsion)'라고 하는데, 정부나 기업의 채용과정에서 종종 존재한다. 심지어 여성에 대한 남성의 비유사성 회피 동기가 유사한 사람들과 친해지려는 동기보다 더 강한 것으로 밝혀진 보고도 있다.

비유사성의 회피는 곧 부정적 강화의 회피 심리이다. 사람은 언제나 조금이라도 편안하고 익숙한 것을 찾게 되어 있기 때문이다. 그 반대는 부적 강화(−)와 거부감을 만들기 때문에 피하게 된다. 심리학적으로 남성은 결국 이성인 여성을 장기간 함께 일하고 매일 소통할 직무상의 파트너로 선택하기가 쉽지 않다고 본다. 피임용자는 '인간적 매력(Personal Charm)'과 '호감(Favorability)'

을 주게 되고, 임용권자는 자신과 유사한 사람을 선택하여 관계를 지속시킨다.

이러한 맥락에서 보면, 어떤 사람이 미래에 같이 일할 사람에 대해서 가치관이나 신념, 성격 등에서 유사함 또는 적합성을 느끼는 것은 중요하다. 결속감과 의사소통의 측면에서도 동질감을 느끼는 정도가 더욱 커지는 것으로 본다. 그런데 고위직 채용 현장에서 경력직 여성이 그런 평가를 얻기는 경력직 남성들보다 상대적으로 어렵다.

5) 사회적 · 심리적 선호

사회적 · 심리적 관점에서 이른바 '유사성 매력이론(Similarity – Attraction Theory)', '성별 선호이론(Gender Preference Theory)', '동종애의 원칙(Homophily Principle)'은 유리문 가설에서 자주 인용되는 이론들이다. 이것은 같은 것을 더 선호하게 된다는 뜻으로, 앞서 논의된 '비유사성 회피'와는 정반대의 개념이다. 남성이 '직무능력(Work Ability)'과 '업무기술(Job Skill)'이 여성보다 낫다는 고정관념이나 주관 등이 그것이다. 이러한 사회 · 심리적 선호의 기제는 남성의 경력을 부풀려보게 하는 효과를 낳는다. 성별로 같은 개인의 유사성 인식을 통하여 형성된 편안함은 개인 간의 상호교환 관계에 있어서도 상대방에게 더 끌리고 선호하는 경향을 보일 수 있다. 상대방과 자신이 비슷한 태도와 성향을 가졌을 때는 대체적으로 이런 유사성이 정적 강화(+)로 작용이 된다.

보수적인 문화와 조직이라면 같은 성별의 유사성 이론과 동종애 원칙은 더욱 큰 힘을 얻는다. 남성은 결국에 가서는 남성을 챙기게 되어 있다는 것이다. 물론 성별선호이론과 동종애에 따르면 여성도 여성을 조금 더 많이 챙긴다. 이러한 이론을 적용하면, 성별이나 인종, 학력, 출신지역이 자기와 비슷하면 타인에게도 동일한 판단을 내릴 개연성이 커진다. 남성이 많은 고위직에서 남성이 여성에 대해 동종애를 느끼기는 쉽지 않다. 남성 중심의 조직문화에서 남성들 간의 유대에 여성이 끼어들 자리는 별로 없다. 고위직 승진뿐만 아니라, 외부인의 입직기회 역시 남성들에게 상대적으로 크게 열리게 되는 것이다.

'유리문 가설'은 여성들이 조직에서 리더나 관리자로 성공하는 데 어려움을 겪는 이유를 보완하는 것에 큰 의미를 찾는다. 그리고 고위직에서 성별 균형, 양성평등을 이론적으로 설명하기 위해서는 사회적·심리적 관점의 접근이 더 필요하다는 점을 제안한다. 예컨대 경력직 채용이나 고위직 스카우트 과정에서는 사람과 사람, 즉 '대인 간 선호(Human Preference)'의 정도가 중요하다. 채용권자와 지원자 사이의 유대가 높으면 빈번한 의사소통, 집단적 결속감을 유지하려는 성향이 같이 높아진다. 이후 채용된 직장에서 신규 채용자는 높은 직무만족과 낮은 이직률을 보이는 결과로 연결된다. 그래서 성별 선호의 사회·심리적 차이는 경력직 여성의 입직과 채용에서 유리문을 만들어 내는 기제임에는 분명하다.

6) 직무의 속성

유리문의 발생은 '직무 자체의 특성(Job Characteristics)'과 밀접한 연관이 있다. 직무의 속성과 유리문의 관계는 정부와 기업에서 공통적인 현상으로 보고되어 있다. 특히 성별로 직무가 분리된 상태에서는 그 정도가 심하다. 모든 부서의 직무가 그 과중함이나 중요도가 동일한 것은 아니다. 출장이나 야근이 많은 부서가 있고, 한직부서와 격무부서가 나뉘어 있는 경우가 많다. 핵심부서는 보통 일이 많으면서 힘이 들어, 육체적으로나 심리적으로 강인함과 인내심도 요구한다. 문제는 직무의 '속성(Attributes)'이나 '난이도(Difficulty)' 등에 따라 남성이 더 적합하다고 여겨지는 생각이나 관행이 있다는 것이다. 그리고 이러한 생각과 관행은 입직의 유리문, 승진의 유리천장의 발생으로 이어진다는 점에 많은 학자들이 동의한다.

특히 유리문은 경력자가 채용되어 앞으로 맡게 될 직무의 특성상 여성이 적합하지 않다는 시각이 생길 때 즉시 발생하는 경향이 있다. 이런 직무는 보통 일이 많고 어려우며, 관리자나 책임자로서 개인 시간의 희생을 요구하는 성격이 짙다. 정부의 개방형 직위나 기업의 관리자급을 외부에서 임용하는 것은 그만큼 전문성과 책임이 따르기 때문이다. 물론 이 과정에서 '일과 가정의 양립(Work-Family Life Balance)', '여가와 휴식(Relaxation)'을 얻기도 쉽지 않다. 흔히 사용주나 고용주는 채용한 직무에 대한 능력과 별개로, 여성이 그 자리에서 자기 시간과 가정을 희생할 것인지에 대해서도 궁금해한다. 일단 이런 의문이 생기면, 그 직무는 남성의 것이 될 확률이 높아지게 된다. 경력자로서 새로 맡게 될 직무가 힘들고 중요할수록 여성에 대한 채용의 유리문은 점점 두터워지는 경향이 있는 것이다.

>>> 그림 4-1 유리문 효과를 확인시켜주는 기준과 준거

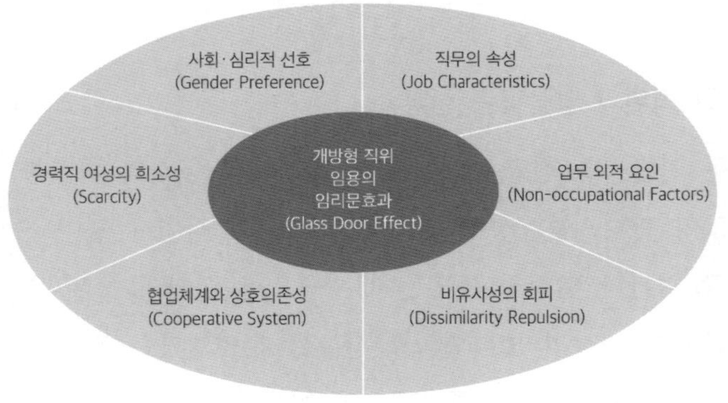

결과적으로 유리문 관련 내용들은 주로 해외에서 밝혀진 이론과 증거들이 대부분이다. 우리나라에서는 유리문에 관한 이론적 논의와 근거는 아직 부족하다. 우리에게 개념 자체가 생소하기 때문에, 현실적으로 이런 현상의 실마리를 잡아내기가 쉽지 않다. 하지만 이론적으로 논증했던 유리문의 몇 가지 원인과 이유를 우리나라 공직의 현실 세계에 적용하여 탐색적으로 살펴볼 가치는 있다. 유리문의 여러 가지 논거에 의하면, 공직사회에서는 고위직이나 관리자급의 '개방형 직위 제도와 운영'에 이 현상이 나타날 개연성이 있다. 그리고 그 원인이나 이유로서는 경력직 여성의 희소성(Scarcity), 업무 외적 요인

(Non-occupational Factors), 사회·심리적 선호(Gender Preference), 비유사성의 회피(Dissimilarity Repulsion), 협업체계와 상호의존성(Cooperative System), 직무의 속성(Job Characteristics) 등이 소개되었다. 여성에 대한 '유리문 효과(Glass Door Effect)'를 발견한 해외 학자들은 이러한 원인이나 이유에 동의를 하다. 물론 이러한 기준은 "명확한 실증과 일반화를 위한 근거(Tangible Proof)"는 아니다. 현 단계에서는 "추상적 개념의 탐색을 시도해보기 위한 기준(Circumstantial Proof)" 정도로 봐야 한다.

4 유리문의 현실적 확인과 사례

1) 개방형 직위의 양성평등 현황

여기서는 기본적인 현황분석을 통해 우리나라 공직의 개방형 직위의 현황을 살펴보고자 했다. 중앙정부 부처에서 개방형 직위가 얼마나 되며 남성과 여성이 각각 얼마나 입직하고 있는지는 중요한 실마리가 된다. 그리고 성별 균형이나 불균형 현상이 있다면, 그 사유는 무엇인가를 짚고 넘어갈 필요는 있었다. 인사혁신처의 공고와 통계자료를 이용한 기초적인 통계추이와 내부현황을 통해 남녀의 개방형 직위 임용과 양성평등 상황을 분석해 보기로 했다. 중앙정부와 인사혁신처 등은 실질적인 의사결정권한을 가진 고위공무원단의 여성 비율을 높이기 위해 계속 노력하고 있다. 지난 2017년에는 '여성 고위공무원단 임용목표제'를 최초로 도입했다.

중앙부처에서부터 고위직 여성 비율을 2018년 기준 약 5% 수준에서 2023년에는 약 10% 수준까지 확대하기로 했다. 특히 여성공무원 비율에 비해 과소대표된 중간 관리직 비율을 높이기 위해 정책적 수단을 강구하고 있다. 최근에는 중앙부처 및 전국 지방자치단체의 과장급 여성 비율을 20% 이상 수준으로 확대하는 정책을 정부가 장기적으로 추진 중이다. 그리고 주요 수단의 하나로 '개방형 직위의 공모 임용(Open Position System)'을 적극적으로 제시하고 있다. 개방형 직위는 현재 고위직 여성과 여성 관리자 임용확대를 위한 우리나라 정부 인사제도의 가장 중요한 축의 하나인 것이다.

개방형 직위는 규범적으로 '양성평등의 가치'가 실현될 수 있는 중요한 시험장(Test–Bed)이다. 개방형 직위는 직접 정책 결정에 참여할 수 있는 실·국장급 및 과장급 직위를 대상으로 하고 있고, 직위 자체를 지정해 개방한다는 점에서 그렇다. 다른 경력직 채용방식과는 차별화되기 때문에, 고위직에 다른 부처나 외부 민간인 여성이 일거에 진입할 수 있는 중요한 경로가 된다. 그래서 정부는 지난 10년 동안 개방형 직위의 지정 숫자와 외부 충원자를 꾸준히 늘려왔다. 하지만 실제로 지난 10년 동안 중앙정부 개방형 직위에 대한 여성 임용자의 숫자는 남성 임용자에 비해서 상대적으로 적은 편이었다고 볼 수 있다.

>>> 그림 4-2 중앙정부 개방형 직위 및 공모직위 지정 및 현황 추이(단위: 명)

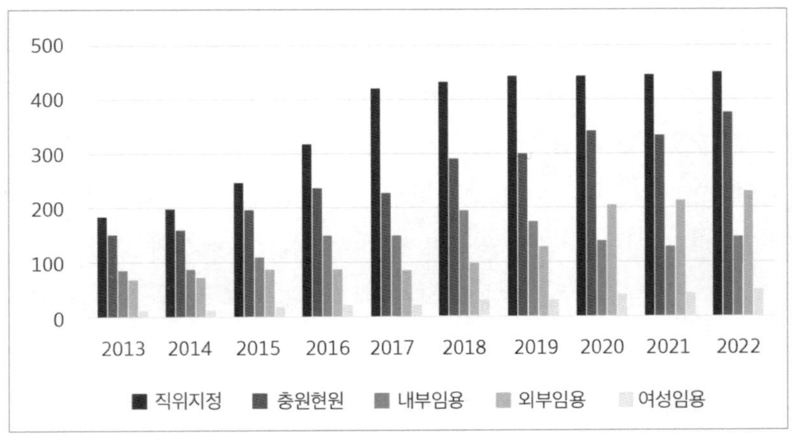

오랜 세월 동안 중앙부처의 개방형 직위 숫자는 꾸준히 증가해 왔다. 2013년에 고위공무원단 및 과장급 개방형 직위 지정 수는 182개 정도였으나, 2025년에는 약 3배 가까이 증가하였다. 충원되는 인원도 직위 지정 수와 비슷하게 꾸준히 증가하였다. 특히 내부임용과 외부임용을 서로 비교하면, 유의미한 몇 가지 발견을 할 수 있다. 우선 초창기에는 내부임용이 더 많았으나, 2019년을 기점으로 해서 외부임용이 역전을 한 점을 들 수 있다. 충원된 현원을 기준으로 보면, 대략 2018년까지는 개방형 직위에 기존 공무원이었던 내부임용자가 더 많았다. 2020년 이후부터 최근 몇 년은 외부임용자의 숫자가 더 많아졌다. 중앙정부 개방형 직위 채용공고와 자료가 매년 나오고 있는 점을 감안하면, 이런 외부임용자의 증가세는 계속 이어질 것으로 추정된다.

내부 임용은 기존 공무원을 개방형 직위에 그대로 활용하는 것이고, 외부 임용은 경력직 민간인을 공직에 채용한다. 그런 점에서 공직을 민간에 개방한다는 개방형 직위의 본래 취지는 몇 년 전부터 비로소 살아나고 있는 것으로 봐야 할 것이다. 반대로 개방형 직위제도가 지난 2000년에 처음 도입되었다는 점을 생각하면, 제도의 역사가 오래되었다. 그런데도 오랫동안 기존 공무원들이 개방형 직위를 크게 점유하고 있었다는 해석도 가능하다. 더 큰 문제는 개방직 직위 임용자 중에 여성 임용자의 숫자가 장기간 늘어나지 않았다는 점이다.

중앙부처의 개방형 직위의 여성은 국·과장급에서 모두 소수에 그쳐 과소대표성이 나타나고 있었다. 여기서는 그러한 대목에서 여성들의 직급을 더 자세히 들여다보았다. 그 결과, 여성의 숫자는 고위공무원단 개방형 직위에서는 거의 제외되어 있는 수준이라고 판단할 수 있었다. 즉 고위공무원단 개방직 여성은 희소한 편이었고, 국장급 개방직 여성 임용은 소수에 그쳤다. 전반적으로 여성이 적고, 그나마 과장급에 여성들이 집중되는 경향이 있는 것이다.

성별 임용 현황과 추이는 개방형 직위에서 여성의 과소대표성의 이유를 추세적으로 뒷받침한다. 중앙정부 개방형 직위의 성별 임용 현황과 추이를 보면, 남성과 여성은 극명하게 대비된다. 개방형 직위의 외부 임용 비율은 2013년의 약 36%에서 2024년의 약 59%까지 장기간 꾸준하게 증가하였다. 외부 민간인을 중앙부처의 개방형 직위에 계속 임용하려 정부가 노력한 결과로 보인다. 하지만 시간이 경과했음에도 성별은 남성이 상대적으로 높다. 여성이 임용된 개방형 직무특성과 남성이 임용된 개방형 직무특성은 큰 차이를 보이지는 않았다. 개방형 직위가 원래 전문성과 책임이 따르면서, 관리자나 책임자로서 개인 시간을 많이 들여야 하는 자리이기 때문이다.

그림 4-3 중앙정부 개방형 직위 성별 임용 현황과 추이(단위: %)

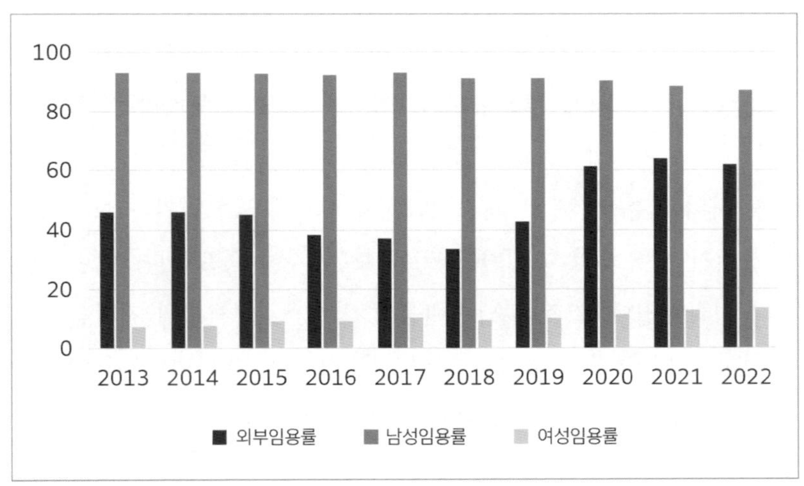

하지만 중앙부처나 산하 기관별로 차이를 보였다. 특히 여성이 개방형 직위로 과거 임용된 적이 없는 부서에서는 계속 여성이 전혀 없는 경향이 지속되었다. 여성의 개방형 임용은 주로 과거의 여성가족부, 보건복지부, 행정안전부, 교육부, 노동부, 국민권익위원회 등의 일부 부처와 일부 산하기관에 임용되는 것으로 나타났다. 개방형이지만 아직은 공무원 출신이나 내부임용이 상당히 많은 이유로 남성은 대부분의 직위를 골고루 점하고 있었다. 따라서 직무의 특성으로 보면 남성은 모든 부처에 분포했지만, 여성은 그렇지 못하다는 점이 장기 경향성으로는 분명해 보였다.

성별로 여성이 임용된 개방형 직무특성과 남성이 임용된 개방형 직무특성은 큰 차이를 보이지는 않았다. 개방형 직위가 원래 전문성과 책임이 따르면서, 관리자나 책임자로서 개인시간을 많이 들여야 하는 자리이기 때문이다. 하지만 중앙부처나 산하 기관별로 차이를 보였다. 특히 여성이 개방형 직위로 과거 임용된 적이 없는 부서에서는 계속 여성이 전혀 없는 경향이 지속되었다. 여성의 개방형 임용은 주로 여성가족부, 보건복지부, 행정안전부, 교육부, 노동부, 국민권익위원회 등의 일부 부처와 일부 산하기관에 임용되는 것으로 나타났다. 개방형이지만 아직은 공무원 출신이나 내부임용이 상당히 많은 이유로 남성은 대부분의 직위를 골고루 점하고 있었다. 따라서 직무의 특성으로 보면 남성은 모든 부처에 분포했지만, 여성은 그렇지 못하다는 점이 분명해 보였다.

개방형 직위는 통상적으로 최소 2년에서 3년 정도의 임기가 보장되어 있기 때문에, 장기간 임용자의 추세변동 폭을 보는 것이 중요하다. 이런 관점에서 문제는 더 명확해진다. 그것은 남녀비율의 격차가 긴 시간이 지났음에도 불구하고, 여전히 성별 격차를 보여주고 있다는 점이다. 개방형 직위 임용에 대한 추세에서 여성이 늘어나기는 했지만, 그 변화폭이 유의적인 수준이라고 보기는 어렵다. 산술적으로 한쪽 성별이 10～15% 정도에 머문 임용은 양성평등 상황까지 도달하지 못한 것으로 판단해야 한다. 개방형 직위의 채용에 여성 인재를 더 우대하고, 여성 비율을 획기적으로 높이기 위한 고민이 필요해 보인다.

전반적으로 현황과 추이에 근거하면 중앙부처의 민간인 대상 '경력개방형 직위'를 현재보다 대폭 확대하는 조치가 우선 필요해 보인다. 민간인만 지원할 수 있는 직위로서 '경력개방형'은 공무원 지원이 불가능하다. 지금까지의 현황에서는 민간의 전문직 여성이나 경력직 여성들이 여기에 지원, 경쟁할 수 있는 개연성이 높아 보였다. 관리자급 여성공무원 후보군이나 내부 인력풀이 크게 부족한 부처는 이들의 활용이 더 중요하고 절실해진다. 그래서 단기적으로는 다른 일반직의 경우와 마찬가지로, 경력개방형에 대해 최소 30%의 목표율 할당이 적합하다고 본다. 다만 일반개방형 및 경력개방형 임용의 경우 모집단위가 1명인 경우도 많으므로, 이 목표율을 달성하기 위한 종합적인 충원계획이 수립되어야 한다. 앞으로 개방형 직위를 5급 이하로 확대할 경우에도, 이러한 적극적 조치의 확대 적용이 필히 요구된다.

나아가 개방형 직위 공모 시에 여성우대 직위와 채용목표의 설정을 획기적으로 향상시켜야 할 필요성이 있다. 유리문 가설이 강조하는 경력직 여성의 희소성, 비유사성의 회피가 많이 의심되었기 때문이다. 지금은 국장급 고위공무원단 개방형 직위에 민간인 여성은 매우 희소하거나, 전혀 없는 부처도 많다. 앞으로 중앙부처는 과장 직급보다는 고위공무원단 직급에 여성우대 직위의 설정을 늘리고, 여성 임용의 질적 향상을 우선적으로 도모해야 한다. 고위공무원단 여성 개방직 비율은 단기적으로는 20%, 중·장기적으로는 30% 수준 이상으로 제안한다. 이러한 고위직 중심의 개방형 직위 채용에 있어서 여성에 대한 적극적 조치가 도입된다면, 고위공무원단의 여성대표성 확대에도 기여할 것이다. 나아가 현행 여성의 개방형 공모 직위 임용을 '단순 권고'하는 수준에서, 매년 부처평가나 정부 업무평가에 반영하는 등의 '유연한 강제성'도 필요해 보인다.

2) 개방형 직위의 유리문 사례

여기서는 8명의 여성에 대한 개방형 입직 및 근무 경험과 진술을 녹취록으로 작성하고 요약했다. 그리고 이를 바탕으로 공직의 유리문 존재와 그 원인들에 대한 기초적인 의문점을 해결하고자 하였다. 첫째, 개방형 직위에서 유리문의 발생은 이론적으로 여성 인재의 풀이나 인력 숫자가 작은 희소성에 기인할 가능성이 제기되었다. 그러면, 경력직 여성은 정말 숫자가 부족해서 유리문이 발생하는가? 반드시 그렇지는 않았다. 여기에 대해서는 공직 외부나 민간에서 개방형 직위에 상응하는 경력을 갖춘 여성의 숫자가 적지 않다는 인터뷰가 많았다. 특히 개방형 직위의 신분적 특성, 부처의 성격이나 직무의 범위에 따라서는 여성 인재들이 많은 상황도 생길 수 있었다. 다음의 인터뷰 사례들은 이러한 논거의 근거가 될 수 있다.

> "뽑을 만한 경력직 여성 인재가 적다구요? 전혀 그렇지 않아요. 요즘이 어떤 시절인데. 여변호사, 여의사, 여교수 전문직들이 수두룩하죠. 문화, 예술, 디자인이나 시민단체들 한 번 보세요. 여성대표자가 얼마나 많은가. 그런데 이런 여성들이 지원해도 문체부나 복지부, 교육부, 여가부는 개방형으로 남자를 더 많이 뽑아요 ....(중략)........ 특정 공모에 으히려 요즘 지원자 중에는 여성들이 더 많은 경우도 있어요. 아주 적극적이죠. 40대 이후 남자들은 더 보수도 많고 안정적인 걸 원해요. 그런데 정년보장도 잘 안되는 민간인 개방직은 그게 아니거든요. 임기 2년, 3년은 금방 지나간다고 해요. 저도 국장급이지만, 여성지원자가 옆에 면접장에 같이 있었거든요. 들어와서 보니 저도 회사에서 받았던 연봉보다는 크게 깎였어요."

> "개방형, 이건 뭐 무늬만 좋은 개살구와 비슷해요. 민간인은 계약직 신분으로 국장, 과장이 되어 봐야 최장 5년 정도죠. 그냥 3년만 하고 다시 나간다고 생각하면 편해요. 남자들은 공무원이나 교수가 아닌 이상, 나중에 다시 돌아갈 곳이 없는데 굳이 개방직 같은 데 안가죠. 근데 일반직이나 개방직이나 불이익은 똑같이 받아요. 공직자윤리법 때문에 개방형 직위를 그만둬도 3년간 해당 분야에 재취업을 못해요. 이런 불이익에도 내가 아는 여성들은 경력만 되면 개방직에 거의 다 응시를 하던데요. 최근에는 남들과 다르게 공직 경력을 쌓아보려는 여성들이 많이 늘었어요. 심지어 가정 있고 커리어 있는 분들도 애들 다 키워놓고 50대에 다시 도전해 본다고 생각돼요."

상기 결과와는 약간 다르게 기존 공직에서 남성이 많은 부처나 직무들이 있고, 외부에도 여성이 적은 분야가 분명히 있다는 진술도 있었다. 하지만 여성지원자가 없다고 진술한 분야는 그 부처에서는 상당히 중요하고 핵심적인 요직 중의 한 자리였다. 이 역시도 경력직 여성이 부족하고 지원자가 없는 원인이 '특수한 환경' 탓으로 분석되었다. 인터뷰에서는 구조적으로 민간이나 공직 외부에서 여성이 경력을 쌓기 어려운 이유가 선행되고 있었다. 이른바 인사나 감사 등의 좋은 직무나 직책에는 그 일을 오랫동안 해온 여성경력자가 매우 적다는 증언이었다. 앞선 이론적 논의에 따르면, 이것은 외부 노동시장에서의 성별 차이를 발생시키는 유리문 가설의 한 요인이기도 했다. 이에 대해서는 다음에 제시된 인터뷰 결과를 살펴보면 잘 파악될 수 있다.

> "커리어 갖춘 여성들이 주변에 제법 있지만, 업종과 업무에 따라 편차가 심해요. 여성이 적어서 문제라는 말은 특정한 직위나 업무분야에선 어느 정도 맞기도 한 것 같아요. 내가 면접장에 가보니 여성은 모집에서 저 하나밖에 지원자가 없었어요. 뭐라 정확히는 밝힐 순 없고, 감사직 분야였어요. 알고 보니 이 직위에서 지난번 공모에서는 여성 지원자가 아무도 없었다고 하더군요. 제게 질문을 던진 한 면접위원은 개방직에 여성을 많이 임용하려면 먼저 여성들이 많이 지원해야 하는데, 거의 없다고 하더군요. 결국 그때도 적격자가 없어서 저를 포함해서 아무도 안 뽑혔어요 ....(중략)........ 인사직이나 감사직 개방형 직위에선 여성풀이 빈약한 것은 확실히 맞아요. 근데 10년 이상 인사와 감사경력을 갖춘 여성이 민간에 얼마나 있을까요? 여성이 당초 가기 힘든 좋은 부서에는 경력 쌓기가 어렵죠. 자리를 여성에게 많이 개방해도 계속 구조적으로 돌고 도는 겁니다. 여성전문가를 모셔 오려 해도 없어서 힘이 든다는 핑계보다는 기업이나 정부가 여성에게 좋은 경력을 먼저 키워주는 게 중요하다고 봐요. 경력에도 퀄리티가 분명 있으니까요."

둘째, 개방형 직위에서 유리문의 발생은 업무 외적 요인의 영향이 있을 것이라는 가정이 있었다. 여성은 사회적 인맥이 넓지 않고, 남성보다 제한된 비공식 네트워크로 인해 입직에 영향을 받을 수 있다는 점을 가정하였다. 개방형 직위는 자질과 경력이 감안되어 '선택(Choice)'되는 경우가 흔하다. 해외에서는 남성이 우위인 경력직 고용시장에서 사회적 인맥(Social Networks)과 네트워크가 중요한데, 여성은 인맥과 관계에서 불리한 경우가 다반사임을 보고하고 있었다. 인터뷰 결과에 따르면, 일부 개방형 직위가 완전경쟁의 블라인드 방식으로 진행되지 못할 수 있다는 개연성을 암시하였다. 즉 우리 사회의 사회적 인맥이 개방형 고위 공직의 입직에 영향을 줄 수도 있음을 간접적으로 시사했다. 이에 대해서는 다음의 인터뷰 내용을 보면 보다 쉽게 이해할 수 있다.

"인맥, 이거 공무원 사회에선 상당히 크지요. 정말 같은 과장들끼리는 여성과장을 무슨 '늘공(늘 공무원)'이 '어공(어쩌다 공무원)' 대하듯이 합니다. 같은 개방형 직으로 들어온 사람인데도 그런 경우가 있어요. ....(중략)........ 그런데 제일 충격이었던 거는 개방형 공무원으로 들어온 남자들은 민간에 있었을 때도 이미 다 알고 친하게 지내는 사이더라고요. 나중에 들어오고 나서 선배님, 형님 부르면서 사적인 친분관계도 종종 있었고요. 게임이 안 된다는 걸 그때 알았습니다. 이게 남자들이 개방형 직위 채용에서 유리한 이유인지는 모르지만, 누구든지 알면 오해하기 딱 좋은 그림이죠. 저도 민간인이었을 때 밖에선 몰랐어요. 혼자가 아니라도, 지내면서 혼자가 된다는 걸. 백번 듣는 것보다 한번 들어와서 경험해 보면 많은 걸 느끼게 됩니다."

"정부에 개방형 직위가 많이 생기고, 인재를 모신다는 공고도 매년 2번 이상 나지만, 당초 취지를 살리려면 한 참 멀었다고 봅니다. 개방형 직위로 임용하게 돼 있는 감사관이나 감사담당관 자리는 전부 남자, 현직 공무원들 차지예요. 부처별로 이건 거의 개방형으로 다 공모하고 있는데 말이죠. 시쳇말로 좋은 자리는 다 이미 공무원이었던 사람들이 차지하고 있죠. 공무원 사회가 폐쇄적이라는 말은 들었지만 이 정도일 줄은 몰랐어요. ....(중략)........ 제대로 된 자리에는 아직 민간인 비율도 제대로 못 맞추는데, 여성 비율까지 따질 상황이 아니죠. 특정 부처에 힘 있는 자리에 여성이 외부에서 들어오는 것은 거의 불가능해요. 개방형 직위제가 제대로 되려면 공고 시점에 해당 부처에 근무하는 사람부터 응시를 못하도록 해야 합니다. 부처 현직에 계신 여성분들은 제 말에 다 동의할 겁니다."

셋째, 협업체계와 상호의존성은 조직구조 안에서 각 부서와 보직 간의 수평적, 수직적 체계의 원활성에 관한 기준이었다. 즉 여성이 개방형 직위로 들어와서 기존의 부서나 남성들과 유기적인 업무협조나 협력에 부담이 없는가를 미리 살피는 것이다. 유리문 가설에 따르면, 이 문제는 기존 공직에 남성이 절대적으로 많기 때문에 여성 채용을 기피하거나 여성에게 덜 중요하고 제한된 직무를 맡기는 기제로 작동된다. 여성이 개방형 입직에서 협업체계와 상호의존성에 대한 질문을 받았다면, 혹은 입직 이후에 그것을 경험하거나 느끼고 있다면, 이는 유리문이 존재한다고 판단할 수 있는 잠정적 준거가 될 수 있다.

인터뷰 대상들은 이에 관해 유리문이 존재할 수 있다는 가능성과 긍정의 의견을 다음과 같이 조심스럽게 피력하였다.

> “여성은 들어오는 것도 문제지만, 들어와서도 개방형 자리에선 뿌리를 내리기 힘이 듭니다. 우리 부처에는 개방직인 저만 빼고 과장들이 다 남자였거든요. 한동안은 소통이 거의 안됐죠. 지금도 크게 나아진 건 없지만, 과장이나 국장이 전부 남자들이면 좀 그래요. 처음 몇 달은 왜 뽑혔는지조차 저도 궁금했어요. 업무협조도 별로 없고, 부서 안에서 중간 결재만 계속 했죠. 여자는 혼자서 그냥 조용히 지내는 분위기가 절로 만들어집니다. 갑자기 들어와서 설쳐 댄다는 뒷담화도 듣기 싫었고요. 부서들 사이에는 어떤 벽이 있어요. 그걸 서로 넘어가지 않으려는 관행, 미덕 같은 것도 있는 것 같고요 ....(중략)........ 면접 때 제 자리가 업무협조나 소통을 잘해야 하는 자리라고 들었고, 자신 있다고 대답했는데요. 문제가 저한테 있는 건지 아닌지 도통 모르겠네요.”

> “전 대학에 좀 있다가 개방직에 들어온 경우인데, 3년 임기가 끝나면 그만둘 것 같아요. 공무원 생각과 관점이 아, 이런 것이구나를 절감했어요. 국·과장 회의에서 자주 듣는 말이 제가 이론적으로는 앞서가는데 실천방안이나 각론에서 약하다고 합니다. 구체적으로 들어가면 이상적이나 허구적인 말을 자꾸 한다고 해요. 현실은 그렇지 않다나요. ....(중략)........ 사석에서 차관님도 농담조로 조직을 이끌려면 리더십과 협상력이 필요한데, 제가 여교수 출신이라 이러한 경험이 별로 없지 않느냐는 말까지 들었어요. 제가 밖에서는 사람들 관계를 좋게 하며 살아왔는데, 여기선 부서 관계와 인간관계가 쉽지 않네요. 나중에 혹시 올지도 모르는 여성 후배들을 위해서라도 웬만해선 잘해 보려고 하는데, 요즘엔 일보다 사람들과의 관계가 더 어렵네요.”

넷째, 여성에 대한 사회·심리적 선호나 남성의 비유사성의 회피에 대한 가설이 앞선 유리문 이론에서 제기되었다. 사회·심리적 선호란, 대체로 사람이 성별, 연령, 환경이 비슷한 다른 사람을 선호하고, 조금이라도 편안하고 익숙한 것을 찾게 되어 있다는 논리였다. 그리고 반대로 비유사성은 본인과 유사하지 않은 여성과의 관계를 피하고자 하는 동기였다. 이런 상반된 두 기제들은 현재 공직에서 남성이 많고, 개방형 입직을 좌우하는 결정권에도 남성이 많이 관여한다는 점에 근거한다. 인터뷰 현장에서 이러한 내용은 대상자들에 의해 구체적으로 증언되고 있었다.

> "공고에는 경력이나 실적 요건 중 하나만 충족하면 되는데, 그건 아닌 것 같아요. 경력요건은 직위별로 적합한 조건이 있는데, 이걸 잘 알려주지 않아요. 아는 사람도 없어서 정확한 정보를 미리 얻기가 힘이 들죠. 그 직위로 들어가서 맡을 업무와의 연관성 같은 것은 알던 사람이 없으면 알아내거나 준비하기가 어려워요. 민간에서 근무한 경력을 심사하긴 하는데, 이게 내 생각과는 많이 다르더라구요. 저한테는 면접관이 가족관계, 얼마나 오래 있을 건지도 묻더군요. 이게 필요한 질문인가 싶기도 했지만, 그냥 넘겼어요. 마지막에 역량평가라는 것도 따로 하는 것 같은데, 깜깜이 심사라서 당최 기준을 알 수가 없었어요. 전문가적 능력, 전략적 리더십은 채점자가 보기 나름 아닌가요. 조직관리 능력도 마찬가지구요. 전 운이 좋은 편이었죠."

> "기업 경력직이나 전문직 여성 인재를 끌어들일 만한 메리트가 없어요. 개방직이 무슨 차관급도 아니고, 임원이나 교수 출신이면 개방직 연봉이 민간보다 적은 것도 사실이니까요. 근무지도 서울이 아니라, 충청도 세종시나 다른 지방에 내려가서 살아야 되는 경우가 많아요. ....(중략)........ 여성의 성비도 중요한데, 제도가 획기적으로 변하지 않는 이상 어렵다고 봐요. 제 경험으로는 경력이 엇비슷하면 확실히 남자를 선호합니다. 그 이유는 알지만 모두가 쉬쉬하는 불편한 진실이죠. 여성이 여성을 뽑으려면, 일단 채용의 권한을 가져야 해요. 이걸 바로잡는 방법은 하나뿐입니다. 그 직위가 여성만 뽑아야 한다는 걸 공고에 명시한다거나, 여성 T/O로 미리 정해져 있어야 돼요. 지금처럼 남녀가 혼성 경쟁을 만약에 계속한다면, 누가 유리하겠어요? 공무원과 민간인 출신이 함께 경쟁하는 직위에서는 더 심해요. 지금 여성 임용 목표제와 최근에는 고위공무원단에서도 여성할당제를 하는데, 개방형 직위에는 여성할당제를 왜 안 하는지 모르겠어요."

다섯째, 직무의 속성은 여성이 개방형 직위에 입직할 수 있는 부처나 직무가 제한되어 있다는 가정에 근거했다. 즉 정부의 다양한 부처나 직위들은 그 과중함이나 중요도가 다르다. 채용의 과정이나 결과에서 남성이 더 적합하다거나, 반대로 여성이 더 알맞다고 여겨지는 생각이나 관행이나 시각이 감지되면 유리문의 존재를 의심해 봐야 한다. 채용권자나 인사권자는 여성이 공직자로서 남성 이상으로 사생활과 자기 시간을 희생할 것인지에 대해서 종종 궁금해하기도 한다. 그런데 여성이라서 할 수 있겠느냐는 의문이 일단 생기면, 그 직무는 남성의 것이 될 확률이 높아지는 것으로 앞에서 논증되었다. 다음의 인터뷰를 살펴보면 이런 점들을 구체적으로 뒷받침함을 알 수 있다.

"여성은 개방형으로 고위공무원에 임용되는 것 자체가 사건이었어요. 2003년도에 '양승주'라는 분이 개방형 직위(노동부 고용평등국장)에 첫 민간인 여성으로 임용되었을 때도 뉴스가 크게 났었죠. 화려한 스포트라이트가 계속 될 줄 알았는데, 그 뒤에 한동안 여성 개방직 임용은 뉴스에 안 나왔어요. 지금 생각해보니, 고용평등국장 하는 일이 여성, 장애인, 사회적 약자, 취약계층의 고용과 차별문제를 많이 다루더군요. 여성이 해도 무방하거나 적합한 일이었다는 평들이 참 많았어요. ....(중략)........ 상징적인 한 두 사람에 가려져서, 민간에서 여성 인재가 공직에 가는 것은 점점 관심 밖의 일이 되었죠. 여성이 아예 된 적이 없는 직위들도 아주 많아요. 제가 개방형 직위에서 봐온 사람들 중에는 대변인, 고객지원담당관, 교육이나 홍보지원관 등등 이런 데가 여성들이 많이 뽑히더라고요. 정부도 일반직에는 양성평등목표제를 강제해도, 개방직에는 여성 비율을 별로 신경 쓰지 않아요. 어떤 자리를 계속 누가 차지하든지는 관심 밖이죠."

"저는 솔직히 경력개방형 직위에 응모했다가 2번 떨어졌어요. 그 뒤에는 응시를 아예 안합니다. 민간인만 들어간다고 해서 기대를 하고 응시했다가 서류에서 1번, 면접에서 1번 낙방했죠. 제가 응모한 자리는 국장급 부속기관장이었는데, 출장도 많고 평가도 매년 받아요. 일도 많고 퇴근도 잘 못한다고 하더라고요. ....(중략)........ 저는 기업에서 오래 일했고 아직 미혼 독신이라 해낼 수 있다고 말했지만, 결과는 탈락이었죠. 나중에 들었는데 전문성은 인정되는데, 여성이 그 자리를 맡은 적이 없었다고 하더군요. 공교롭게도 절 면접한 위원들은 남자였고, 여성위원은 질문하지 않았어요. 힘들고 중요한 업무는 아직 민간인, 게다가 나는 여성이라서 못 미더운가 하는 생각이 절로 들더군요. 민간에서 더 힘들게 자리를 잡은 여성들이 공무원에게 평가절하 당하진 말아야 해요."

5 유리문을 어떻게 보고, 대처할 것인가?

공직에서 계속되는 남성의 역차별 논란과 불만 제기로 인해, 이런 정책방식도 어느 정도의 한계와 부작용은 불가피해 보인다. 강제적인 승진 할당과 여성관리자 목표제로 인해, 일반공무원 조직 구성원 사이에 성별 갈등의 개연성도 적지 않다고 본다. 적어도 균형 인사의 보완적 방식은 계속 필요해 보이고, 유리문은 그런 맥락에서 의미가 있다.

개방형 직위의 민간인 여성 확대는 '고위 공직의 여성대표성'을 위한 아주 유용한 정책적 보완수단이 될 것이다. 여기에서 논의된 바에 근거하면, 유리문 가설의 요소들이 전반적으로 의심되었기 때문이다. 유리문 가설은 정부나 기업의 고위직과 관리직급에 여성의 개방형 임용을 확대하고, 이러한 외부 경력자 채용에 성별의 '유리문'을 없애는 방식을 권장한다. 즉 여성 인재 채용을 위한 외부 스카우트나 경력직 개방은 곧 '유리천장'을 해결하는 용이한 수단이 될 수 있다. 개방형 직위 임용은 치열한 내부 승진보다는 남성들의 저항과 거부감이 상대적으로 낮을 수 있다. 즉 조직에서 '외부인에 대한 유리문을 없애는 조치'는 '내부의 유리천장을 깨는 조치'보다 상대적으로 쉽고 효과적인 방법일 수 있다. 나아가 개방형 직위는 '양성(兩性)'이 대등하게 경쟁할 수 있는 공직환경을 조성하기 위한 실험적 잣대로 삼을 수도 있다. 이를 통해 공공부문은 궁극적으로 고위직의 성별 균형과 양성평등을 인위적으로 개선시킬 수 있다고 제안한다.

이와 달리 공직의 입직경험과 현장에서 말하는 '유리문'의 원인과 이유에는 여러 유형들이 감지되었다. 이론적으로는 경력직 여성의 희소성, 업무 외적 요인, 사회·심리적 선호, 비유사성의 회피, 협업체계와 상호의존성, 직무의 속성 등의 기준으로 확인하였다. 그런데 이런 기준들이 대부분 공직 현실에 존재할 개연성이 의심되었다. 예컨대, 공직 외부나 민간에서 개방형 직위에 상응하는 경력을 갖춘 여성의 숫자는 적지 않았다. 물론 일부 부처나 직무에서는 여성 지원자가 적은 분야도 있었다. 하지만 여성은 남성보다 인맥이 넓지 않았고, 제한된 비공식 네트워크로 인해 개방형 입직에 불리한 정황도 있었다.

여성은 기존 부서와 보직 간의 협업이나 상호의존의 수월성에서도 약간 의심을 받는 상황이 있었다. 공직에서 남성이 많고, 개방형 입직을 좌우하는 결정권에도 남성에게 많아 보였다. 그들과 성별, 연령, 환경이 비슷한 사람을 선호할 가능성도 엿보였다. 그러나 남성이 본인과 유사하지 않은 여성과의 관계를 피하고자 하는 동기가 있을 가능성까지는 확인되지 않았다. 반대로 개방형 직위에 입직할 수 있는 부처나 직무가 제한되는 현실은 어느 정도 확인되었다. 즉 어떤 부처나 직무에 여성이 더 알맞다고 여겨지는 생각이나 관행이나 시각은 존재가 의심되었다.

전체적으로 여기서는 공직 현장에서 이런 현상들이 관찰되는 이유를 나름 유추하고 해석해 보았다. 우선 개방형 직위에서 이렇게 성비가 불균형적이면서 양성평등한 상황이 아님에도 불구하고, 현상과 문제점이 인지되고 있지 못한 이유는 많을 것이다. 그런 이유 중에서 가장 먼저 지적할 수 있는 것은 '채용 절차와 방식'의 문제로 생각된다. 인사혁신처(구 중앙인사위원회)는 전통적인 '공모와 면접심사'를 통한 개방형 공무원 채용방식을 거의 장기간 그대로 사용하고 있다. 이는 공직의 개방형 직위 공모와 채용의 패러다임을 시급히 바꿀 필요가 있음을 시사한다.

적어도 성별 기준으로 균형을 맞추기 위해서는 현재의 수동적인 공모 및 지원 형식은 한계가 있어 보인다. 일례로, 2015년부터 전부 민간인만 뽑는 '경력 개방형' 직위를 따로 만들었지만, 여성의 입직 증가효과는 거의 없거나 미미해 보인다. 그래서 인사혁신처와 중앙선발시험위원회 등에서는 외부 여성 인재와 여성전문가의 적극적인 발굴 중심으로 향후 채용정책의 방향을 전환할 필요가 있다는 지적이 가능하다.

다음으로 인사 및 통계정보의 투명성이 온전하지 않다는 점을 들고자 한다. 현재 중앙정부 인사혁신처는 경력 개방형 직위를 제외하고, 일반 개방형 직위와 세부현황은 일반인에게 공개하지 않는다. 정부인사통계나 현황에도 전체 현황만 간단하게 공개하고 있다. 그래서 개방형 직위 제도가 정부의 각 부처 내에서 이른바 '회전문 인사'로 악용될 여지도 적지 않아 보인다. 실제 정부부처에서 개방형 직위로 채용한 공무원 출신 중에서 내부 공무원 비율은 약 80%에 이른다. 순수 민간인만 채용할 수 있는 직위를 빼면, 적격자가 많고 정보가 빠른 내부 현직들이 개방형 직위 임용에 유리한 것이다. 그런데 인터뷰 결과로 판단하면, 이런 격차는 남녀 간에도 있을 것으로 추정된다. 지금 공직사회 내에서 과장급(4급)도 대표성이 적은 현실에서, 국장급(2~3급)에 여성들의 지원과 임용을 기대하기는 힘들다. 향후 개방형 직위를 과장급에서 더 확대하면 응시자격이 완화되고, 보다 많은 여성들의 지원이 가능할 것으로 예상하는 것은 크게 안이한 생각일 것이다.

정부는 개방형 직위 지정 숫자와 외부 민간인 충원율이 크게 증가했다는 점에서 긍정적인 자평을 할 수도 있다. 하지만 성별 균형과 성별 대표성 확보 문제는 아직 남아 있는 것으로 판단된다. 여성의 사회참여가 일상화된 요즘, 민간기업이나 단체에도 여성대표자와 관리자가 크게 늘었다. 과거와 비교할 수 없을 정도로 우수한 여성 인재들이 많아졌음에도, 공직의 개방형 직위에 이런 현상이 충실히 반영되기는 어려웠던 것으로 보인다. 앞으로 정부는 일반직 공무원에서 여성 관리자 할당제 등을 시행하는 차원을 넘어서, 개방형 직위 전체에서 성별 균형 문제를 전향적 관점으로 다룰 필요가 있음을 권고한다.

유리문을 인식하고 해결할 수 있는 잠정적 방안은 이러하다. 먼저 개방형 직위 선발과 추천 권한을 쥐고 있는 인사혁신처 '중앙선발시험위원회'의 제도와 운영상의 혁신이 필요하다. 이 제안은 유리문 가설의 업무 외적 요인, 사회·심리적 선호 요소가 개방형 성별 채용에 있을 가능성에 기인한다. 앞선 논의에서 여성 인재와 전문가의 '수동적 공모' 중심에서 '적극적 발굴' 중심으로 가야 한다는 지적은 이미 했다. 결론에서는 더 나아가 성별 관점에서 채용권자, 선발기관의 '자기개선(Self-Improvement)'을 제안한다.

예컨대, 중앙선발시험위원회는 여성위원 40% 이상 위촉 내용을 현행 지침에 규정하고 있다. 하지만 선발심사 과정에서 여성지원자에게 불이익이 발생하지 않도록 보장하려면, 여성위원은 적어도 과반인 50%가 되어야 할 것이다. 개방형이 외부 경력자와 전문가를 충원하는 제도인 만큼, 기회의 평등이나 성균형의 관점에서 남녀의 시각은 공평하게 반영되어야 한다. 추후에는 선발위원회의 인적 구성에서 남녀 비율이 50 : 50을 이룰 것을 새로 규정해야 한다. 또한 가급적 외부위원(민간위원)은 여성위원으로 위촉하도록 지침과 매뉴얼을 재정비할 필요가 있다.

같은 맥락에서 정부는 개방형 직위 채용방식의 다각적인 변화를 모색해야 한다. 단기적으로는 '직위 공모와 자격요건의 완화문제'를 먼저 제안한다. 지금은 여성 인력풀과 자격이 되는 여성이 적다면서 거의 손을 놓고 있다. 정부와 인사혁신처는 3급 이상의 개방형 고위직에 도전할 수 있는 현직 여성공무원, 외부 민간인 여성 인력풀을 고려하여, 유사경력을 가진 민간여성의 충원을 더 활성화하는 것이 필요하다. 이를 위해 기존 자격요건 평가절차에서 '최소자격' 혹은 '동일가치자격'을 새로운 요건으로 정하고, 여성 채용을 할당하는 조치가 필요해 보인다. 현행 '개방형공모직위규정(제12조)'에는 소속 장관이 필요한 경우 개방형 직위 임용후보자와 임용자를 공무원교육훈련기관 또는 행정기관 등에 파견, 위탁하여 직무수행에 필요한 교육과 훈련을 받을 수 있게 정하고 있다. 따라서 공모자격과 채용요건의 완화에 따르는 정책적 부담이나 부작용이 적을 것으로 판단된다.

물론 개방형 직위제가 20년이 넘는 시간 동안 공직사회를 크게 변화시켰다고 말하는 전문가도 있다. 하지만 그렇지 않다는 의견도 적지 않다. 상명하복, 문서주의 등으로 대변되는 공무원의 고질적 문화를 개방형 직위 자체가 크게 변화시키지는 못했기 때문이다. 그런데 여기서는 개방형 직위가 그 취지와 힘을 발휘하지 못하는 다른 이유도 찾았다. 그것은 현직에 있는 내부 공무원이 개방형 직위를 많이 차지한다는 점 외에도, 전체 '성비(性比) 자체의 불균형'이 심각하기 때문이다. 물론 개방형 직위라고 해서 무조건 민간인과 여성을 영입해야 하는 것은 아니다. 민간인과 공무원, 여성과 남성이 함께 공개 경쟁을 통해 임용되는 것은 당연하다. 결국 일각에서 제도가 겉돈다고 평가되는 이유의 하나는 지난 20년 동안 시간이 꽤 지났음에도 눈에 띄는 큰 변화가 부족했기 때문일 것이다. 정부는 민간인과 여성이 개방형 직위 임용의 상대적 소수자에서 벗어날 명분을 줘야 한다.

여성가족부는 2023년부터 시작된 제3차 공공부문 여성대표성 제고 계획의 분야별 목표율을 정부에 새로 권고하였다. 이러한 권고에 의하면, 2027년까지 중앙부처 고위공무원단은 여성 비율을 17.80%(2안)~19.50%(3안) 수준으로 목표를 설정하였다. 중앙부처 4급 이상 과장급은 여성 비율을 39.70%(2안~43.00%(3안) 수준으로 목표치를 냈다. 특히 지난 정부에서 정치적으로 여성가족부 폐지 방침과 사회적 논란이 있었기 때문에 중앙부처별 여성대표성, 여성할당제에 대한 권고는 장기간 어려움을 겪을 것으로 보았다. 앞으로 이런 상황에 대한 여러 갈래의 고민과 학계의 대응도 필요하다.

이 장에서는 국내 학계에서 아직 심층적으로 다루어지지 않은 '유리문'의 개념을 도입하여, 중앙부처 개방형 직위의 성별 문제만 들여다봤다. 그런데도 남성이 다수인 기존 공무원 집단이 개방형 직위 상당수를 점유하고 있었다는 문제, 고위공무원단 개방형 직위에서는 여성이 소수라는 점 등이 지적되었다. 결과적으로 개방형 직위 추세에서 적어도 남녀의 대표성과 성별 균형, 양성평등한 상황은 아니라는 해석이 가능하다. 지방정부나 공기업 등에서 개방형 직위의 성별 불균형은 더 심할 것으로 짐작되지만, 이는 추후 관련 논의를 진행할 필요가 있는 미래의 과제로 남기고자 한다. 향후에는 개방형 직위의 전수조사를 통해 여성의 대표성과 양성평등 논의를 시도할 필요가 있다.

개방형 직위는 비교적 고위공직이지만, 성별대표성과 임용절차 등에서 상대적으로 유연한 성격의 일자리이다. 정부의 단기적인 의지와 균형 인사 정책만으로 충분한 성별대표성 확보가 가능하다. 정년이 보장되는 기존 일반공무원의 반발과 보이지 않는 저항도 개방형 직위에서는 상대적으로 적은 편이다. 무엇보다 개방형 직위는 일반직 공무원 보다 숫자가 적지만, 실제 공직 제도권에서 의사결정권과 영향력이 있다. 이에 개방형 직위 지정 확대 및 여성의 신규임용을 통해 조직의 저항감을 낮추면서 고위직 여성 비율을 높이는 효과는 분명히 있을 것이다. 성별 균형을 인위적으로 조정하고 실현할 좋은 방편이기 때문에, 정부의 개방형 직위에 대한 관심과 처방은 지속적으로 필요할 것이다.

제5장

유리절벽: 퇴직은 남녀에게 서로 동일한가?

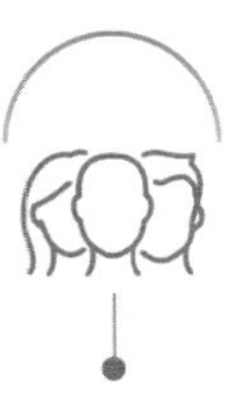

제5장
유리절벽: 퇴직은 남녀에게 서로 동일한가?

1 유리절벽에 대한 논의 배경

이 장은 <유리절벽: 퇴직은 남녀에게 서로 동일한가?>에 대한 질문을 심도 있게 다루어 보고자 한다. 유리천장과 유리벽에 승진과 보직에 관한 성별 이론이라면, 유리절벽은 퇴직과 이직에 관한 이론이다. 이 개념 역시 국내에서는 아직 담론화되지 못했다. 여성이 남성과 비교해서 공직의 수명이나 퇴직의 시기가 다를 수 있다는 이론은 외국에서는 주류 이론으로 자리잡고 있다. 그 원인으로는 여성 고위직의 성별 희소성에 다른 인적 교류와 정보의 단절, 고위직의 성과 계약 신분으로 인해 채용신분이 더 불안해진다는 점 등을 든다. 보이지 않는 원인으로는 여성과 남성의 이중적 잣대에 의한 평가, 여성성의 강요와 권력의 한계성, 보이지 않는 남성과 여성의 관료제적 성별 정치 등이 있다. 그리고 공식성과 비공식성 사이에서의 갈등과 거부가 남녀는 각각 권력 중심인가, 관계 중심인가의 기로에 서게 됨을 논의할 생각이다.

과거에 '유리천장(Glass–Ceiling)' 이론처럼 여성이 조직 내에서 보이지 않는 차별 때문에 고위직이 되기 어려웠다는 가설은 이미 널리 알려졌다. 국내에서도 유리천장에 대한 경험과 논의는 조금씩 축적이 되었고, 실제 여성 차별의 많은 기제들이 밝혀져 일반화로 가는 이론이 되고 있다. 그리고 이것은 과거 고위직 여성, 여성 최고관리자가 극히 적고 드물었던 시절에는 상당히 설득력 있는 이론이었다. 공직에서도 여기에 관한 탐색적이면서 선험적 논의가 많이 나왔다.

하지만 지금은 우리 사회의 거의 모든 부문에서 성공한 여성 최고관리자나 고위직 여성을 예전보다는 쉽고 흔하게 찾아볼 수 있다. 오랜 세월 사이에 유리천장을 뚫거나 깨고, 정부나 기업의 고위직에 올라선 여성들이 부쩍 늘어났기 때문이다. 그렇지만 우리 사회는 물론이고 해외에서조차 성공한 고위직 여성의 지위는 남성에 비해 여전히 약하고 불안한 경향이 남아 있다. 작은 실수 하나조차 예사롭게 넘겨버리지 못하는 상당수 고위직 여성리더들의 '완벽주의(perfectionism)'에는 이러한 배경이 깔려 있다고 해도 과언이 아니다.

우리나라 공직의 인적 구성과 환경의 변화는 자연스럽게 새로운 환경에 대한 적응을 요구하고 있다. 특히 공직에서 '남녀 성비(性比)'의 변화는 최근 뚜렷해진 사회적 현상인데, 공무원 시험으로 선발하는 채용구조로 인해 여성 비율이 비약적으로 증가했다. 그래서 더 이상 공직에서 남녀의 성(性)에 따른 노동력의 전통적 분리나 제약은 구조적으로 불가능하게 되었다. 공직에서 여성 비율은 지난 2000년에 약 30% 정도였으나, 2008년에는 약 40%로 증가하였으며, 2024년에는 약 50.9%까지 늘어났다. 이미 국가공무원 7급 및 9급 시험 전체 합격자에서 여성은 남성을 추월하였으며, 여성이 남성보다 공직에 확실히 더 많이 근무할 것으로 정부는 보고 있다. 하지만 이는 전체 공무원에서의 비율이며, 고위직으로 올라갈수록 여성은 기하급수적으로 줄어든다. 5급 이상이 되면 여성은 20% 미만이 되고, 4급 이상이면 20% 미만, 고위공무원은 5% 이하가 된다. 오래전부터 고위 공직의 과소대표 문제는 관심을 끌었으나, 그 해답이나 대안은 여전히 부족한 편이다.

영국의 이코노미스트(The Economist)가 2012년부터 매년 세계 여성의 날(3월 8일)에 발표해 오고 있는 '유리천장지수(Glass-Ceiling Index)'라는 것이 있다. 여기에서 우리나라는 경제협력개발기구(OECD) 28개 회원국 중에서 최하위권을 연달아 8년 동안 기록한 바 있다. 이 지수는 남성과 여성의 고등교육 이수율, 여성 노동참가율, 남녀 임금격차, 여성 고위직 비율, 임금 대비 순육아 비용 등 5개 항목을 조사한다. 여성들이 가장 평등한 대우를 받는 곳은 뉴질랜드, 노르웨이, 스웨덴, 프랑스, 캐나다, 호주 등이고, 최하 순위인 우리나라 앞에는 이웃나라 일본과 이슬람 국가인 터키도 있다. 우리나라는 모든 평가항목에서 OECD 국가의 평균에 훨씬 미치지 못하고 있으며, '여성 고위직 비율' 지표는 특히 심각한 수준이다. 이는 우리 사회에서 보이지 않는 여성 차별의 현실과 상대적으로 열악한 여성의 사회적 지위를 반영하는 것으로 해석된다. 물론 정부와 공공부문, 공직에서도 예외는 아닐 것으로 보인다.

최근 우리나라 공직사회에서는 여성의 사회적 참여가 늘어나고 각종 할당제와 발탁인사가 많아지면서, 정부조직 내부에서도 여성들의 고위직 진출이 늘어났다. 그리고 이를 가로막는 조직 내부의 보이지 않는 장벽인 유리천장이나 유리벽 등은 상대적으로 예전보다 약해지고 있다고 할 수 있다. 근래 학자들의 주장이나 정부 발표에 따르면, 양성평등인사의 확대와 기존의 보수적인 공직문화에 변화의 조짐도 조금씩 감지된다. 그런데도 중앙부처, 지방자치단체 3급 이상 고위직에서 여성이 차지하는 비율은 최근 10년 동안 여전히 10%의 벽을 넘지 못했다. 그 이유는 고위직에 여성이 올라서기도 힘이 들지만, 그만두거나 퇴직하는 비율도 남성 이상으로 많기 때문이다. 선진국에서는 이것을 '유리천장(Glass Ceiling)'에 빗대어 '유리절벽(Glass Cliff)'이라 부르고 있다.

기존에는 유리천장을 뚫고 고위직에 올라서면 그 여성은 평온한 지위와 삶이 보장되는 줄 알았다. 유리천장 이론은 사회적으로 '유리천장'만 일단 없애면 성공한 여성이 많아지고, 양성이 평등한 직장이 가능한 것으로 가정했다. 하지만 현실적으로는 그게 끝이 아니었다. 일찍부터 선진국에서는 고위직급에 여성을 많이 승진시키고 채용했음에도, 여전히 남성들이 압도적으로 고위직을 지배하고 있는 이유를 궁금해 했다. 그리고 학자와 전문가들은 그 실마리를 고위직 여성의 '사직(Resignation)', '퇴직(Retirement)'에서 찾아냈다. 쉽게 말해 남성들보다 여성들이 고위직에서 오래 버티지 못하는 현상을 발견한 것이다. 여전히 고위직에서만 여성이 쉽게 늘어나지 않는 '과소대표성(Under-Representation)'은 해결되지 못한 숙제인데, 이를 심층적으로 이해하기 위해서는 '유리절벽'의 개념적 이해가 많은 도움이 되는 것으로 알려져 있다

2 유리절벽이란 무엇인가?

학계에서 그동안 공직 여성의 삶, 남녀 구성원의 상대적 인식 등에 관해 주로 인사행정, 여성정책, 공직 성별 차이와 집단적 논의 등의 분야에서 선도적인 논의들이 많이 나왔다. 국내의 논의는 그동안 공직에서 중·하위직과 고위직 여성에 대한 편견이 일부 존재하고, "여성이 맡는 자리와 직무는 실질적으로 남성보다는 상당히 제한적"이라는 개연성을 잠정적으로 밝힌다. 공직과 기업에서 남녀가 같은 업무공간에 섞여서 일상적으로 일을 하고 있다 하더라도, 여성 상사와 여성 동료에 대한 그들의 인식은 서로 달랐다는 점도 밝혔다.

하지만 '유리절벽(Glass Cliff)'의 개념은 아직 국내 학계에 도입되지 못하였으며, 공·사 부문에서의 선행적 논의도 거의 없다. 반면에 해외 학계에서는 20년 넘게 이에 관한 꾸준한 성과들이 나오거나 담론이 이루어지고 있다. 그러므로 우리나라 공직사회 및 민간 부문에서 "고위직 여성에 대한 유리절벽이 과연 존재하며, 그 원인은 무엇인가?"라는 의문은 주로 해외 문헌들의 보고나 사례에 근거한다. 그래서 이에 대한 구체적인 소개와 논의는 다음과 같이 할 수 있다.

먼저 이런 질문이 가능하다. '도대체 고위직 여성에 대한 유리절벽이 생기는 이유는 무엇인가? 원래 리더십에 있어서 여성이 남성보다 서툴러서인가? 아니면 사회적으로 여성이 남성보다 더 가혹하고 냉정한 판단을 받게 되는 것

인가? 그것도 아니면 직장에서 누군가 이성이 하던 일을 새로 맡게 되면 사람들은 더욱더 면밀한 감시를 하게 되는 것인가?' 이러한 의문들은 단지 사회적 통념과 일반상식의 수준에서 쉽게 판단할 수 없는 문제이다. 따라서 여기서는 현재 우리나라에서 고위직 여성의 유리절벽 가능성에 관한 문제와 그 원인에 대해서 학계와 현장의 이해를 돕기 위한 동기를 갖는다. 국내에 아직 생소한 개념인 유리절벽 이론을 소개하고 현실 세계에서 논의를 시도함으로서, 향후 고위직 직장 여성의 삶을 재조명하고 공·사 조직 인사 및 제도적 발전에 기여하고자 한다.

먼저 여성에 대한 '유리절벽' 개념은 서구사회에서 제창된 이론이자, 현재 사회 곳곳에서 증명 중인 가설이다. 유리절벽은 2004년 영국 엑스터(Exeter) 대학의 사회 및 조직심리학자인 '미셸 라이언(Michelle Ryan)'과 '알렉산더 하스람(Alexander Haslam)' 교수가 처음 발견하고 고안해 낸 개념이다. 초기에 이들이 고안한 유리절벽의 개념은 "상황이 어렵거나 위기에 처한 조직일수록 여성을 리더로 선택하는 경향이 강하다"라는 다소 협소한 의미였다. 최초에 유리절벽이 가진 의미는 주로 민간기업들이 "실패할 가능성이 높은 업무나 프로젝트의 고위책임자로 여성을 전격 발탁하거나 승진시킨 뒤, 나중에 일이 잘못되면 책임을 물어 그 자리에서 물러나게 만드는 현상"을 뜻하였다.

유리절벽의 협소한 정의는 "여성을 성공할 가능성이 낮은 고위 직책이나 위험도가 있는 사업의 책임자로 만든 뒤에, 만약 그것이 잘못되는 경우에는 책임을 지고 다시 물러나도록 만드는 현상"을 의미한다. 이는 한마디로 "모든 조건이 불안정해 실패의 위험이 높은 위치(high risk positions)"를 남성보다 여성들이 차지할 가능성이 많다는 논리였다. 처음 이 개념을 발견하고 이론을 만든 선구자 격인 라이언과 하스람(Ryan & Haslam)은 사회 여러 부문에서 다수의 고위직 여성이 유리절벽에 직면하기 쉽다는 것을 발견했다. 특히 조직이나 사회에서 높은 지위에 있는 여성은 남성보다 더 쉽게 추락할 가능성이 있다는 잠정적인 결론을 내리게 되었다. 이는 영국의 상위 2,500개 주요 상장기업을 대상으로 고위직 남성과 여성의 승진과 퇴직현황을 상대적으로 분석한 빅데이터 기반(big database)의 통계적 결과이기도 했다.

실제로도 유럽과 미국 등지의 대기업, 정치권, 법조계, 언론계, 정부조직에서 조직의 외부환경이 좋지 않고 상황적 어려움에 처해 있을 때, 여성들이 주로 리더나 관리자로 내세워지는 경우가 많다는 사실이 종종 발견되었다. 예컨대, 기업은 불경기나 실적저조, 정치권은 임박한 선거나 낮은 지지율, 법조계는 어려운 사건수임이나 난제의 해결, 언론계는 구독자의 인기나 시청률 제고, 정부조직은 관료의 부패나 혁신의 상황에 직면했을 때 주로 남성보다 여성리더를 선호한다는 사실이 밝혀지기도 했다.

한편, 이러한 개념을 확대한 해외의 다른 조사에서도 비슷한 결과가 나타났다. 그것은 세계적인 글로벌 대기업들의 최고관리자(CEO) 중에서 약 5%만이 여성이며, 그마저 그들은 더 많은 수를 차지하고 있는 남성들 보다 해고나 사임을 당할 확률이 높은 것으로 나타났다. 글로벌 기업에서는 지난 10년 동안 여성 임원의 약 38%가 사직이나 해고를 당했으나, 남자임원은 27% 수준에 불과했기 때문이다. 최고위층에 여성이 극소수임에도 불구하고 오히려 사직, 해고의 확률은 더 높다는 점에서 유리절벽의 존재 가능성은 처음 제기되었다. 그리고 이러한 가능성은 현재 민간 부문의 고위직뿐만 아니라, 정부나 공공부문에까지 확대되어 다양한 방식으로 탐구되고 있다.

최근까지 여성 고위직들이 마주하는 유리절벽은 존재 가능성이 충분히 검증되었고, 그 기제나 원인이 무엇인가에 학자들의 관심이 쏠리고 있다. 우선 기존 논의에 따르면, 직장에서 성공한 여성은 '일은 잘해도 성격에 무슨 문제가 있을 것'이라는 근거 없는 편견이 존재하지만, 여성이 조직에서 최고의 위치에 오르면 그 능력과 인간성에 대해 오직 여성이라는 이유로 더 후한 점수를 주는 경우가 있다. 하지만 이는 역설적으로 한 여성에 대해서 직책의 높낮이에 따라 다르게 평가하는 '이중적 잣대(double standard)'가 존재한다는 뜻을 담는다. 그래서 직장에서 이러한 고정관념과 편견적 기준에 의해 고위직 여성의 리더십은 일상의 사소한 사건들에 대해서조차도 자주 시험대에 오른다. 여성리더나 고위직은 거의 완벽하고 언제나 잘해나가지 못하면 심지어 주변 여성들로부터도 무능하다는 비난을 받을 가능성이 있고, 이미지와 권위에 잦은 손상을 입게 되는 것이다.

불공정한 조직의 상황으로 발생하는 유리절벽은 어찌 보면 불가피한 현상일 수 있다. 불안정하고 실패의 위험이 높아 남성들이 꺼리는 높은 자리를 여성이 알게 모르게 차지할 가능성이 높음을 의미하기 때문이다. 나아가 이는 일이 잘 풀리지 않을 경우에 남성과 동등한 기회를 부여받았음에도 능력이 없어 실패했다는 구실로 그 여성을 '희생양(scapegoat)'으로 삼는 것과 결코 다르지 않다고 한다. 유리절벽이론의 핵심은 기존의 조직 어디선가 보이지 않게 여성을 '상징'으로 삼고, 다시 '희생'시키는 결정이 이루어진다는 의심이다.

사회구조적인 관점과 문화적인 시각에서 유리절벽은 '여성의 삶과 생애(woman's lifetime)'와 연결되어 해석되기도 한다. 현대사회에서 여성은 학교를 졸업하면 사회생활을 시작하고 직장에 들어가기 위해 마치 '절벽'과도 같은 치열한 경쟁을 통과한다. 그런데 직장생활에 익숙해질 만하면 '결혼'이라는 선택의 기로가 닥쳐온다. 결혼과 출산이라는 유리절벽을 거치면서 여성은 경력단절을 겪게 되고, 여성의 경제활동참가율은 크게 감소된다. 이후 다시 직장으로의 재진입을 하기 위한 노력을 하는데, 이것은 여성이 처음 사회생활을 시작했을 때의 노력보다 훨씬 힘들고 어렵다. 이렇듯 여성이 사회인으로서 취업, 결혼, 승진, 이직, 퇴직, 재구직 과정에서 겪는 유리절벽은 동·서양의 공통적인 현상으로 주장된다.

3 유리절벽 이론의 근거와 논리

현대사회의 고위직 직장 여성에 대한 '유리절벽'이 개념적으로 처음 창안된 이후, 여기에 관한 이론은 세계적으로 많은 주목을 받게 되었다. 이론과 실증의 측면에서 유리절벽은 최근 많은 학자들에 의해 탐구되기 시작하면서, 그 개념도 고위직 여성만이 종종 겪는 '보이지 않는 새로운 차별의 기제(mechanism of discrimination)'로 점차 확장되었다. 현재까지 그러한 논의의 핵심적인 주장은 다음과 같이 세 가지 방향으로 소개할 수 있다.

첫째, 유리절벽 이론을 논하는 학자들은 여전히 특정 사회가 여성들의 자질과 능력보다는 여성이라는 생물학적 '성(sex)'에 기초한 차별적 평가(perception of discrimination)를 하고 있음을 이 개념이 대변하는 것으로 파악한다. 즉 공·사 부문에서 유리절벽으로 인한 고위직 여성의 실패는 결국 여성들이 남성과 같은 기회를 부여받았음에도 불구하고, 스스로 능력이 없어서 실패했다는 사회적 결론으로 이어짐이 새롭게 밝혀졌다. 나아가 이는 차후에 다른 여성들이 고위직으로 승진하기 어려운 상황을 초래하는 소위 '악순환의 되풀이(repeat vicious circle)' 현상을 강력히 주장하고 있다.

바꿔 말하면, 조직에서 핵심적 직무나 고위직 자리는 탁월한 여성들의 '무덤'이 아니라 그들이 더 높이 상승할 수 있는 '기회의 장'이 되어야 함에도 불구하고, 실제 현실은 정반대가 되는 것이다. 높은 자리에서 안정보다 위험의 확률이 높을 때, 대체로 여성이 일종의 '사석(dead stone)'으로 활용이 된다는 추론이다. 이런 상황은 공교롭게도 승진이나 고위직을 조직으로부터 제안 받는 여성의 생각과도 맞물린다. 상당수 여성들은 고위직을 맡기가 어렵다는 것을 스스로 잘 알기 때문에, 위험과 어려움을 감수하고서라도 고위직을 쉽게 수락하는 경향이 있다는 점이다. '독이 든 성배(a poisoned chalice)'를 기꺼이 받아드는 것은 남성보다는 여성일 확률이 높다는 것이다.

물론 고위직에서 여성이 잘못하거나 실패할 경우의 다른 대비책(fall-back

position)은 다시 '남성'이 된다. 이것은 유리절벽의 논리를 설명하는 상당히 중요한 특징이기도 하다. 문제는 여성이 고위직에 앉아서 기존의 현안을 못 풀거나 성과를 내지 못하면, 단순히 사직이나 해고로 끝나지 않는다. 특히 보수적인 성격의 조직이나 남성 집단은 유리절벽으로 그 여성을 밀어낸 후에도, 다음에 올 여성들에 대한 고정관념을 미리 강화시킨다. 그것은 '여성은 역시 고위직에서 잘 해낼 수 없다'는 주관적 생각과 통념이다.

둘째, 유리절벽은 어느 특정집단이나 사례에만 국한되는 일회적(one-off) 성격이 아니라, 여러 나라와 수많은 조직사회에서 보편화(universalization), 일반화(generalization)될 수 있는 개념임이 밝혀졌다. 가령 서구 유럽이나 구미지역의 국가뿐만 아니라, 아시아 지역과 동양권 국가에서도 최근 유리절벽은 빈번하게 보고되고 있다. 그리고 이는 조직의 '예정된 실패(set up for failure)'를 위한 일종의 '방패막이 혹은 보호장치(protector)'로서 고위직 여성이 자주 이용되고 있음을 뜻한다. 동양과 서양의 여러 선행적 논의에서 유리절벽에 대해 공통적으로 동의하는 바는 간단하다. 그것은 조직에서 고위직 여성에 대한 평가가 일반적으로 '직무수행과 관련성이 낮다(low job-relevant)'는 점에 근거된다.

기본적으로 이는 어느 특정 조직이 심각한 침체나 위기에서 벗어나 잘 되기 시작하면, 여성에게 일시적으로 열렸었던 고위직의 문은 다시 닫히게 된다고 주장한다. 문이 닫힌 이후에 다시 고립된 고위직 여성은 자신이 잘했음에도 고위층에서 스스로가 소외되어 있음을 알게 된다. 이뿐만 아니라 남성 동료에 비해 자신이 그 자리에 남아 있기 위해 더 많이 애쓰고 있음을 어느 순간 발견하게 된다고 한다. 특히 외부영입이나 발탁된 고위직 여성은 조직 전체의 지속적인 주목을 받게 되고, 언제 그 자리를 남성에게 내놓고 유리절벽 아래로 떨어지느냐가 구성원들의 주된 관심사가 된다고 한다.

셋째, 고위직 여성에게 유리절벽은 오로지 "성공에서 순식간에 미끄러지는 절벽"만의 의미가 아니라는 점도 최근 새롭게 주장되고 있다. 예를 들어 직장에서 고위직이 아닌 중·하위직 여성에게 유리절벽은 "미끄러워서 올라가기도 힘든 가파른 절벽"이라는 의미도 함께 내포하고 있음이 밝혀졌다. 이는 유리천장의 개념과는 다르게 조직에서 '승진의 사다리(promotion ladder)'가 없는 여성들이 주로 발탁인사(selected personnel)에 의해 전격적으로 고위직이 되는 경우가 많으며, 이는 다시 그 자리에서 실패할 확률을 높이는 기제로 작용된다는 논리이다. 물론 이와 같은 불리한 여건을 무릅쓰고서라도 유리절벽을 오르려는 여성의 숫자는 계속 늘어나는 것으로 알려지고 있다. 따라서 유리천장을 깨고 나선 여성들이 유리절벽이라는 새로운 방해물 앞에 좌절하지 않는 새로운 사회적 통념과 조직문화를 만들기 위해서는 이 개념에 대한 새로운 인식과 탐구가 계속 필요한 상황이라는 것에 세계적으로 많은 학자들이 공감하고 있다.

넷째, 형평성이나 공정성이 유리절벽과 상관이 있다는 의미는 그만큼 조직에서 기존 남녀의 입장과 처지가 달랐기 때문이다. 환언하면 현대사회와 조직에서 고위직의 다수는 남성이 차지하고 있으므로, 여성은 남성의 권위에 보이지 않게 종속되어 있다고 볼 수 있다. 이는 세계적으로 공통적인 현상으로 간주된다. 그런데 남성 중심적으로 형성, 운영되는 조직에 대한 공정성 시비와 비판의 대부분은 주로 관료제적 성격의 조직(bureaucracy organization)에 집중되어 왔다. 환언하면, 중·소규모 조직보다 대규모 조직에서, 민간기업보다 보수적인 공직사회나 정부조직에서 남녀 간 공정성의 차이는 더욱 두드러지는 것으로 나타난다.

서구에 비해 동양문화권의 관료제 조직은 상·하 계층 간의 위계질서가 명확하고, 혈연이나 학연 및 지연 등의 연고주의가 빈번하게 나타나는 조직문화를 가진다. 이러한 여건을 감안한다면 조직의 고위층은 자신이 후원하고자 하는 자에게 그 분야에 대한 더 많은 정보와 기회를 제공하는 등 성과창출에 있어서 유리한 기회를 가지도록 배려할 수 있다. 이때 지배적 다수가 아닌 여성들은 공식적 업무관계 및 사적 인간관계에서 잦은 어려움에 직면하게 된다. 게다가 고위직 여성은 남성과 달리 고위층에서의 인적 교류(human attachment)와 네트워킹(networking), 정보수집(collecting information) 등에서도 막히는 경우가 잦다. 결국 이는 고위직 여성의 성공적 활동을 저해하고 실패의 가능성을 높인다.

다섯째, 공공조직과 민간기업의 경우, 고위직 여성이 남성보다 상대적으로 해고될 확률이 높은 현실적 단서는 주로 '외부 영입(hire outsiders)' 혹은 '개방형 직위(open position system)'로 나타났다. 해외 주요 대기업의 경우, 외부에서 고용된 남성 임원보다 여성 임원이 통상 많은 것으로 나타나고 있다. 물론 어느 성별이든 조직의 바깥에서 고용된 외부인이나 발탁된 인사들은 언제든 유리절벽에 직면할 가능성을 가지고 있다. 하지만 여성은 여전히 최고관리자나 대표직에서 흔하지 않은 경우이기 때문에, 그들이 문제에 봉착하거나 그것을 해결하지 못했을 때는 경우가 달라진다. 그것은 주로 여성들이 남성보다 상대적으로 부정적 평가를 받으면서, 실수나 잘못이 더 널리 알려지게 된다고 기존 학자들은 주장하였다. 나아가 유리절벽은 고위직 여성들에 대한 편견과 고정관념을 등에 업고서, 바로 이 시점부터 시작될 수 있다.

여섯째, 해외에서는 조직에서 여성의 고위직 채용이 전통적으로 기피되어 온 이유를 크게 두 가지로 구분하고 있다. 그 하나는 여성의 직업의식이 결혼생활과 육아로 인해 남자보다 대체로 약하다고 인식되기 때문이다. 다른 하나는 기존 고위직 남성이 특정 여성을 자신의 '계승자(heir)'로 동일시하는 것이 심리적으로 어려울 뿐 아니라, 자신과 그녀의 가족으로부터 부정적인 반응이나 불필요한 오해를 받을 소지가 있기 때문이다. 그러므로 남편이 있는 기혼 여성은 원래 경제적으로 덜 급박하며, 집단전체의 친밀감과 유대감을 약화시킬 우려가 있다는 이유로 직장에서의 승진이나 성공에서 보이지 않는 불이익을 받고 있다. 이는 하위직 보다는 직무와 권한이 높아지는 고위직일수록 더욱 두드러지는 경향을 보인다

서구 선진국 사회에서도 직장 여성이 이른바 기획, 인사, 예산, 감사와 같은 조직의 핵심부서(core department)에 배치되지 못하는 이유가 그래서 더욱 분명하게 발견될 수 있다. 그것은 핵심부서가 대부분 '격무부서(heavy workload)'

의 성격이면서 업무의 '파급효과(ripple effect)'가 큰 관계로, 자녀를 가진 고위직 여성은 가정생활과 조화를 이루기 어렵다는 이유가 내세워진다는 점이다. CEO, CFO, 이사회 같은 조직의 최상층부에서는 더욱 그러하다. 물론 이는 동양문화권인 우리나라 직장의 경우도 크게 다르지 않을 것이다. 따라서 고위직 여성에게 직장과 가정, 일과 삶이 조화롭게 양립되지 못하는 여러 상황과 조건은 장기적으로 딜레마와 스트레스를 증가시켜 마침내 유리절벽으로 걸어가도록 만든다.

마지막으로 유리절벽 이론에서는 여성에게 어렵게 주어진 권력조차도 실제로는 남성의 그것과 같지 않다는 주장이 많다. 즉 형식적으로 같은 고위직이라 할지라도 '그 사람이 남성인가 혹은 여성인가'에 따라 부여되는 권력이 크게 다르다는 것이다. 특히 '고위직 여성에게 자원과 권력이 제한된다(bounded power)'라는 의미는 공식적 업무권력인 '임파워먼트(empowerment)'와 '임의적 재량(discretionary power)'의 양자 모두에서 보이지 않는 제약이 있음을 뜻한다. 결국 위기에 처한 조직은 특출한 여성에게 의지할 확률이 높지만, 이렇게 영입된 고위직 여성은 자신들이 어려움에 처했을 때 지지해 줄 기반이 약하다는 한계를 가지고 있으므로 유리절벽을 불가피하게 더 많이 경험하게 된다고 한다.

4 유리절벽 발생의 원인과 기제

유리절벽이 생기게 된 원인이 어디에 있느냐의 문제는 이 분야의 학자들 사이에서 가장 중요한 주제가 되어 왔다. 이는 "높은 자리에 오른 여성의 행동과 실수는 비록 작은 것이라도 같은 지위의 남성에 비해 더욱 가혹한 평가를 받는 것일지도 모른다"는 다소 수상한 의문(suspicion)에서 출발하고 있다. 유리절벽 발생의 원인과 과정, 관찰될 수 있는 특징 등에 대해서 그동안 사례로 보고된 해외의 선행적 논의와 문헌들은 이렇게 판단하고 있다.

첫째, 여성이 적은 기존의 '불균등한 성비구조(gender structure)'가 유리절벽과 밀접한 연관이 있다. 해외의 사례에서는 정부와 기업의 관료제적 조직형태가 가진 '편향적 성비구조'를 이미 중요한 문제로 삼고 있으며, 이 속에 내재된 '성 전형화(sex-typing)' 구조가 여성에 대한 차별구조를 그대로 대변하고 있는 것으로 파악한다. 이는 조직에서 어느 한쪽 성별이 선점해서 다수를 차지하면서 우위를 당연시하는 현상인데, 대부분 남성 집단의 경우가 여기에 해당된다. 여성이 적은 기존의 조직구조 때문에 고위직에도 여성이 많지 않다는 주장은 기존 제도나 관행들이 남성들 위주로만 돌아감을 지적하고 있다.

이런 이유로 고위직에서 다수였던 남성은 성 전형화가 자연스러운 것이고, 이런 상태가 언제나 유지될 것이라고 여긴다. 하지만 조직이 갑작스런 위기를 겪거나 외부의 압력에 의해 여성의 고위직 진출이 현실화되면, 기존의 성비 불균형체제를 유지하고자 하는 갈망은 오히려 고위직 여성에 대한 배제와 차별로 변화해 표출된다. 결국 이러한 불균등한 남녀의 성비구조는 고위직 여성이 성공하지 못하고 도태되게 하는 유리절벽을 탄생시키게 되는 것이다.

둘째, 유리절벽을 초래하는 중요한 외형적 원인으로 '조직 전체에서 여성이 차지하는 비율(the proportion of women)' 혹은 '성비(female sex ratio)'가 거론되고 있다. 가령 어떤 조직에서 여성이 산술적으로 15% 미만일 경우나, 혹은 30% 미만의 여성 대부분이 비핵심 직무에만 쏠려 있을 경우에 유리절벽이 자주 나타나는 것으로 보고되고 있다. 그리고 이런 경우 고위직에 있는 여성은 이른바 '상징(token)'으로 간주되기도 한다. 또한 객관적인 여성의 비율보다는 주관적으로 조직에서 여성이 적다는 일상적인 '희소성(scarcity)'의 인식이 고위직 여성에 대한 주변의 태도에 상대적으로 더 중요하다는 의견도 나와 있다. 여성의 비율에 따라 기존 구성원과 고위직 여성과의 관계가 어떻게 달라지는가를 검토한 결과, 여성 비율이 높을수록 조직의 성차별 분위기가 적고 이성 및 동성들 사이의 관계가 상대적으로 좋게 나타났다.

이렇듯 여성의 객관적 혹은 주관적 비율이 유리절벽 현상과 밀접한 연관을 갖는 이유는 일단 전체 여성의 숫자가 적은 조직 속의 고위직 여성은 여성 부하나 여성 동료의 지원(peer support)을 받지 못한다는 점 때문이다. 주위의 취약한 지원은 고위직 여성으로 하여금 의사결정(decision making)에 대한 정보나 영향력을 약화시키는 원인이 되고, 나아가 남성과의 경쟁이나 성공적인 직무 수행의 걸림돌이 된다. 반대로 조직에서 여성 비율이 높으면 남녀 구성원들은 고위직 여성과 대화하기가 편하다고 지각하며, 여성의 관심사를 함께 공유한다고 느끼게 된다. 또한 여성 상사나 리더를 롤모델(role model)로 여기고, 고위직이 된 여성을 유능하다고 느끼는 경향도 상대적으로 증가하게 된다고 한다.

셋째, 고위직 수행에 따르는 '직무의 과중 및 과로와 스트레스'가 여성의 유리절벽과 상관이 있음이 거론된다. 기존 문헌에 따르면 직장에서 고위직 여성은 소위 '일과 삶의 불균형이나 불합치(work-life imbalance)' 현상을 자주 겪게 되고, 이는 스스로를 유리절벽으로 향하게 만든다고 한다. 물론 직무과중과 스트레스는 남성에게도 해당된다. 하지만 여성은 고위직일수록 '모성(maternity)' 등으로 대표되는 '여성적 특질(femininity)'을 숨기는 것이 현실적으로 도움이 되지만, 실제 스스로에 대한 '억제(repression)'에서 오는 딜레마는 상당한 스트레스를 수반하는 것으로 알려져 있다. 바쁜 현대인에게 '직장과 가정이 양립(work-family reconciliation)'되고, 일과 삶 사이에 만족스러운 균형감을 느끼면서 생활하는 경우는 그리 많지 않다. 직장생활과 가정생활 사이의 '균형(balance)'이란 말은 원래 한쪽 측면이 커지면, 다른 한 측면은 작아지는 범위(and가 아닌 or)를 의미하기 때문이다. 그래서 직장과 가정에서 오는 딜레마는 상대적으로 여성이 크고, 이는 여성의 사직이나 퇴직과 관계가 깊다.

넷째, 성과를 따지는 '계약조건과 신분상의 불안정성'이 유리절벽과 연관이 있다. 고위직이지만 신분적 불안으로 인한 유리절벽은 해외에서 남성에 비해 상대적으로 더 짧은 여성의 고위직 '재직기간(shorter average tenures)' 및 '퇴직사유(reason for retirement)'에서 알 수 있다. 대체로 고위직 여성은 단기간에 요구

받은 성과계약의 함정과 불안정한 신분 때문에 남성과는 달리 조직의 최고 정점까지 올라가지는 못하고 재계약에도 실패하는 경우가 더 많다. 즉 여성에게 계약만료(termination), 권고사직(dehiring), 당연퇴직(resignation) 등의 방식으로 물러나게 하는 유리절벽 현상이 자주 발생하게 되고, 고위직에서의 여성 대표성 증가도 계속 구조적으로 억제되는 것이다. 마찬가지로 오직 문서화된 규정에 따른 직무와 위계성이 높은 관료제로 정의되는 조직에서 고위직 여성은 계약 신분으로 남성과 어깨를 견주면서 직무수행을 해내기가 용이하지는 않다. 따라서 높은 직급에 비해서 고위직 여성이 갖는 탄탄하지 못한 신분과 처우는 곧 유리절벽으로 미끄러지게 하는 중요한 물리적 단서가 되고 있다.

유리절벽에 관한 기존의 논의에 따르면, 고위직 여성을 통해 위기를 극복하려는 조직의 경우 그녀에게 소위 '구세주 효과(the saviour effect)'를 기대한다고 본다. 그런데 이런 경우에 조직은 기존의 정형화되고 안정적인 승진경로를 이용하기보다는 다소 파격적인 발탁인사(selected personnel)를 종종 이용한다. 이에 따라 조직 차원에서 해당 고위직 여성의 채용신분과 처우(treatment policy)는 대체로 '계약직(contract officers)'이나 '성과연봉(performance-based pay)'의 형태로 책정된다. 물론 이는 고위직 남성의 경우도 마찬가지일 수 있다. 그러나 단기간 안에 성공적 결과를 만들지 못해서 미래에 조직에서 이탈될 가능성까지를 가정하면, 원래부터 절대다수인 고위직 남성보다는 극소수인 고위직 여성에게 성과계약은 상대적으로 더 불리한 조건이 된다고 한다.

기존의 체제나 관행으로는 더 이상 어떤 문제를 해결하지 못할 때를 조직의 '위기(crisis)'라고 정의한다면, 이를 극복하기 위해 전격적으로 고위직 여성이 임용되는 건 일견 그럴듯해 보인다. 그런데 유리절벽 학자들이 주목하는 점은 할당제나 발탁인사로 여성이 고위직에 오르면, 구성원들은 인정을 하기 싫어한다. '여성만의 특혜(special favor)'나 '여성이라서 얻은 행운(lucky chance)', '최고위층으로부터의 간택(assortment)' 등으로 비하하는 경향이 발생할 수 있다는 것이다. 또한 여성의 고위직 진출은 관행적 조직문화에 대한 도전이며 남성들의 자리를 강탈하는 행위로 인식되어 저항에 부딪히게 되고, 이러한 저항은 기존 남성 중심의 조직문화를 더욱 공고히 하기 위해 고위직 여성의 불안정한 신분을 고의적 경로로 조용하게 유도하기도 한다.

다섯째, 남성 지배적인 조직이 가진 여성에 대한 '편견'과 '고정관념'은 유리절벽을 발생시키는 중요한 요인이다. 직무에 있어서 수평적으로는 남녀 관계로 역할을 분리시키는 '성별 분업(gender division)'으로 구체화되고, 수직적으로는 남성이 남성 동료와 부하에게 자신의 업무를 승계시키는 '도제제도(apprentice system)'의 방법이 이용된다. 이런 상황에서 기존의 남성 중심의 조직에서 보완적인 역할을 수행해 오던 여성들이 고위직에 대한 발탁인사나 승진 할당을 통해서 주요보직에 배치되는 변화에 대해 조직은 그리 수용적이지 못하다.

조직사회의 고정관념이나 편견은 '자기달성(self-fulfilling)'적 경향이 있다. 이에 근거해서 여성이 어떤 직책이나 직무에 적합하지 못하다고 전제하면, 항상 그녀의 능력을 의심하게 된다. 또한 고정관념은 '자기강화(self-reinforcing)'적인 성격도 갖고 있는데, 이는 사람들이 자신의 고정관념에 반하는 정보는 무시하면서도 고정관념을 확인시켜주는 정보는 기억하는 경향이다. 예컨대, 여성이 고위직으로 성공하면 그 성취는 운이 좋은 것이고, 실수하면 여성이 무능하다고 인식되어 있는 점을 재확인시켜 주는 것이다. 반면 다수인 고위직 남성은 성공적으로 고정관념화가 되어 있고, 그들의 성취는 유능함으로 여겨지고, 그들의 실수는 더 쉽게 잊혀진다는 것이다.

이러한 이유로 고위직 여성의 실수와 실패는 비록 사소할지라도 사람들에게 더욱 강력하게 각인되고 회자된다. 게다가 직장에서 여성이 흔히 가진 리더십에 대한 주변의 고정관념적 특성(stereotypical characteristics)은 대체로 소통(communication), 협동(collaboration), 직관(intuition), 배려(consideration) 등에 국한된다. 그러나 이런 장점들은 여성이 장기간 고위직을 맡아서 조직시스템과 규범을 바꿀 때만 비로소 발휘될 수 있으며, 단기적 해결을 필요로 하는 상황에서 여성적 리더십의 장점은 다소 무력한 것으로 알려지고 있다. 따라서 여성 리더십의 고정관념과 편견에 의한 이러한 여러 가지 악순환은 고위직 여성을 유리절벽으로 꾸준히 밀어내는 단초가 된다.

>>> 그림 5-1 유리절벽의 복합적 원인과 구조적 영향 관계

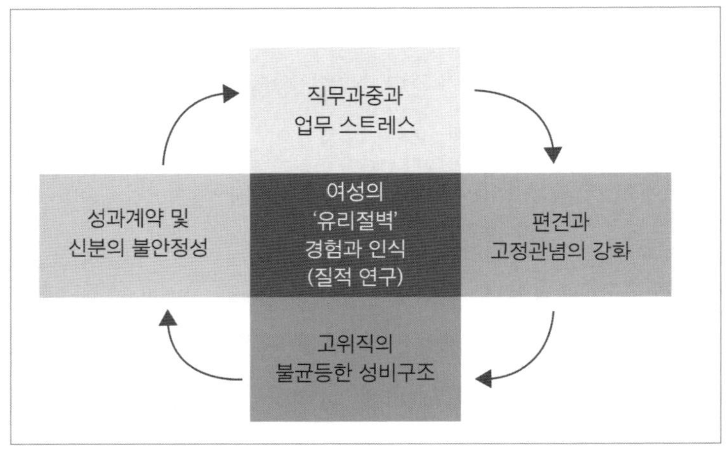

이와 비슷하게 남성 중심적 문화로 인한 조직구성원들의 소위 '변화를 싫어하는 태도(hate change)'가 고위직 여성이 직무를 성공적으로 수행하는 데 있어 큰 장애물이 된다고 한다. 이러한 태도는 새로운 상황에 대한 막연한 불쾌감과 불안감에 기초한다고 봄으로서, 심리적 요인의 중요성이 우선적으로 지적되고 있다. 즉 조직의 구성원들은 가급적 지금과 같이 지내기를 바라기 때문에, 고위직 여성으로 인한 새로운 자극과 변화에 반대한다는 것이다. 해외의 사례에서 공직사회나 관료조직은 물론 민간 부문에서도 보수적 조직문화를 가진 집단으로 꼽히는 금융권의 경우에 특히 유리절벽이 더 많이 생기는 것으로 알려져 있다. 이는 구조적으로 조직문화가 보수적이라서 변화에 대한 낮은 관용이 있거나, 고위직 여성이 시도하는 변화가 적절치 못하다는 오해가 존재할

가능성을 시사한다.

특히 남성들만의 직책이라고 여겼던 고위직에 여성이 투입되면, 이는 여태껏 물려받은 '상징적 질서(symbolic order)'를 위협하는 것으로 해석한다. 게다가 남성은 다수의 기득권에 대한 위기감과 적대감을 토대로, 고위직 여성에 대한 차별적 태도를 수반하게 된다. 예를 들어 기존 조직의 구성원은 특정한 변화로 인하여 개인의 이익이나 심리적 안정감을 흔들 소지가 있으면, 고위직 여성으로 인한 새로운 변화에 반대하게 된다. 새로운 환경의 불편함을 느끼거나 결과의 불확실성이 지금의 안정감을 흔든다고 생각될 때에도 고위직 여성의 활동이나 지시에 불응하거나 협조적이지 않게 된다.

서구사회 속담에서 "좋은 여자는 칼을 가지고 다니지 않는다(nice girls don't carry knives)"는 말이 종종 회자된다. 이 말은 직장이나 조직 생활에서 평소 여성에게 '권력(칼)'이 잘 주어지지 않음을 빗대어 표현한 것이다. 반대로 이는 권력을 가진 여자가 대개 좋은 사람이 아니라는 묵시적 동의도 깔려 있다. 즉 고위직 여성은 높은 직급에 따른 권력(power)을 가지기 때문에 다른 사람들보다도 더욱 엄격한 윤리기준과 잣대를 적용 받게 된다는 것을 의미한다. 유리절벽이 고위직 여성에게 많이 생기는 이유는 대체로 이들이 위기나 침체에 빠진 조직을 단기간에 빠르게 변화시키려고 하기 때문이라고 본다.

대체로 이러한 방식은 '기존 관행과 전례에 대한 거부(reject traditional practice)'로부터 시작되는데, 이는 자연히 조직에서 오랫동안 누려오던 남성 집단의 기득권을 위협하게 된다고 한다. 고위직 여성의 권력은 업무를 원활히 수행하고 성과를 내기 위한 기본조건이며, '인적 역량(man power) 혹은 물적 자원(material resources)'을 동원시키는 능력이다. 이때 기존 남성 위주의 고위집단은 견제의 의미로서 권한 및 재량에 대한 정보를 숨기는 방식을 통해, 고위직 여성의 행동반경을 제한시키는 경우가 많다고 한다. 남성의 '성별 정치(gender politics)'에 일단 순응시키기 위한 수단으로 이러한 방법을 사용하기도 하지만, 근본적으로는 고위층 안에서의 성별 권력분점(power sharing)을 허용하는 문제와 관계가 깊다고 한다.

표 5-1 유리절벽의 탐색적 질문지 예시

(질문1) 여성 상사가 가진 신분(정규직/계약직)과 받고 있는 처우는 대략 어떠합니까?
(질문2) 직장(부서)에서 여성 상사와 여성 동료의 비율은 어떠한 수준이라고 생각합니까?
(질문3) 여성 상사가 가진 재량권이나 영향력은 같은 남성에 비해 어떠합니까?
(질문4) 여성 상사에게서 보통 여성들에 비해 다른 특징을 보았다면, 어떤 것입니까?
(질문5) 직장(부서)에서 남녀가 공정하게 경쟁하고 동등한 대우를 받습니까?
(질문6) 여성 상사는 일과 가정, 혹은 직장과 가족이 어떻게 병행합니까?
(질문7) 여성 상사가 향후 물러날 가능성이 남성에 비해 어떠하다고 생각하십니까?

일반적으로 이성에 대한 고정관념과 잠재적 편견은 변화에 대한 무관심이나 반감(animosity), 냉소(cynical smile), 무사안일(complacency) 등과 결부되어 겉으로 쉽게 드러나지 않는다. 다만 간헐적으로 표출되는 경우는 항의(protest), 사직(resignation), 고의적 방해(deliberate act) 등과 같은 행동으로 나타나게 된다. 또한 이러한 고정관념과 편견은 유년기로부터 시작된 사회화 과정, 조직 생활에서 느끼는 현실적 갈등 등에 의해 주로 발생되는 것으로 밝혀지고 있다. 하지만 이러한 기준들은 해외에서 밝혀진 증거나 상황들이 대부분을 차지하고 있다. 우리나라에서는 유리절벽에 관한 근거는 아직 제대로 밝혀지지 않았고, 탐색적인 논의가 여전히 부족하다. 게다가 추상적이고 부정적인 개념이라, 정확한 현상이 관찰되기는 다소 어려울 것으로 예상된다.

하지만 적어도 이론적으로는 판단이 가능한데, 외형으로 쉽게 관찰되는 유형적 요인(visible factors)으로서 채용신분과 처우(appointment & treatment system), 조직의 여성 비율(female sex ratio), 제한된 자원과 권력(bounded power)이 있다. 반면에 눈에 보이지 않는 무형적 요인(invisible factors)으로는 고정관념과 편견(stereotype & prejudice), 형평성과 공정성(organizational equity & justice), 일－삶의 불균형(work－life imbalance)이 거론될 수 있다.

5 유리절벽의 실제 경험과 사례

유리절벽을 실제 겪은 여성이 과연 우리나라 공직에 있는가의 문제는 현실적 증거로서 이론을 합리화하는 데 중요하다. 여기서는 유리절벽의 심층적인 인터뷰 조사를 통하여 고위직 여성공무원에 대한 유리절벽의 존재를 탐색하였다. 사례 인터뷰 자료를 근거로 여기서는 공직에서 고위직 여성의 유리절벽의 존재 여부와 증거들을 판단해 보고자 했다. 구체적인 자료의 내용과 논의 결과는 다음과 같다.

첫째, 고위직 여성의 유리절벽의 발생은 고위직의 불균등한 성비구조가 이론적인 원인이었다. 그렇다면 고위직에 여성이 정말로 희소하고 적기 때문에, 상대적으로 퇴직의 가능성도 높아지는가? 결론부터 말하자면, 어느 정도 그럴 가능성이나 개연성이 확인되었다. 중앙부처 고위공무원단 안에서는 여성들의 숫자가 너무 적다는 반응들이 전반적으로 많았다. 현직에 있는 고위 여성공무원들은 일정한 직급 위로는 여성이 올라서기 어렵고, 보이지 않는 한계가 있음을 토로하였다.

여성 숫자가 상층부에 너무 적은 기존의 조직구조 때문에 '유리절벽'이 나타날 수 있다는 논리는 공식적 제도와 비공식 관행이 전부 남성에게 고착화되었을 개연성을 크게 지적한다. 이런 이유로 고위직에서 다수였던 남성은 한쪽 성에 의해 선점되어 그것이 당연하게 보이는 기대, 즉 성 전형화(sex-typing)를 자연히 받아들여 왔고, 이것이 또한 유지된다고 본다. 게다가 성별 다양성이 담보되지 못한 고위직은 조직의 중요한 의사결정(decision making)에 대한 정보나 영향력을 어느 한쪽으로만 쏠리게 하는 원인을 만든다. 공식적 혹은 비공식적인 여성의 네트워크가 없으면, 이는 지속적으로 여성에 대한 환경적 압박과 불리함이 개선되지 못하는 구조를 재생산한다.

고위공무원단에서는 여성의 주변에 여성이 별로 없어서 의지할 곳도 없고, 시간이 흐름에 따라 직장사회에서 고립이 될 가능성도 엿보였다. 즉 고위공무원 조직 상층부에서 나타나는 남성 숫자의 독과점은 남성들의 네트워크가 공유하는 여러 정보, 자원을 여성들이 함께 공유되지 못하도록 만들 수 있었다. 그래서 남성들에 비해 희소한 여성들의 존재와 관련 상황들은 곧 유리절벽의 존재 가능성을 잠정적으로 추론 가능하게 했다. 다음의 인터뷰에 따르면 이러한 논거를 명확하게 뒷받침하고 있다.

"제가 일한 조직에서 국장급 직급 위쪽으로는 여성이 전혀 없었어요. 과장인 저 1명만 있었어요. 부처에 10년 정도 있었는데, 내내 그랬어요. 사무관까지 확대간부회의라도 하면, 여성은 단 2명만 있고, 남성은 30명이 넘었죠. 여성이 2명이라 회의장에 없으면 금방 표시가 났죠. 제가 있던 부처는 다른 부처에 비해 특히 여성 숫자가 적었어요......(중략)......같은 편이 적은데, 남녀가 서로 공정한 환경에서 경쟁을 할 수 없잖아요. 승진심사도 모조리 남성들이 하고, 여성들은 할당이 아니면 거의 승진 못해요. 밑에서부터 차근차근 올라간 경우가 적어서, 여성들끼리는 롤 모델도 잘 없고요. 나중에 직급이 높아 자리라도 없으면 당연히 나가야죠. 조직에서 여성이 늘어나는 것은 조직을 위해서 바람직하다는 것을 믿는 사람도 거의 없는 것 같아요."

"일단 밑에 여성이 많아야 위에도 여성이 많지요. 근데 공무원이 7급 밑쪽에 있다가 3급까지 올라가기는 거의 어렵죠. 고위직으로 가기 위해선 5급 사무관 근처에 여성이 많아야 되는데, 이상하게 5급부터는 여성이 엄청나게 적어져요. 일반 부처에는 4급 서기관 이상 여성이 별로 없어요. 제가 알기론 중앙에서 그런 부처는 손가락에 꼽을 정도지요. 그나마 여성가족부, 보건복지부 정도랄까.......(중략)......교육부도 일선 초 · 중등 공립학교에는 전부 여자선생님 천지인데, 5급 이상 부처 일반 공무원에는 남자가 더 많아요. 정말 신기한 현상이죠. 작년 신문, 방송에서 행정고시 여성 합격자가 40%가 넘는다는데, 지금 다들 어디로 갔는지 모르겠어요."

"여성공무원이 승진하고 올라가는데 뭔가 한계선, 임계점이 있는 것 같아요. 정책적으로 국가직 3급부터는 여성 할당제가 있어도 이상하게 늘지가 않아요. 이건 제가 고공단에 몇 년 동안 있으면서 직접 경험한 겁니다. 대부분 과장에서 국장 넘어 오고, 고공단에 처음 들어가는 곳에서 단절이 많이 되더라구요. 나중에 그만둘 사람이 아닌데도, 고위직에서는 자리에 따라서 남자 여자 구분되는 게 있다고 봐요. 정부 고위직에 여성들이 그동안 많이 늘지 않았냐 말들 많이 하는데, 절대 아니에요. 고공단 안의 사정을 자세히 들여다보면 완전히 거짓말이죠. 정말 권력 있고 높은 고공단 몇몇 자리들은 성별로 구분한 통계도 잘 공개를 안 합니다. 여성이 그 자리에 앉아본 적이 과거에 단 한 번도 없었으니까요."

둘째, 고위직 여성의 유리절벽의 발생의 이론적 원인에는 '성과계약 및 신분의 불안정성'이 논증되었다. 우리나라 중앙정부 고위공무원단 운영 제도의 특성상 정년보장의 개념이 희박해지고, 임기가 제한되는 경우가 많다. 물론 이는 남녀 모두 공통적으로 적용된다. 하지만 여성에게 체감되는 경험과 결과를 놓고 보면, 고위직에서 남녀의 신분적 안정성은 차이가 날 수 있는 개연성이 추정되었다. 또한 중앙부처 고위직에는 개방형 직위와 같이 계약이나 성과연봉의 신분형태가 많고, 여성들이 상대적으로 퇴직할 가능성이 높은 편으로 판단되었다.

현직에 있거나 최근 퇴직한 고위직 여성공무원들의 증언에 의하면, 설령 신분이 같더라도 여성들은 남성들보다 고위공직에서 상대적으로 오래 버티지 못하는 것으로 나타났다. 여성 할당제 등으로 고위직에 진출한 여성들이나 정책적으로 혜택을 받아 발탁된 고위직 여성들도 마찬가지였다. 고위공무원단에서 주는 신분상의 보장이 약하여, 조직에 오래 있지 못할 가능성이 엿보였다. 특히 세부적인 원인으로는 여성의 낙하산 이미지나 잦은 발탁인사, 짧은 임기와 단발성 보직, 전문성이나 경력에 상관없는 업무의 할당, 단기적인 업무성과 창출의 어려움, 고위직에 따른 책임의 증가 등이 드러났다. 이런 고위직에서의 신분불안과 성과의 압박 등은 현재 여성들에게 더 강하고 불리하게 작용하는 것으로 보인다. 다음의 인터뷰를 들여다보면, 그런 내용들이 비교적 명확하게 드러난다.

"고위공무원단엔 개방형도 많고 대부분 계약직입니다. 정년 개념이 갑자기 사라져요. 내부 승진 빼고는 거의 연봉제 임용이고, 신분도 그다지 안정적이지 못해요. 대기업에서 부장은 정규직이지만, 이사는 계약직이잖아요. 길어야 3년 정도이고, 상당수가 옷을 벗습니다. 일부가 재계약을 하지만, 거의 남자들 몫이고 여성들은 자연히 다른 자리 알아보게 돼요......(중략)......밑에 직원들도 오래 못 볼 사람을 좋아하진 않아요. 오죽하면 여성 국장 밑에 남성과장들은 많지만, 남성 국장 밑에 여성과장은 없다는 말이 있겠어요. 내부승진 보다는 외부인사로 여성이 영입이라도 되면 이보다 더 합니다. 고위공무원단에 들어가면 모두들 차관을 꿈꾼다고 합니다. 물론 그게 여성일 가망은 거의 없다고 보죠. 고위직으로 올라서면 여성공무원은 공직생활을 오래 했더라도 스스로 퇴직이나 이직을 더 많이 떠올리게 되죠."

"고공단 자리에 여성이 발탁되면 낙하산 이미지를 주게 되죠. 시쳇말로 도대체 이 여자를 누가 결정했고, 왜 왔는지 다들 궁금해 합니다. 지나고 보니 제가 그랬던 것 같아요.......(중략)......제 경험으론 고위직에 발탁하는 대신에 처음에는 부담도 적은 일을 줍니다. 오히려 배려라는 생각도 들지요. 하지만 이게 장기간 지속되면 문제가 돼요. 확실한 성과나 보상이 기대되는 일들이 오질 않거든요. 조직에서 더 올라갈 가능성이 없어집니다. 고공단 승진에 여성이 끼면 뭔가 체계적이지 않고, 단발성이라는 이미지가 아직 많이 있어요. 고공단에 들어와서도 오래 못 견딜 사람이면 입지가 더 좁아지지요. 조직 개편이다 해서 누가 나가야 한다면, 남자들은 희생양으로 누굴 지목할까요."

"위에서 끌어주는 사람도 별로 없고요. 전문성이 있어도 그와 맞는 일을 잘 하지도 못해요. 성과는 내야 하는데, 고공단에서 국장급 이상 여성은 따로 관리를 받거나 멘토링이 없어요.......(중략)......여성이라도 일단 자리에 앉히고 나면, 이야기가 완전히 달라집니다. 그 다음부터는 전부 자기능력, 자기처신의 문제가 됩니다. 장관님, 차관님이나 더 위에서 주는 일을 무조건 잘 할 수밖에 없잖아요. 전문성, 많이 해봤던 일, 이런 거는 필요가 없어요. 처음 하는 일도 일단 한번 해보라는 식이 많아요. 그리고 결과는 매번 자기 책임이죠. 여성이라고 그런 건 아니겠지만, 조직은 중요하게 키울 사람한테는 그런 식으로 안하죠. 임기 마지막에 가서는 그냥 관둘 거라고 미리 생각들 합니다. 결국 외부인, 이방인 취급을 받는 거지요."

셋째, 고위직 여성에게 발생할 수 있는 직무과중과 업무 스트레스는 유리절벽의 가능성을 증가시키는 하나의 원인으로 가정하였다. 상당수 고위직 여성은 일단 오랜 시간 일을 하고(working long hours), 혼자 여러 문제를 결정하고 해결하기 때문에 심신이 피곤하다. 그런데도 개인적인 여가시간의 부족, 직무 스트레스 등으로 휴가도 잘 챙기지 못하는 경우가 있으며, 이는 결국 자신의 건강과 대인관계에 악영향을 미친다. 여성이 일과 삶의 균형을 되찾기 위해서는 다니던 직장을 '사직(resignation)'하거나 '이직(turnover)'을 택하는 방법이 주로 쓰이는데, 만약 고위직이면 당장 이것마저도 선택하기가 쉽지 않다고 한다.

이에 대해 인터뷰에서 진술한 현직 여성고위직들은 실제로 그럴 가능성이 있음을 대부분 인정하였다. 고위공무원단에서 근무하고 있거나 과거에 있었던 고위직 기혼여성들은 '워라밸(Work-Life Balance)', 즉 '직장과 가정의 균형' 혹은 '일과 삶의 균형'과는 별 상관이 없었다. 오히려 여성공무원에 대한 가족모성보호정책의 효과가 고위직으로 가면 더 줄어들 가능성도 발견하였다. 즉 여성이 중앙부처 3급 이상의 고위공무원단에 들어가는 시기는 대략 50세 전후의 나이로, 생애 주기적으로 가사와 양육으로부터 비교적 자유롭게 된다. 자녀가 성인이 되고 고위공직자가 되면 일과 가정 모두에서 압박을 많이 받지는 않는다. 하지만 더 중요한 것은 고위직이 되기 이전까지 30대와 40대 공직생활에서 여성이 가사와 양육에 상당한 부담을 갖는다는 점이었다.

여성 고위공직자가 실제 느끼는 스스로 직책과 업무에 대한 부담감, 심리적 억압도 장기적으로 상당한 스트레스를 수반할 수 있음이 확인되었다. 그럼에도 불구하고, 고위공직의 소수자로서 주변 남성들과 경쟁하기 위해서 여성들은 더 많은 노력을 하고, 더 많은 일을 해야 하는 상황에 처하고 있었다. 여성공무원은 고위직으로 갈수록 일과 삶 사이에 만족감은 저하될 수 있었고, 이런 양자의 불합치 상황은 여성이 자발적 사직이나 퇴직을 선택할 가능성을 점차 높여주는 것으로 예측되었다.

이를 부연하자면, 지금 공직의 가족모성보호정책은 개인보다는 배우자로서의 가족, 가사에 대한 책임이 무거운 여성에 초점을 둔다. 즉 기혼여성은 미혼여성보다 직장업무에 투자하는 시간이 감소되고, 업무효율성과 집중도가 떨어지게 된다. 이는 결과적으로 업무기술의 습득이나 임금, 기타 승진의 대열에서 낙오되거나 직장을 떠나게 될 가능성을 높이고 직장 여성의 숫자가 지속적으로 줄어들도록 강제한다. 남편이 있는 기혼여성은 원래 경제적으로 덜 급박하며, 조직 전체의 친밀감과 유대감을 약화시킬 우려가 있다는 사회적 편견도 가족모성보호의 걸림돌이 될 수 있다. 다음의 인터뷰를 자세히 들여다보면, 이러한 해석과 합리적인 추론이 가능할 것이다.

> "여자가 가정이 있으면 공직에 높은 자리 생활 제대로 못합니다. 일이 많고 바빠서 가정에 시간을 못 냅니다. 여자들은 일과시간에 미친 듯이 일하고, 정시에 가정으로 퇴근하려 해요. 남자들은 적당히 하고 저녁이나 주말에 남아서 해요. 누가 열심히 하는 걸로 보일까요? 남자들이야 모르겠지만, 남편과 맞벌이하는 행시 동기들 지금 공직에 거의 없습니다........(중략)......행시 출신이고 결혼하고 과장 달면, 아이들은 거의 초·중·고교생입니다. 7급 출신 여성들도 상황은 거의 비슷해요. 가정생활 때문에 직장생활에 크고 작은 애로가 생기지요. 직장에 가장 집중해야 될 시점에 집에 아이도 마찬가지가 됩니다. 육아휴직, 연차도 해당 안 되는 상황이면 정말 난감합니다. 직장과 가정 사이에서 자주 선택을 해야 하죠. 무게중심이 가정에 쏠리는 순간, 결국 저 사람도 별 수가 없다는 꼬리표가 매겨질 겁니다........(중략)......문제는 나이가 젊은 40대 과장들이 먼저 짐을 쌉니다. 버티면 언젠가 승진하는데, 사표를 냅니다. 할당제다 뭐다 해서 빨리 승진하는 대신에 빨리 조직을 나가는 거지요."

> "여성이 과장, 국장을 달고 고위공무원이 되는 순간부터는 배려의 대상이 아니게 돼요. 주변 모두가 경쟁의 대상으로 바라봅니다. 이게 여성이 소수자라면, 곧바로 엄청난 스트레스가 되죠. 고위직이 되면 조직에서 여성이라고, 고위직이라고 절대 봐주지 않아요. 가시적인 성과나 실적이 있어야 주변의 남성들과 경쟁이 되니까요. 그런데 핵심적인 직무나 중요한 프로젝트를 따내는 것 자체가 쉽지 않아요. 설령 밤을 새워 겨우겨우 따낸다 해도 혼자서 또 진행해야 되고 업무가 과중해서 스트레스를 또 받죠. 자기가 이미 과장, 국장인데 자기 위에 여자선배, 여

자동료도 거의 없고 누가 도와주질 않잖아요. 남자들은 정말 급하면 찾아가 형님, 동생 하면서 어찌어찌 해결도 되던데.......(중략)......그나마 몇 안 되는 여성들이 일터에서는 같은 일에도 많이 외롭고 더 어렵습니다. 높은 직위 여성이 시간 관리가 될 것도 같은데, 중간이나 하위직보다 일과 가정, 직장과 가족이 병행되기는 더 어렵죠."

넷째, 유리절벽은 조직과 주변의 편견, 고정관념이 지속되고 강화될 경우에 여성들에게 강력하게 작용할 수 있다. 이것은 앞의 이론적 소개와 논의에서 충분히 논증한 사실이다. 그런데 실제로도 그러한가를 알아본 결과에서도 역시 그럴 가능성을 충분히 제기할 수 있었다. 세부적인 해석들은 이러했다. 우선 기존의 남성 중심의 고위공직에 기존에 별로 없었던 여성들이 발탁인사나 승진 할당을 통해서 주요보직에 배치되는 변화에 대해서 사람들은 수용적이지 않게 보였다. 고위직 여성으로 인한 새로운 변화에도 기존 공직문화나 관행은 너그럽지 못한 것으로 생각된다. 새로운 환경의 불편함을 느끼거나 현재의 안정감을 흔든다고 생각될 때, 조직은 고위직 여성의 활동에 비협조적일 개연성도 보였다. 더욱이 조직이 갑작스런 위기를 겪거나 상황이 어렵게 되면, 남성에 비해 여성에 대한 평가가 더 나빠질 개연성도 일부 짐작이 되었다.

이와 반대로 기성 공무원 조직은 상하 계층 간의 위계질서가 명확하고, 혈연이나 학연 또는 지연 등의 연고주의가 빈번하게 나타나는 조직문화를 가지고 있었다. 이러한 여건이 감안되어 조직의 고위층이나 상사들은 자신이 후원하고자 하는 자, 즉 주로 남성들에게 더 많은 정보와 기회를 제공하는 등 성과 창출에 있어 유리한 기회를 가지도록 비공식적으로 배려할 수가 있었다. 여성은 여기서 알게 모르게 소외될 개연성이 높아 보였고, 상대적으로 보이지 않는 손해나 피해를 볼 수도 있었다. 따라서 전반적인 조직의 관행과 편견, 여러 고정관념들은 고위직 여성을 불리한 입장과 선택에 몰아넣고 있었다.

통상 공직사회에서 여성과 남성은 서로 다른 직군, 다른 직급에 분포하고 있다. 교사나 보건직종 등 여성이 더 많은 부처도 있고, 직급은 주로 하위직에 여성이 몰려 있다. 서구의 경우, 이러한 성별에 따른 분리(segregation)는 여성뿐만 아니라 소수인종이나 민족별 차이에서도 나타난다. 특히 조직에서 남성과 여성 간의 관계는 계층적 차원에 의해서 특징지어지게 되며, 팀제 위주의 민간조직보다는 관료제 위주의 공공조직이 더욱 그러하다. 남성의 일과 직위는 남성적인 것으로 여겨지며, 여성이 하는 일보다 더 높게 평가되고 높은 지위를 얻는다. 이런 고정관념과 사회적 경향성은 공직사회의 고위직에서도 다르지 않아 보인다. 다음의 인터뷰를 자세히 보면, 이러한 해석과 맥락들이 잘 드러난다.

"제가 과장일 때, 같은 여성국장님을 모셨어요. 보통 여성과 다르게 정말 열심히 일하시는 분이었습니다. 그 분은 낙하산이나 발탁된 것도 아니었고, 오로지 성과와 실적으로 남성들과 경쟁해서 그 자리에 승진했다고 들었어요. 주변에서 평도 좋았고, 전적으로 부서의 부하들에게 신뢰나 존경을 받는 것처럼 느꼈죠. 그런데 그런 분에게조차 좋고 나쁜 뒷담화는 있었어요. 자기관리를 잘한다, 솔선수범한다, 일에 헌신적이다, 통이 크다, 배포가 있다, 꼼꼼하고 스마트하다는 말이 있었구요. 남자 직원들 사이에선 '매섭다, 고압적이다, 때론 이중적이다' 등의 말도 들렸어요. 평소에는 좋은 평들이 많았지만, 부서가 갑자기 어렵거나 힘든 일이 생기면 뒤에서 안 좋은 말들이 종종 나왔어요. 어떨 때는 남자였다면 안 들어도 될 욕을 듣는 것 같기도 했어요. 기억을 더듬어보면 우리 국장님에게 다들 겉으로는 친절한데, 특히 알게 모르게 서로 챙겨주는 건 남자들끼리 하는 것 같아요. 나중에 그분은 행시 동기 남성들보다 결국 빨리 퇴직을 하셨죠."

"공직이 확실히 보수적이긴 하나 봅니다. 우리 조직에서 남성, 여성에게 업무가 주어지는 걸 보면 더 그래요. 퇴근 이후에 사석에서는 더 많이 듣고 느꼈어요. 남자 직원들이 무심코 하는 말들 속에는 여자에겐 구속이 덜하고 시간이 자유로운 일이 맞다, 중요한 현안해결이나 대외적 업무는 아무래도 남자가 해야 한다, 남녀가 같이 출장 가기 불편하다, 무거운 짐을 여성이 드는 것이 맞느냐, 야근이나 당직을 똑같이 해야 하나 등등 말이 많아요. 시대가 어느 시대인데, 그런 말을 하느냐는 말은 계속 나만 혼자 했죠. 남녀는 원래 다른 일을 하는 게 맞고, 다른 장점이 있다고 다들 생각하나 봅니다......(중략)......승진할 수밖에 없는 좋은 일,

성과가 확실한 중요한 과제는 남자에게 몰아주는 게 제 눈에도 보였다는 게 핵심이죠. 회의하다가 잠깐 쉴 때 담배 피우면서나, 퇴근 후에 2차, 3차 술자리 가서 이런 게 결정되기도 해요. 사무실에서 못 듣는 고급 정보도 오가고, 담배 안 피고 술 적게 먹는 여자는 거기 아예 없으니까 짐작도 못해요. 한 번은 3차에 저 혼자 따라 갔다가, 다들 불편해하는 눈치가 보여 바로 나온 적도 있어요."

"제가 아는 부서엔 30대 후반의 4급 여성과장이 연수 마치고 부임해 왔는데, 5급 남성팀장보다 어렸어요. 밑에 나이 많은 남자직원도 여럿 있었고요. 그 뒤에는 서로 어떻게 지냈겠는지 한번 생각해보세요......(중략)...... 그럼 여자들한테는 편견이 전혀 없느냐, 꼭 그렇지도 않아요. 남자들의 정치, 스킨십을 무슨 더러운 거 마냥 나쁘게 생각하는 게 가장 문제죠. 저도 처음엔 그랬으니까요. 공무원 조직이 때로는 정치적일 필요가 있는데. 회사원보다 보직과 직급, 위계와 서열이 정해져 있어서 권력도 있어요. 고위공무원단에서는 더 그래요. 고위직이면 정무감각도 있어야 한다나. 그런데 남자는 직장에서 중요한 일을 지가 좋아하는 직원에게 맡기지만, 여자는 가장 잘 해낼 누구에게 맡기죠. 이게 여성 고위직에게는 독이 돼요. 여성이라 하면 조직정치에 관심이 없고, 그럴 거라 미리 짐작하기에 주변에서 당연히 정무감각도 없다고 판단하죠."

이상과 같이 우리나라 공직 현장에서 근무했거나, 근무하고 있는 고위직 여성들의 여러 증언들은 다음과 같이 종합적인 해석과 추론을 가능하게 만든다. 우선 이론적으로 상정된 '고위직 여성에 대한 유리절벽'의 개념이 우리나라 고위공직의 현실에서 존재할 수 있는가의 문제이다. 여기서는 '충분히 그럴 수도 있다'는 잠정적 결론을 얻을 수 있다. 장기간 인터뷰에 심층적으로 응한 여성들은 자신들의 경험을 솔직하게 진술하였다. 이런 진술을 토대로 유리절벽의 준거와 기제들이 어느 정도 현실에서 의심이 되고 있다는 해석도 가능했다. 또한 고위공무원단 현직에 있거나 최근에 퇴직한 고위직 여성들은 고위공직의 불균등한 성비구조, 성과계약 및 신분의 불안정성, 직무의 과중과 업무 스트레스, 조직의 정서적 편견과 문화적 고정관념의 존재와 경험에 대해 대체로 동의했다.

이런 맥락에서 우리나라 고위직 여성공무원에 대한 '유리절벽' 가설은 분명 우리가 새롭게 인식하고 개선해야 할 부정적 개념임이 어느 정도 밝혀졌다. 조직이 평온하고 아무런 실수가 없을 경우에는 남녀에 상관없이 비슷하게 평가를 내리지만, 조직이 불안하고 누군가 실수를 했을 때는 여성에 대해 훨씬 냉정한 반응을 드러내게 만들기 때문이다. 이것은 '유리절벽'을 다룬 모든 논의가 동의하는 바였고, 인터뷰 자료에서도 고스란히 드러났다.

그럼에도 불구하고, 그동안 간혹 있어왔는지도 모르는 유리절벽의 개념은 우리에게 전혀 인식되지 못했기 때문에 그 대책도 당연히 생각조차 되지 못했다. 그런 이유로 여기서는 최근 중앙의 고위공직에 여성이 진출이 활발하다는 학계, 정부, 언론의 발표에 따라 우선 중앙정부 고위공무원단에서 이를 실험하고 탐색해 보았다. 결과적으로 유리절벽 현상은 현 단계에서 확실히 있다고 주장하기에는 이르지만, 완전히 없다고 단언할 수도 없는 상황이다. 따라서 이러한 결과를 토대로 이 개념은 하나의 직업이나 집단에만 한정되는 것이 아니라 우리 사회 전반에서 발견될 수 있을 것으로 생각된다. 성별 기준으로 보면, '유리절벽'은 '유리천장'과 같이 우리나라 정부나 공공부문 외에도 수많은 직장사회의 경우에 적용될 수 있을 것으로 판단된다.

결과적으로 앞의 유리절벽 이론과 현실 사례를 통해서 다음과 같은 논리적 추론과 해석을 내놓을 수 있다. 우선 첫째, 우리나라 공직에서 고위직 여성이 극도로 적은 현재 시점을 감안하면, 정책적으로 고위공직에 여성을 늘리는 것에만 집중해서는 곤란하다. 적어도 고위공무원의 경우에는 여성의 신규 임용이나 '승진 문제'와 함께 '사직'이나 '퇴직 문제'도 신경 써야 할 시점에 왔다. 숙련되고 경력 있는 정부 고위직에서 인재의 '공급'보다 중요한 것은 기존 자원의 '관리'와 '육성'이기 때문이다. 물론 고위직 소수 여성들의 퇴직과 경력단절에 관한 문제는 지금 당장은 중요하게 다루지 못할 수도 있다. '유리절벽'의 가능성은 해외 선진국이나 먼 나라의 이야기이고, 우리 사회와는 다소 관계가 먼 사안으로 보일 수도 있을 것이다.

둘째, 정부와 전문가들이 지금 말하는 것처럼, 남녀의 대표성이 공직의 형평성 규범과 실질적인 성과에 긍정적이라면, 그 노력은 '고위직'에서부터 출발해야 한다. 이는 앞서 간략히 정리한 현황자료에서도 고스란히 드러난다. 고위공직에서 여성들의 내구성이 약하고, 퇴직이 더 많다는 가설은 기존 정부의 양성평등이나 차별철폐에 관한 규범적 요구보다 더 강하게 공직의 여성인력 확대에 대한 실질적 수요를 주장할 수 있다. 공직의 형평성 규범과 다양성 가치를 고위직 여성인력의 구조적 취약성과 관련시켜 파악할 수 있다면, 고위직의 성별 대표성에 관한 정책 방향도 새롭게 바꿀 수 있다.

셋째, 공직에서 '유리천장'과는 약간 다르게, 고위직 여성에 대한 '유리절벽'에 대한 실증이 아직 확립되어 있지는 않다. 하지만 해외의 많은 사례 및 관련 문헌들은 앞으로 고위직의 성별 균형 및 여성대표성에 대한 정책적 관리가 중요함을 알려준다. 이론적 논의와 같이, 선진국에서는 고위 여성공직자가 정부 경쟁력 확보의 '선택'이 아닌 '필수'가 될 것이라는 전망을 보여주고 있다. 저출산·고령화 시대에 접어든 우리나라에서 여성의 공직 진출이 필수 불가결한 대안이라면, 정부가 고위직 여성을 키우고 유지하는데 선도적으로 나서야 한다는 것이다.

6 명분과 현실 사이에서: 발탁과 배제의 양면성

'고위 공직의 극히 낮은 여성 대표성' 문제는 여성학, 행정학, 정책학 등에서 거의 20년 가까이 중요한 탐구 주제의 하나였다. 중앙정부에 여성 관리자 임용할당제가 처음 도입된 연도가 2002년이었고, 논의는 김대중 정부까지 거슬러 올라간다. 그럼에도 불구하고, 우리 사회와 정부는 여성공무원에 대한 고위직 진입, 유리천장 깨기, 승진 숫자나 정책적 할당에만 몰두해 온 감이 적지 않다. 그래서 정부 고위직에 재직하면서 소수자로 생활하고 있는 여성공무원의 어려움과 더불어 이들이 상대적으로 빨리 사직하거나 퇴직할 가능성 등에는 소홀했다. 특히 여기서 가설로 제기하고 있는 '유리절벽'의 개념과 그 적용 문제는 우리나라 공직사회에서 여전히 해명되지 않은 상태로 남아 있다. '식견과 경력을 갖춘 고급 여성인력이 과연 고위 공직에 정착하여 오랫동안 기여를 할 수 있는가?'를 질문한다면, 제한적이긴 하지만 여기서 다룬 문제 제기와 결과는 '아직 그렇지 못하다'는 대답에 가까울 것으로 보인다.

유리절벽은 기존의 성차별 기제와는 달리, 직장에서 고위직 여성이나 최고위직 리더에만 한정된다. 그렇기 때문에 상당히 폐쇄적이고 은밀한 성격을 가지며, 특정 증거나 사례를 발견하기가 쉽지 않다. 그래서 유리절벽은 매우 흥미로운 현상이며, 미묘한 차별의 새로운 형태이기 때문에 향후 행정학과 정부조직에서 충분한 자원을 투자해서 조사할 가치도 있다. 일단 여기서 바라보는 시각에서는 우리나라 사회에서 고위직 여성에 대한 남다른 시선과 편견, 고정관념이 있을 수 있다는 점이다. 그런데 이는 모든 고위직 여성이 업무능력에 더해서 조직의 기득권을 가진 이들에게 위협적이지 않도록 유순하게 행동해야만 하는 '이중부담'의 가능성을 함께 시사한다. 직장에서 여성에 대한 고정관념이나 남성적 문화가 강하게 남아있다면, 유리천장이 설령 먼저 깨어질지라도 그 뒤에 또 남아있는 유리절벽마저 사라질 가능성은 낮다. 여성의 실패를 핑계삼아 남성 지배구조로 다시 강하게 회귀할 개연성도 높다. 따라서 고위직 여성에 대한 고정관념 깨뜨리기와 함께 인적자원의 성별 균형적 활용에 대한 정부와 기업의 대승적인 의식 전환도 필요하다.

해외 선진국의 경험과 증거, 우리나라의 일부 사례들에 비추어 보면, 고위직 여성의 '유리절벽'은 분명히 존재하고 있을 개연성이 있다. 또한 그러한 보이지 않는 관행은 쉽게 없어지지 않는다고 한다. 동양의 유교문화권에 속해 여성의 사회적 지위가 서구보다 결코 높지 않았던 우리 사회는 더욱 예외일 수가 없다. 이런 이유에 따라 우리나라 현실에서 '유리절벽의 문제'가 중요한 이유는 바로 여성의 사회적 대표성과 성별 지위에 미치는 영향 때문이다. 즉 지금까지 우리나라 공직 현장에서 직장 여성으로서의 어려움을 지적해온 많은 전문가의 견해, 공직 여성의 직업적 성공을 모색하기 시작한 새로운 여성리더십 도출을 서로 연결시켜 주는 경험적 자료를 제공한 것에서 이런 논의는 중요한 의의를 찾을 수 있다.

유리절벽 현상은 향후 학계나 실무 쪽에서 단순한 차별의 문제로만 치부되어서는 곤란하다. 이는 고위직만이 아닌, 대다수 직장 여성들의 사기를 저하시키고, 성공을 위한 자발적 노력을 감소시키면서, 사회의 모든 고위직에서 여성이 장기적으로 계속 배제되는 악순환을 반복시키기 때문이다. 어떤 여성이 고위직 자리에 오르고 나면, 이내 사그라지는 주변과 사회의 관심도 유리절벽의 잠재적 가능성을 부추길 것으로 생각된다. 그렇다고 해서 지나치게 고위직 여성의 권익만 생각하다 보면, 역으로 남성의 권익을 침해하는 우를 범할 수도 있다. 따라서 향후 정부와 기업은 미래의 고위직 여성을 위한 길을 닦는데 있어서 지금과는 다른 새로운 노력을 시도해야 한다. 그 첫걸음으로 '유리절벽 없애기'는 여성에 대한 배려가 아니라 여성인력의 활용을 통해 효율을 높이는 전략적 차원임을 사회적으로 인식하는 데서 출발해야 한다. 나아가 고위직 남녀에 대한 업무평가와 인사조치가 항상 공정한지 정도를 조직 외부나 사회적으로 체크하고 관리할 새로운 장치의 필요성도 제기할 수 있다.

최근 우리 사회에서 저출산 현상으로 학령인구와 노동력 공급이 점차 줄어들고 있다. 이와 동시에 공직사회에서도 기존의 노동력이 급속하게 고령화되어 가는 현상은 주지의 사실이다. 그래서 여성인력의 사회적 의미와 중요성은 시간이 지날수록 커질 것이 분명해 보인다. 우리보다 공직 여성의 지위가 높은 해외 선진국들의 경험에 비추어 보면, 공직사회의 성별 대표성 변화는 단기간에 쉽게 오지 않는다. 공직에서 여성의 성별 균형이 가져올 수 있는 긍정적 효과에도 불구하고, 실상 공공부문과 정부조직에서 여성인력의 비율을 높여나가는 것은 그리 용이한 일이 아니기 때문이다. 특히 고위 공직일수록 여성의 새로운 진입보다 그 현상 유지는 더 어렵다고 본다. 그런 맥락에서 여성 공직자의 '유리절벽' 문제가 현재 우리나라 공직사회에 시의적으로 중요한 이유는 공직의 성별 형평성 문제와 고급 여성 인재 활용의 수동적, 소극적 성격 때문일 것이다.

현재 고위직 여성에 대한 사회적 요구가 '여성 인재의 공급'과 맞물려 있기 때문에 정부와 다수 기업은 고위직에 대해 여성발탁이나 영입의지를 보이고 있다. 그러나 '유리천장'을 깨고 고위직에 아무리 많은 여성이 올라가더라도, '유리절벽'으로 떨어지는 여성 숫자가 많으면 상황은 변하지 않고 그대로이다. 공공부문과 민간에서 장기적으로 고위직은 특정한 '성(性)'과 기존에 권력을 가진 집단의 전유물로 남을 것이다. 최근 기업의 여성 임원과 공직의 여성고위 인사가 늘어가는 것은 세계적인 추세이고, 시대적 흐름이다. 향후 국내 학계는 세계 각 나라의 고위직에서 일어나고 있는 여성들의 다양한 유리절벽 사례를 발굴, 소개하여 '타산지석(他山之石)' 혹은 '반면교사(反面教師)'의 계기로 삼아야 한다. 그런 점에서 몇 가지 결론적 제안을 해보려 한다.

7 유리절벽의 인식과 규범적 방향

우선 정부에서는 중간관리직부터 다양한 경험과 자질을 차근차근 쌓게 해 주는 '인사의 새로운 밑그림' 마련이 필요하다. 이미 희소한 고위직 여성들은 다수의 남성과 동등한 환경이 아님을 스스로 절감하고 있을 것으로 추정된다. 여기에서는 실상 그것을 뒷받침하는 가시적인 증거들은 여성들의 경험과 인터뷰에 근거했다. 즉 이론과 분석의 틀에서 가정한 바와 같이 고위직의 불균등한 성비구조, 성과계약 및 신분의 불안정성, 직무과중과 업무 스트레스, 편견과 고정관념의 강화 등의 요소들이 '고위직 여성 퇴직의 유리절벽'과 복합적으로 연계될 개연성이 엿보였다.

고위직에 올라가면 지원의 단절과 개인에게 책임부담이 전환되는 현황을 넘어설 수 있는 개별적, 연대적 여성리더십이 어떤 방법으로 가능한지에 대해서 보다 적극적인 구상이 필요할 것이다. 특히 여성이 고위직에서 고립되지 않도록 비공식적 고위여성조직(Old Girl Networks)이 새로 필요할 수 있고, 연대와 협력을 통해 고위직 여성 집단 특유의 규칙과 관행, 문화도 생산될 필요가 있다.

문화와 의식적 관점에서는 공직에서 상이한 인적 구성원을 포용할 수 있는 근무환경을 조성하여, 남녀가 각기 자신들의 방식으로 조직에 기여할 수 있도록 만들어야 한다. 고위직에서 성별 차이점이 긍정적인 시각에서 이해되어야 하고, 정부는 이를 정책적으로 조장하여야 한다. 최근 고위직에서의 여성 확대와 성별 균형은 새로운 인적자원 관리방식으로 많은 조직에서 선호되고 있다. 이제 공직 내 여성과 남성비율이 서로 근접해짐에 따라, 적어도 공직의 여성이 '절대 소수집단'이라는 전제하에 만들어진 기존의 인사제도나 관행은 재검토될 것을 제안한다. 미시적이고 단기적 정책 처방의 성격이 짙기 때문이다. 향후에는 여성과 남성이 다르다는 차이점을 인정하고, 다르게 관리해야 한다는 '성별 대표성과 다양성' 개념이 거시적으로 필요하다. 예컨대 우리나라 고위공직을 대표하는 고위공무원단의 경우, 여성의 승진과 임용에서 출발하여 현원관리와 근무실태, 퇴직통계와 원인에 기초한 인사정책과 관리방식이 장기적으로 다양하게 모색되어야 할 것이다.

마지막으로 고위직 여성만이 안고 있는 문제점의 차별성을 '유리절벽' 개념으로 어떻게 정리할 수 있는가에 대한 고민이 남는다. 여기서의 논의와 추론 결과에 근거하여 몇 가지 가능성을 제안하자면 이러하다. 고위직 여성의 새로운 진출은 기존 조직의 관행과 문화, 성비구조에 대한 도전일 수 있다. 즉 남성 집단의 고위직 기득권이 위협받고, 남성의 자리가 강탈당하는 현상으로 인식될 수 있다. 발탁인사나 할당제의 혜택을 받은 여성의 경우, 중간과 하부에 여성이 희소한 조직이 더욱 그러할 것이다. 반면에 신분계약과 임기로 인해 침체된 조직을 빠르게 변화시켜야 한다는 고위직 여성의 부담감과 스트레스도 상당할 수 있다. 고위직 여성은 기존의 남성적 관행을 거부하는 것부터 출발해야 하고, 이것은 주변의 심리적 불편과 저항을 야기할 수 있다. 또한 이런 '권력'을 가진 고위직 여성에게는 더 엄격한 윤리와 성과의 잣대를 들이댈 개연성도 있다. 그래서 유리절벽 없애기를 위한 노력의 첫걸음은 '독배'에 비유되는 실패의 위험이 높은 자리에서 고위직여성이 직면하는 특유의 정황과 동일한 직위에 올라도 남성은 다른 정황을 경험하게 되는 힘의 작동방식과 연관을 짓는 것이다.

결국 시론적 주제와 일반화의 조심스러움에도 불구하고, 유리절벽 가설과 소수집단이 갖는 불리함 간의 연관성을 완전히 부인할 수 없는 현실적 사례 결과는 시사하는 바가 적지 않다. 그것은 최소한 고위 공직 전체의 수직적, 수평적 성비불균형을 완화시키는 정부의 노력이 앞으로 한동안은 계속 필요할 것임을 말해준다는 점이다. 공직에서 걸출한 고위직 여성 몇 명이 나와 있다고 해서, 유리절벽과 유리천장까지 없어지는 것이 아니기 때문이다.

기존 조직과 다수 남성들은 대체로 '유리절벽'의 존재를 인정하지 않을 것으로 예상된다. 앞으로는 '결자해지(結者解之)'의 차원에서 유리절벽을 야기하는 조직구조와 관행, 의사결정의 실체와 메커니즘을 빨리 찾아내야 문제해결의 단서가 드러날 것이다. 이를 환언하면 과연 공·사 조직의 어디에서 고위직 여성의 임용과 퇴직결정이 시작되는지 심층적으로 알아보는 것도 중요하다. 그런 점에서 여기에서 제기한 유리절벽 이슈는 앞으로 국내 관련 학계에서의 다채로운 토론과 논란이 불가피하고, 사회 각계의 담론과 논쟁도 추가로 필요할 것이라는 사실만큼은 자명해 보인다. 특히 여성이 적어도 20% 이상 되는 고위공무원 집단의 성비 변화는 앞으로 '새로운 공직문화'를 탄생시킬 수도 있으며, 기존 '남성적 조직문화의 변화'도 장기적으로 희망해 볼 수 있다.

제6장

핑크컬러게토: 정부 부처 배치에 남녀 쏠림은 없는가?

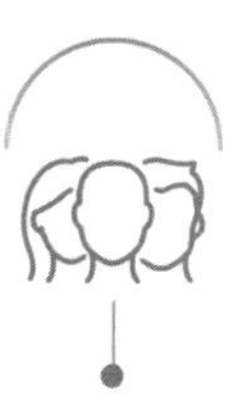

제6장
핑크컬러게토: 정부 부처 배치에 남녀 쏠림은 없는가?

1 공직사회의 직무와 직급 구조

제6장은 <핑크컬러게토: 정부 부처나 공공기관에 남녀 쏠림은 없는가?>의 제목을 지었다. 공직에는 남성 혹은 여성이 유독 많은 부처나 기관들이 있는데, 이 이론은 과연 이것이 우연인가 하는 의문점을 제기한다. 핑크컬러게토 이론의 이름을 한 번 정도는 들어본 사람들이 있을 것으로 보는데, 이 이론은 공직 인사가 균형 인사와 평등 인사를 표방하고 있음에도 불구하고, 성별 쏠림 현상이 나타나는 이유를 몇 가지 가설로 밝힌다. 대표적인 것이 비유사성 회피 이론, 성별 통념과 신화로서 동일 성 선호이론과 여왕벌 신드롬 등이다. 이 장에서는 남성적 직무와 여성적 직무의 분리로 인한 핑크컬러 혹은 벨벳게토의 형성, 남초 조직과 여초 조직의 차별적 특성에 대해서도 집중적으로 담론을 유도하려 한다.

우리나라 역대 정부들은 공직에서 남녀 성평등을 이루기 위한 여러 정책을 시행해 왔다. 1996년 김대중 정부의 여성공무원채용목표제를 시작으로 노무현 정부의 양성평등 채용목표제, 여성 관리자 임용할당제 등은 최근까지 인사혁신처 등을 필두로 해서 남녀 균형 인사정책의 명분으로 장기간 유지되었다. 그 결과 현재 여성공무원은 공공기관이나 지방자치단체에서 흔히 볼 수 있을 정도로 그 수가 많아졌다. 그런데 공직사회에서 여성은 이제 고용의 과반수에 근접해가고 있으나, 이들이 "과연 남성과 동등하게 양질의 핵심 직무를 수행하고 있는가?"라는 점은 여전히 의문이다. 여성이 하위직에 많이 쏠려있다는 점은 이미 여러 선험적 논의에서 밝혀졌고, 공직의 중요 업무나 핵심보직을 남성이 더 많이 선점하고 있다는 논의도 많다. 반대로 단순 직무나 민원 및 비핵심 부서에는 여성이 월등하게 많이 발견되기도 한다.

이런 점에서 현재 공직 여성의 삶과 직장생활에 관한 이러한 의문은 상식적으로 쉽게 단정할 수 없는 것들이며, 곧 이 장의 논의 동기이자 출발점이다. 즉 이 장에서는 공직 남성과 여성의 보직 및 직무가 완전하게 평등하지는 않을 것이라는 가정을 하고자 한다. 나아가 우리나라 공직사회의 특정 직무나 부서에서 여성이 높은 비율은 차지하고 있는 근본적 원인에 대한 궁금증을 해소하기 위해 시작되었다. 지금 공직사회에서 여성들이 주로 맡는 직무가 성별 차이(gender difference)에 상관없이 남성의 그것과 같다면 별 문제가 되지 않겠지만, 만약 그렇지 않다면 우리나라 공직의 양성평등 탐구에서 또 다른 이슈가 될 수도 있다. 지금까지 보고된 해외의 기존 논의와 사례들은 대체로 후자 쪽에 동의하는 것 같다.

해외에서는 일찍부터 이 문제를 성별 직무분리(sexual task segregation) 현상으로 규정짓고, '핑크컬러게토(Pink Collar Ghetto)' 혹은 '벨벳게토(Velvet Ghetto)'라는 개념을 창안하여 장기간 꾸준한 논의 및 탐구가 이루어지고 있다. 이렇게 성별 직무분리 현상에 대한 핑크컬러게토의 개념이 다루어진 이유는 일단 직장에서 여성이 소수이고 약자였기 때문이다. 그리고 이는 지금 공직사회의 전문적 직무에서 그렇지 않은 직무까지 다양한 분야에 걸친 남성 직무(male typical task)가 존재하는 반면, 주로 비숙련적 수행으로 권위와 중요도에서 낮게 평가되는 여성 직무(female typical task)가 보이지 않게 존재하고 있을 것이라는 가설을 제기하도록 만든다. 특히 해외에서는 공공부문과 정부조직에서도 성별 직무분리에 의한 핑크컬러게토 혹은 벨벳게토가 확실히 존재한다는 증거들이 꾸준하게 보고되고 있다

그러면, 정부 부처나 공공기관에 남녀 쏠림을 알아보기 위해 먼저 우리나라 공직사회의 직무구조와 직급 구조를 이해할 필요가 있다. 공직사회의 직무구조는 일과 활동을 구성하는 가장 기본적이며 세분화된 단위로서의 요소(element)와 활동(activity), 독립된 목적으로 수행되는 하나의 명확한 작업으로서의 과업(task), 특정한 개인이 수행하는 여러 가지 과업으로서의 책무(duty), 동일하거나 유사한 직무의 집단(a group of duty)으로서의 직렬(job group), 동일하거나 유사한 직렬의 집단(a group of job families)으로서의 직군(job family) 등으로 구분될 수 있다. 여기에 관해 중앙정부의 경우 각 부처별로 직제시행규칙과 업무분장규정이 있으며, 실제적으로는 공직사회의 직무구조와 분류에 대해

>>> 그림 6-1 **현행 정부기능분류시스템(BRM)의 직무구조와 분류기준**

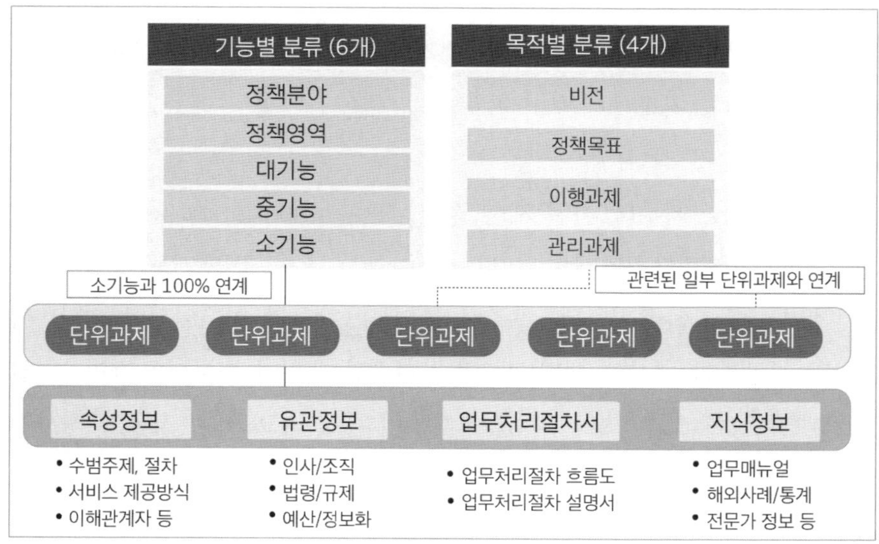

'우리나라 정부기능분류체계(BRM: Business Reference Model)'를 참고할 수 있다. 중앙정부의 직무분류는 정부기능분류체계에 의해 데이터화가 되어 있으며, 그 활용을 통해 궁극적으로 정부의 정책집행에 직접적으로 이바지하는 것을 목적으로 하기 때문이다.

기본적으로 정부기능분류체계(BRM)의 기능별 분류방식은 정부 행정기관이 상시적으로 수행하는 업무를 정책분야, 정책영역, 대기능, 중기능, 소기능, 단위과제 등 기능의 수준(level)에 따라 6단계로 구성되어 있다. 그리고 목적별 분류체계는 행정기관이 정책목적을 달성하기 위하여 그 기관의 업무를 임무, 정책목표, 성과목표, 관리과제 등 정책의 수준에 따라 4단계로 구성되어 있다. 정부기능분류체계(BRM)은 중앙행정기관이 수행하는 모든 업무를 기능별목적별로 분류하여 단위과제별 업무의 기본정보, 속성정보, 유관정보, 업무편람 등 다양한 연계 지식·정보를 공유할 수 있도록 체계화된 정부기능분류체계이다. 이는 정부기능의 분류 및 관리에 관한 규정(대통령령)와 정부기능분류시스템(BRM) 운영지침(행정안전부 예규)에 따른 것이다.

정부기능분류체계는 범정부적으로 행정기관의 기능을 체계적으로 분류하고, 이를 효율적으로 관리·연계함으로써 행정의 능률성 및 책임성을 증진하는 것을 목적으로 한다. 이에 행정안전부장관은 행정기관이 기능분류 업무를 전자적으로 처리할 수 있도록 지원하고, 연계정보 등의 공동 활용을 확대하기 위한 정보화시스템, 즉 정부기능분류시스템을 구축·운영하고 있다. 정부기능분류체계는 전자정부기반의 표준적인 정부기능분류시스템으로서, 정부업무와 관련한 다수의 행정기관이 공동으로 사용하는 행정정보시스템인 온-나라시스템, 기록관리시스템, 국정관리시스템 등에 연계되어 표준적인 정부기능분류체계의 기반을 제공하고 있다. 행정기관의 장은 그 기관이 수행하는 행정업무에 관하여 기능별 분류체계를 작성 및 관리하여야 하며, 관련 법령의 제정·개정·폐지 등으로 인해 해당 기관의 기능이 신설·변경·폐지된 경우나 업무환경의 변화 또는 업무의 효율적 수행 등을 위해 기능별 분류체계를 수정할 필요가 있는 경우에는 지체 없이 수정하여야 한다. 또한 정부기능분류시스템을 활용하여 행정기관 간 유사·중복 기능의 확인, 기능별 업무량 분석, 그 밖의 관련 정보를 검색하는 등 행정업무 효율화에 적극 활용하여야 한다.

우리나라의 공직의 직급 분류제도는 시기별로 차이를 보이고 있다. 1948년 대한민국 정부 수립 이후부터 1980년까지는 공무원을 일반직과 별정직으로만 구분하다가, 1981년 국가공무원법을 개정한 이후부터 지금까지 신분보장 여부에 따라 경력직과 특수경력직으로 크게 나누고 있다. 경력직은 다시 일반직·기능직·특정직으로 정하고 있으며, 특수경력직은 정무직·별정직·계약직·고용직으로 해서 모두 7개의 직급으로 구분하고 있다. 경력직의 각 직급에서는 서로 유사하다고 판단하는 직무 그룹끼리 묶어서 직군, 직렬, 직류, 병과(군인), 경과(경찰) 등으로 나누고 있다.

표 6-1 우리나라 공직사회 직급 및 직무분류체계 현황

구분			종적 분류		횡적 분류		
			계급수	계급명칭	직군	직렬	직류
경력직공무원	일반직공무원		9(2)	1급~9급/연구관·연구사 등	10개	57개	91개
	기능직공무원		10	기능1급~기능10급	11개	22개	37개
	특정직공무원	외무공무원	14	14등급~1등급	3개 직군		
		경찰공무원	11	치안총감~순경	6개(경과), 19개(특기)		
		소방공무원	10	소방총감~소방사			
		군인(장교)	11	원수~소위	19개(육), 26개(해), 17개(공)		
		군무원	9/10	1급~9급(일반)/1급~10급(기능)	15개	51개	
		국가정보원 직원	9/10	1급~9급(일반)/1급~10급(기능)	2개	9개	
		경호공무원	9	1급~9급			
		검사	4	검찰총장~검사			

특수경력직	정무직공무원	5	대통령, 총리, 부총리, 장관, 차관(급)	
	별정직공무원	9	1급상당~9급상당, 교원상당	몇 개의 직무분야
	계약직공무원	9/5	1호~9호(일반)/가~마(전문)	
	고용직공무원			

그리고 종적으로는 경력직공무원의 경우 공무원의 신분 등급을 몇 개로 나누고 있으며, 특수경력직공무원도 비록 명칭은 계급이 아니지만 사실상 계급처럼 운용하는 연봉(보수) 등급을 몇 단계로 구분하고 있다. 다만, 경력직공무원의 직종 간 또는 직렬간 이동은 각각의 채용시험에 합격하고 들어오지 않는 한 거의 불가능하다. 대부분의 공무원은 일단 하나의 직종 또는 직군(렬)으로 들어오면, 불이익을 감수하면서 이동을 굳이 하지는 않는다. 종전의 경력을 아예 인정받지 못하거나 경력평정 점수를 손해 보는 등의 불이익을 감수하지 않는 한 직렬이나 직군을 옮길 엄두를 내지 못한다. 그래서 부처별 상이성 지수의 외부효과는 적은 편이다.

또한 우리나라는 현재 공직사회의 직급 구조와 분류체계에 있어서 계급제 중심에 직위분류제적 요소인 직위공모제, 개방형 임용제, 직군, 직렬 등을 가미해서 운영하고 있는 것으로 요약할 수 있다. 그런데 중앙정부 부처의 정확한 상이성 지수를 측정하기 위해서는 직급 및 직무분류체계에서 경력직 공무원을 중심으로 하되, 정무직·별정직 등의 특수경력직 공무원은 제외하는 것이 적절한 것으로 보았다. 특수경력직은 국가공무원법 및 지방공무원법의 적용을 받지 않거나 입직에 시험을 거치지 않은 경우가 많기 때문이다.

2 핑크컬러게토와 벨벳게토: 남성 직무와 여성 직무의 분리

현재 성별 직무의 분절과 분리를 뜻하는 핑크컬러게토에 대한 우리나라와 서구 선진국의 학술적 관심은 이미 상당한 격차가 벌어져 있다. 특히 동양과 서양의 문화차이로 인한 장애, 이론적 토대나 사회적 분위기, 학술적 논의 내용에 있어 보이지 않는 어려움이 있다. 그러나 오히려 이 점이 도움이 될 수도 있다. 왜냐하면 해외에서도 민간기업보다 정부조직에서 여성 직무의 다양성이 상대적으로 취약했기 때문에, 그만큼 직무상 성별 변이(gender variation)의 관찰도 용이하기 때문이다.

전반적으로 해외의 공직사회와 민간 부문에 각각 성별 직무분리와 핑크컬러게토가 확실히 입증되고 있는 상황에서 우리나라 공직사회에서도 핑크컬러게토의 개연적 가능성은 충분히 의심스러운 상황이다. 그러나 국내에는 이 문제에 관련된 선행 문헌이 거의 없으며, 아직 학술적으로 개념의 논의조차 되지 못한 상황이다. 여기서는 현재 공직사회에서 성별 직무분리의 가능성에 관한 문제와 그 결과인 핑크컬러게토 개념에 대한 학계와 실무자들의 이해를 돕는다. 즉 공공부문에서 아직 생소한 개념인 성별 직무분리와 핑크컬러게토 이슈에 관련된 이론을 소개하고 탐색적 검증을 시도함으로써, 향후 공직에서 여성의 삶을 재조명하고 인사실무와 관련 이론의 발전에도 기여하고자 한다. 구체적인 소개와 논의는 다음과 같다.

성별 직무분리의 결과로 출현하게 되는 '핑크컬러게토(Pink Collar Ghetto)'라는 단어는 1977년 루이스 캡 하우(Louise Kapp Howe)의 저서 "핑크컬러 노동자: 여성 노동의 세계(Pink Collar Workers: Inside the World of Women's Work)"라는 문헌에서 처음 대중화되었던 것에 기원한다. Howe(1977)는 그녀의 저서에서 역사적으로 여성의 사회적 직업이 대인 서비스 노동에 주로 많이 분포되어 왔다는 주장을 펼친다. 즉 그녀는 비서, 사무직, 교사, 간호직, 기타 돌봄 또는 서비스 직종과 같이 여성이 주로 종사하는 직종을 설명하기 위해 이 용어를 사용하였다. 그녀는 미국의 사회적 직종에서 저임금과 특정 종사자들이 분리되어 고착화되고 있는 현상을 설명하는 과정에서 '성(sex)'과 '인종(race)'을 구조적 변인으로 다루었다.

참고로 여성의 직종이나 직무에 대해 이 용어가 사용된 이유는 분홍색(pink)이 서구에서도 전통적인 여성성(femininity)을 상징하는 색깔이면서, 따뜻하고 부드럽고 온화한 이미지 때문이다. 이와 같은 맥락에서 학자들에 따라 분홍색(Pink Collar Ghetto)은 여성의 전유물인 벨벳(Velvet)으로 표현되어, 벨벳게토(Velvet Ghetto)로 불리기도 한다. 참고로 벨벳은 짧고 고운 털이 촘촘히 심어진 섬유 소재이며, 촉감이 부드럽고 따뜻하여 여성 의류에 주로 쓰이는 직물이다.

현대사회에서 여성은 상냥함과 부드러움을 요구하는 대인 노동 중심의 핑크컬러직무(Pink Collar Ghetto) 쪽에 더 많이 종사한 경우인 반면, 남성은 강한 힘과 기술을 요구하는 육체노동 중심의 블루컬러직무(Blue Collar Token)에 많이 종사하데 된다는 것에서 이러한 용어가 유래되었다. 즉 성별 직무분리와 밀접하게 연관되는 핑크컬러게토의 의미는 "한 조직에서 여성들이 집중적으로 배치(concentrated arrangement)되는 비핵심적이고 중요도가 떨어지면서(non-core tasks), 상대적으로 낮은 처우와 보상(treatment and compensation)과 단순한 이미지(simple image)를 가진 업무분야나 부서"를 말한다. 결과적으로 이는 여성의 직업적 성공을 가로막는 커다란 장애(major obstacle)로 작용한다.

해외의 경우 사회적으로 여성 차별 현상의 전반적인 감소 추세에도 불구하고, 직장업무의 세계로 들어가면 핑크컬러게토를 온존시키는 여러 보이지 않는 동력(power)들이 존재하고 있는 것으로 파악된다. 이에 핑크컬러게토나 벨벳게토를 직접적으로 다룬 학자들은 원래부터 여성이 전통적인 남성 직종이나 직무로 진출하는 것이 어려운 가운데, 간헐적인 소수 여성(token)의 진출은 큰 의미가 없다는 점에 대체로 동의한다. 즉 일부 여성에 의한 성별 직무의 통합은 각각의 개별적인 문제를 해결해 줄지 몰라도, 보다 큰 틀에서 보면 남성 집단과 동등한 계급으로서의 여성 집단 전체에 대한 근본적 해결은 아니라는 점이 주장된다.

핑크컬러게토와는 별개로 실제로 어느 부서이든 권한과 책임이 적은 직무가 있을 수 있다. 그러나 성별 직무분리 및 핑크컬러게토 이론에서는 업무량 부담이 적고, 권한과 책임도 적은 직무, 비숙련적 수행으로 권위와 중요도에서 낮게 평가되는 직무를 확실히 '여성형 직무(female typical task, female–dominated task)'로 규정하고 있다. 특히 기존 문헌이나 논의에서 이러한 직무상 성 상대성의 판단은 남녀 집단별 응답 차이(response variation) 분석을 통해 확인하고 있으며, 여기서의 논의도 이런 방식에 따른다.

근래 해외의 사례에서 여성이 남성에 의해 전유되던 공직에 급속하게 진출하였지만, 기존 직무의 일부에만 여성이 집중됨에 따라 공직의 특정 직무군이 혼성직무(integrated task)가 되기보다는 남성 직무(male–dominated task)에서 여성 직무(female–dominated task)의 성격으로 단순히 탈바꿈하는 현상이 나타나고 있다. 핑크컬러게토에 관한 최근의 논의는 이렇듯 새롭게 등장한 직무들의 재분리(resegregation) 혹은 여성화(feminization) 현상에 초점이 다시 맞추어지고 있다. 물론 여기에는 여성에 대한 차별적인 시선과 미흡한 처우가 숨어 있다는 결론을 내리고 있으며, 남녀 간에는 인식의 차이도 확실히 나타나고 있음이 밝혀지고 있다.

3 핑크컬러게토를 찾아보는 기준

일단 핑크컬러게토(Pink Collar Ghetto)에 관한 다수의 논의는 "어느 한 조직에서 전체 여성의 비율이 대략 30% 미만의 소수이고, 그 여성들이 대부분 소수의 특정직무나 덜 중요한 직무에 종사하는 경우"를 두고서 이 개념은 잠정 존재하는 것으로 파악하고 있다. 일례로 민간직종에서 여성들은 전문직이 아니라면 주로 대인 서비스 업무와 반복적인 업무, 단순노동에 가까운 업무들에 정규직보다는 계약제로 고용되기 쉽다고 알려져 있다. 또한 해외의 정부부문이나 공공조직에서는 주로 수직적으로 결정권과 감독권을 가진 상급 기관보다는 실무부서나 하위기관에, 수평적으로 기획 및 재정이나 경제산업 관련 업무보다는 사회복지나 비서 및 사서, 교육직과 각종 지원업무 등에 여성이 많이 분포하는 것으로 나타나고 있다.

또한 객관적인 여성의 비율이나 분포보다 오히려 "우리 조직은 원래 여성이 적다"는 희소성(scarcity)에 대한 평소 구성원의 주관적 인식이 핑크컬러게토나 관련 직무의 발생 및 지속에 있어 더 중요하다는 의견도 있다. 예컨대, 핑크컬러게토를 깨고 나온 여성은 이전에는 전혀 하지 못했던 새로운 직무를 맡게 된다. 그런데 그 과정에서 구조적으로 기존에 직무를 했던 남성들이 정형화시키고 있는 이미지와 조건에 새로 구속되는 경우가 많다. 특히 핑크컬러게토에서 탈출하고 새로운 직무에 도전하기 위해서는 남성들의 보이지 않는 허락(admission)이 있어야 한다는 것이다. 그 이유로는 직장 여성에게는 이른바 조직인(organizational man)으로서의 투철한 직업의식이 부족하다는 고정관념 때문이며, 여성을 조직의 성장과 자신의 성장 사이에 일체감을 형성하지 않은 미완적 존재(Incomplete existence)로 파악한다.

이런 맥락에서 핑크컬러게토가 갖는 문제의 본질은 조직 내에서 그 고유의 고착성(set in)과 잠복성(latency)으로 인해 사람들로부터 성별 분업과 성별 직무 분리가 불가피하고 당연한 사실(inevitableness)로 알게 한다는 것이다. 즉 규정에 근거한 업무와 위계적 관료제 조직으로 정의되는 공직사회에서 여성이 남성들과 어깨를 견주며 새로 받은 막중한 임무를 수행하기란 쉽지 않다는 것이다. 예컨대, 남성은 자유재량권이 있는 핵심 직무를 수행하게 되면서 일에 대한 성취감을 경험하고 업무몰입도를 높여 나갈 수 있는 반면에 여성은 그렇지 못하다. 남성이 주로 조직을 대외적으로 대표하는 업무 경험을 통해 책임감을 내면화하는 반면, 여성은 그렇지 못한 현상도 동일한 이유이다. 바로 여기서부터 새로운 직무를 맡은 여성이 잘하면 잘한 대로, 못하면 못한 대로 실제보다 과장되어 평가될 수 있다고 본다. 따라서 이러한 핑크컬러게토 개념은 공직사회에서 성공을 위해 노력하고 신분 상승을 꾀하는 여성에게 중요한 장애임에는 분명하다.

특이하게도 핑크컬러게토를 고착화시키는 고정관념에는 '부정'과 '긍정'의 양면성(ambivalence)이 동시에 내재한다. 부정적 고정관념으로는 신체적 취약성(less physical strength), 통제의 기피(disinclination to supervise others), 과학과 수리 능력 부족(less ability to do science and maths), 출장 기피(less willingness to travel), 물리적 힘과 위험의 기피(less willingness to face physical danger and use physical force) 등이 있다. 긍정적 고정관념으로는 가사 관련 업무(household-related work), 모성애적 기질(caring nature), 솜씨나 손재주(manual dexterity), 신체적 외모(physical appearance), 정직함(honesty) 등이 있다.

표 6-2 성별직무분리와 핑크컬러게토의 구별 예시

성별 직무 분리	수평적 분리	같이 근무하더라도 남녀는 서로 다른 직무에 종사하고 있다는 생각이 든다.
		어떤 일은 남성의 직무, 어떤 일은 여성의 직무로 대우하는 경향이 있다.
	수직적 분리	중요한 현안이나 핵심 직무 배정은 남녀에 따라 다르게 주어지는 느낌이 있다.
		여성은 승진과 보상이 기대되는 자리나 직무에 상대적으로 가기 어렵다.
핑크컬러게토		우리 조직(부서)에는 남녀가 따로 쏠리거나 확실히 많이 배치된 직무가 있다.
		우리 조직(부서)에는 업무량 부담이 적고, 권한과 책임도 적은 직무가 있다.
		우리 조직(부서)에는 다른 직무보다 위상이나 이미지가 낮은 직무가 있다.

	우리 조직(부서)에는 성과나 보상이 거의 없고, 승진에도 불리한 직무가 있다.

이상의 소개와 논의들을 통해 해외에서는 공·사 조직을 막론하고 핑크컬러게토 관련가설이 대부분 사실인 것으로 드러나는 추세임을 짐작할 수 있다. 이에 해외의 경우와 마찬가지로 우리나라 공직사회에서도 핑크컬러게토는 존재할 개연성이 있으며, 여기에는 함께 근무하는 남녀의 의견 차이(sex difference)도 존재할 것으로 보인다. 예를 들어 공직사회의 기획, 예산, 인사, 감사, 실·국·과 등과 같은 주무 핵심부서(core department)의 직무분야에는 여성이 상대적으로 적을 것으로 예상이 된다. 때때로 육체적인 강인함으로 요구하는 격무부서(heavy workload), 야근과 출장이 불가피하게 빈번하거나 대외적 협상이 자주 필요한 직무분야(external business)에서도 여성이 불리하기 때문에 상대적으로 소수일 것으로 추정된다.

이와 반대로 대민 접촉을 많이 하는 부서(civil service), 지원부서(support division), 하위 일선 업무(frontline work) 등에는 상대적으로 여성이 많을 것으로 추정된다. 또한 정상적인 주간 근무 패턴을 유지할 수 있는 한직 부서(unimportant department) 및 여성의 경력단절을 피할 수 있는 일-가정 양립(work-family life balance)이 가능한 부서에는 상대적으로 여성 비율이 남성과 비슷하거나 더 많을 것으로 예상된다. 물론 이러한 가정들은 앞으로 우리나라 공직사회의 객관적 통계와 주관적 조사를 통해 중복적으로 검증될 필요가 있다.

4 핑크컬러게토의 현실적 증거

여기서는 우리나라 정부의 현황을 통해 공직사회에서 과연 어떤 부서나 기관에 여성이 적고 많으며, 어떤 직무가 여성이 쏠린 직무인가 하는 점을 분명히 짚고 넘어갈 필요가 있다. 여기서는 기본적으로 정부 인사자료를 이용하여 각 중앙행정기관에 대한 여성의 재직 분포를 살펴보았다. 부(部)는 기획재정부, 교육부, 과학기술정보통신부, 외교부, 통일부, 법무부, 국방부, 행정안전부, 문화체육관광부, 농림축산식품부, 산업통상자원부, 보건복지부, 환경부, 고용노동부, 여성가족부, 국토교통부, 해양수산부, 국가보훈부이다. 처(處)는 인사혁신처, 법제처, 식품의약품안전처이다. 청(廳)은 국세청, 관세청, 조달청, 통계청, 검찰청, 병무청, 방위사업청, 경찰청, 소방청, 문화재청, 농촌진흥청, 산림청, 중소기업청, 특허청, 기상청, 행정중심복합도시건설청, 새만금개발청이다. 위원회(委員會)는 방송통신위원회, 공정거래위원회, 금융위원회, 국민권익위원회, 원자력안전위원회이다. 최근 신설 및 폐지부처인 중소벤처기업부, 국민안전처는 조사에서 제외하였다.

결론부터 말하자면, 전반적으로 우리나라 중앙정부의 특정 부처나 기관에 많은 여성들이 집중되어 있고, 핵심 직무의 여성 비율이 낮음을 파악할 수 있었다.

>>> **표 6-3** 중앙행정기관(부 · 처 · 청 · 위원회)의 여성공무원 분포현황

여성 비율 상위 10개 부처/기관 (Pink Collar Ghetto)						여성 비율 하위 10개 부처/기관 (Blue Collar Ghetto)					
순위	부처명	현원 (명)	여성 (명)	여성 비율	1~3급 여성	순위	부처명	현원 (명)	여성 (명)	여성 비율	1~3급 여성
1	교육부	355,774	242,839	68.3%	7.8%	1	경찰청	107,364	11,047	10.3%	0.2%
2	여성가족부	274	184	67.1%	8.3%	2	소방청	644	81	12.6%	0.2%
3	보건복지부	3,178	1,979	62.3%	5.7%	3	새만금개발청	87	12	13.8%	0.0%
4	고용노동부	6,174	3,686	59.7%	3.7%	4	법무부	21,035	2,914	13.9%	0.9%
5	식품의약품안전처	1,998	1,064	53.3%	4.2%	5	해양수산부	3,790	606	16.0%	1.1%
6	국가보훈부	1,317	695	52.8%	2.9%	6	국토교통부	4,163	676	16.2%	1.0%

7	병무청	2,039	1,069	52.4%	1.3%	7	산림청	1,772	345	19.5%	1.1%
8	문화체육관광부	2,861	1,416	49.5%	5.2%	8	특허청	1,784	407	22.8%	1.8%
9	국민권익위원회	212	103	48.4%	7.3%	9	산업통상자원부	1,386	344	24.8%	1.7%
10	통계청	2,278	996	43.7%	8.0%	10	기획재정부	1,197	301	25.1%	1.9%
전체		376,105	254,031	55.8%	5.4%	전체		143,222	16,733	17.3%	1.0%

구체적으로 중앙행정기관의 분포 현황에서 여성의 근무비율이 높은 상위 10개 부처·기관은 교육부, 여성가족부, 보건복지부, 고용노동부, 식품의약품안전처, 국가보훈부, 병무청, 문화체육관광부, 국가인권위원회, 통계청 등이다. 이들 10개 부처·기관에는 평균적으로 여성이 55.8% 정도 근무하고 있었다. 반면에 여성의 근무 비율이 낮은 하위 10개 부처·기관은 경찰청, 소방청, 새만금개발청, 법무부, 해양수산부, 국토교통부, 산림청, 특허청, 산업통상자원부, 기획재정부 등이다. 이들 10개 부처·기관에는 평균적으로 여성이 17.3% 정도 근무하고 있었다. 상식적으로 보더라도 현재 중앙정부의 부처·기관별 남녀 성별 편차는 결코 적지 않은 수준이다.

특히 여성의 비율이 높게 나타나는 교육부는 초·중등학교에 여성교원이 많은 이유가 있을 것이나, 고용노동부와 보건복지부, 국가보훈부, 병무청은 지방소청과 산하기관을 많이 거느리고 있는 관계로 7급 이하 여성공무원이 이곳에 집중적으로 근무하기 때문인 것으로 추정된다. 이와 반대로 경찰청과 소방방재청은 아직 여성경찰관과 여성소방관이 소수만 있는 전형적인 블루컬러 직종인 이유가 클 것으로 생각된다.

그런데 여기서 더 주목되는 점은 따로 있다. 그것은 여성이 기획재정부, 국토교통부, 산업통상자원부 같은 경제기획부처(economic and planning departments)에 근무하기보다는 교육부, 여성가족부, 보건복지부, 고용노동부와 같은 사회

서비스부처(social & services departments)에 근무하는 비율이 매우 높다는 것이다. 또한 지위고하에 상관없이 여성은 국가의 주요 정책을 기획·통제하고 정부의 역점사업을 추진하는 소위 "권력과 힘이 있는 부처"보다는 주로 집행 절차와 사회적 배분, 민원의 소지가 많은 이른바 "힘은 없고 이해관계는 복잡한 부처"에 상대적으로 많이 근무하고 있음을 알 수 있다. 이는 공직의 외국 사례와 그 맥락을 같이 하는 대목이기도 하다.

현재 시점에서 공직사회에 핑크컬러게토가 확실히 있다고 단정하기는 어렵다. 실제 인사담당자들을 대상으로 인터뷰를 해 보면 매우 다른 결과를 얻는 경우도 있다. 현상 인식에 관한 주관적 응답과 실제 현장의 인사는 다를 수 있음에 대해서도 유의해야 한다. 우선 여기에서 핵심 직무와 비핵심 직무 및 부서의 구분은 국가공무원 인사를 총괄하는 행정안전부 인사정책과 및 인사혁신처 자료에 근거한다. 행정안전부와 인사혁신처 등에 따르면, 현장에서는 선호와 기피 직무는 있음을 인정했다. 그러나 특정 직무나 부서에 여성이 자연스럽게 많이 배치되는 현상에 대해서는 대체로 부인하거나 실무적인 원인을 모르겠다는 입장이었다. 이에 인사행정 및 정부조직 전문가의 자문을 통해 중앙부처 국가공무원의 일상적인 희망부서와 선호직무, 기피직무와 비선호 부서를 대비하여 서로의 공통 분모를 찾아낸 것이다.

특히 부처별 고위공무원단 속의 여성 비율을 들여다보면, 여성은 부처의 성격에 관계없이 여전히 극소수임이 드러난다. 현재 중앙행정기관 1급~3급 상당의 국장급 이상에 해당하는 고위공무원단은 전체가 약 1,520명 정도이다. 그런데 실제 여성의 재직비율이 높은 10개 부처에서도 고위직은 평균 5.4% 정도밖에 되지 않는 점이 드러나며, 여성의 재직비율이 낮은 10개 부처에는 고위직 여성이 평균 1.0% 정도여서 거의 없는 상태에 가까움을 알 수 있다. 따라서 이러한 정부 부처들 사이에 나타나는 공직의 뚜렷한 성별 분리현상은 기존 해외의 보고와 그 맥락을 같이 하는 것으로 보인다. 나아가 이는 우리나라 공직사회에서 성에 따른 직무의 편중이 어느 정도 나타나고 있으며, 여성이 집중적으로 배치되는 핑크컬러게토가 존재할 수 있음을 간접적으로 암시한다.

다른 한편으로 중앙부처와 기관별 핵심 직무(기획, 인사, 예산, 감사, 주무 부서 등)에 근무하는 여성 비율과 비핵심 직무(민원, 현업, 지원부서, 콜센터 등)에 근무하는 여성의 비율을 서로 비교하여 살펴보았다. 그리고 세부적으로는 부·처 유형과 청·위원회 유형으로 구분하여 핵심 직무와 그렇지 않은 직무에 여성이 어떻게 분포하는지를 살펴보았다. 그 결과 중앙행정기관 중에서 규모가 큰 부·처 쪽에서는 핵심 직무에 여성 비율이 23.8% 정도 차지하고 있으며, 하위기관이거나 규모가 작은 청·위원회 쪽에서는 핵심 직무에 여성 비율이 28.2% 정도 차지하고 있다.

일단 중앙행정기관 핵심 직무의 성별 분포에 있어서 나타나는 전반적인 경향성은 대략 핵심부서의 4명 가운데 1명 정도만 여성이라는 점이다. 또한 상대적으로 규모가 크고 상위기관인 부·처보다는 하위기관이거나 규모가 작은 청·위원회에서 여성이 핵심 직무를 조금 더 많이 담당하고 있다. 같은 핵심 직무 안에서도 기획이나 예산 쪽보다는 인사와 감사 쪽에 여성이 상대적으로 더 희소하게 나타났다.

표 6-4 핵심 및 비핵심 직무별 여성공무원 분포현황

비핵심 직무		부·처(상위/대규모)					청·위원회(하위/중·소규모)				
		합계	민원	현업	지원	콜센터	합계	민원	현업	지원	콜센터
전체	전체(명)	5,903	1,623	2,218	1,497	565	4,489	1,280	1,983	972	254
	여성(명)	4,153	1,249	1,432	989	483	3,261	975	1,366	701	219
	여성 비율(%)	70.4	77.0	64.6	66.1	85.5	72.6%	76.2	68.9	72.1	86.2

핵심 직무		부·처(상위/대규모)						청·위원회(하위/중·소규모)					
		합계	기획	예산	인사	감사	실·국 주무과	합계	기획	예산	인사	감사	실·국 주무과
전체	전체(명)	28,268	1,581	1,256	1,655	1,559	22,217	30,054	1,892	1,510	1,662	1,854	23,136

	여성(명)	6,727	338	253	359	193	5,584	8,500	561	419	418	308	6,794
	여성 비율(%)	23.8	21.4	20.1	21.7	12.4	27.1	28.2	29.7	27.7	25.2	16.6	29.4

일단 이는 어느 특정 조직에서 핵심 직무에 포함되지 않은 나머지 여성들은 대부분 핵심적이지 않은 부서에 배치되어 있음을 추정할 수 있게 한다. 그래서 <표 8>에서 핵심적이지 않은 부서를 실제 확인해 보면, 중앙행정기관의 민원업무를 주로 하는 부서에는 여성이 약 76% 이상을 차지하고 있으며, 콜센터 전담부서에는 약 85%가 넘고 있다. 현업부서와 지원부서의 경우에도 여성은 약 60%~70% 정도 재직하고 있다. 상대적으로 규모가 크고 상위기관인 부나 처 단위보다는 하위기관이거나 규모가 작은 청·위원회 단위에서 이런 현상은 조금 더 두드러지고 있다.

종합적으로 이상의 현황에 따르면, 현재 공직사회의 여성은 소위 '좋고 힘 있는 부처'보다는 그렇지 못한 부처에, 상급 기관보다는 산하 조직 및 하위기관에, 핵심적 직무보다는 비핵심적 직무에 많이 근무하고 있다. 또한 중앙행정기관의 위계질서상에서 산하기관이나 소규모 조직으로 내려갈수록 여성 비율이 증가되고 있고, 인사직무와 감사직무 등에서는 여성이 뚜렷하게 감소하며, 민원이나 지원 직무 등에서는 그 반대가 되는 이른바 '성별 직무분리'의 경향을 잠정적으로 시사한다. 이러한 공직 여성에 대한 직무분리는 이른바 '승진사다리(promotion ladder)'가 없는 주변적 업무에 여성을 집중시키므로, 분명히 정상적인 현상이라고는 볼 수 없다. 나아가 공직사회에서의 여성의 직무 배당과 보직의 불균등 문제는 진입시점에서부터 퇴직에 이르기까지 다양하게 이루어지고 있는 것으로 추정된다. 정부는 지금까지 이런 문제를 해결하기 위해 여러 정책상의 노력을 해왔으나, 여전히 문제점은 남아 있는 것이다.

5 되짚어 보기: 한국의 균형 인사, 무엇이 문제였나?

남성 공무원이 기획·경제부처나 권력 부처의 근무에, 여성공무원이 사회·봉사부처나 민원적 근무에 더 적합하다는 근거는 어디에도 없다. 핵심 직무에서도 남성이 더 많고 여성은 비핵심 직무에 근무해도 괜찮다는 합리적인 근거도 아직 없다. 오히려 여기서는 우리 사회가 공직에서 여성을 오로지 여성적 가치를 지닌 영역인 핑크컬러게토에 절대 가두지 않았다는 증거는 찾지 못했다. 공직사무는 분명 남녀의 신체와 생리적 차이, 육체적 능력차이의 문제도 아닐 것이다. 그런 점에서 공직의 남성과 다른 것으로 보이는 여성의 직무편중 현상은 향후 학자들이 계속 주목할 만한 이슈이다. 특히 핑크컬러게토는 공직 여성의 삶과 지위를 새롭게 보여주는 참신한 지표임을 제안한다.

공직의 성별 직무분리로 인한 핑크컬러게토의 구조화는 단단하고 폐쇄적인 성격을 가지므로, 보다 정확한 진단과 처방을 위해 향후 공직에서 이에 대한 심도 있는 논의가 필요하다. 여기에서 바라보는 관점에서는 우리나라 공직사회에 아무래도 부드러운 여성이 특정직무에 더 적합하다는 구조적 편견과 관행이 있을 수도 있다. 동양의 전통적 유교문화까지 고려한다면, 남성의 기술적 노하우와 대비된 여성의 인성, 용모와 같은 성적 요인(sexual factors)이 성별 직무분리를 가져왔을 가능성도 배제할 수 없다.

물론 공직에서 여성은 남성이 부족할 수 있는 업무들 사이의 간극을 메워주는 역할도 하지만, 그에 따른 보상은 공평하게 분배되지 않을 가능성이 있다. 동시에 공직사회에 늘어가는 비정규직 고용, 가정 친화적 직무, 시간제 일자리 정책 등에서 여성은 수혜자이기도 하면서 동시에 희생자일 수도 있음을 우리는 새로이 인식해야 한다.

같은 맥락에서 공직의 성별 직무분리에 의한 핑크컬러게토가 자의적 선택인지, 구조적 배치인지에 관해서는 여전히 논쟁의 여지가 남는다. 하지만 이 장의 논의에서처럼 공직에서 구조화된 성별 분업 문화가 존재함을 가정하면 핑크컬러게토가 선택이냐, 차별이냐의 구분은 그 논의 자체가 무의미할 것이다. 핑크컬러게토가 있는 상황에서는 공직 남녀 간의 승진, 보상, 고위직 대표성의 격차도 쉽게 줄어들지는 않을 것이다. 엄밀히 말해, 성별 직무분리와 핑크컬러게토는 단순한 차별의 문제로만 치부될 수도 없다. 이는 상당수 공무원의 직무사기를 저하시키고 자발적 노력을 감소시켜, 승진과 성공을 못하게 만들고 이후에 또 다른 이들의 사기와 노력저하로 이어지는 악순환을 반복시키기 때문이다.

오히려 핑크컬러게토와 그 원인을 밝혀내는 것은 공직 업무상의 성별 균형(gender balance)과 보다 밀접하므로, 이러한 의제로 정책내용이 확장되어야 한다. 일터에서의 성별 균형은 단지 여성만의 문제가 아니기에, 사회적 다양성 존중의 중요한 척도이자 남녀가 함께 고민할 문제이기 때문이다. 나아가 이를 토대로 정부는 공직사회 직무배치에 있어 기존의 차별과 형평(discrimination & fairness)의 가치를 그대로 쫓을 것인가, 접근과 정당성(access & legitimacy)의 가치로 바꿀 것인가를 크게 정해야 한다.

만일 선택이 후자라면, 정부는 성별 차이의 불가피성을 인정하되 공직 업무를 새로운 관점에서 재분석하고, 유연한 업무 형태나 새로운 방식을 개발하여 성별 쏠림의 문제점을 개선해 나가도록 조치해야 한다. 또한 여기서는 정부 인사혁신처와 행정안전부가 앞으로 국가 및 지방 공무원통계에 성별 직무배치 통계를 추가적으로 생산할 것을 권고하면서, 기존 공직의 가점평정제도 역시 성비에 따라 개선할 것을 제안한다. 힘 있고 좋은 부서는 승진을 독식하고 특정 부서는 기피되는 것이 공직사회의 엄연한 현실이므로, 이의 타개책은 공직 인사의 탄력적인 제도운영과 정책적 혁신이 현재로서는 최선의 해답이라고 판단된다.

제7장

토큰 여성과 여왕벌 신드롬: 허구인가, 실제인가?

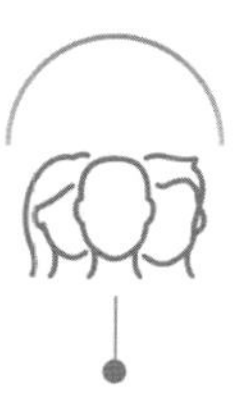

제7장
토큰 여성과 여왕벌 신드롬: 허구인가, 실제인가?

1 조직의 남녀와 공적 인간관계

이 장에서는 <토큰 여성과 여왕벌 신드롬: 허구인가, 실제인가?>의 주제를 다루려 한다. 여기서 주목하는 공직 성별 문제의 미시적 지형으로는 주로 개인적 차원의 문제이며, 심리적 차원의 이슈들로 규정하였다. 즉 남성과 다른 여성이 직면하는 일 능력과 인간관계, 권력과 성공의 양면성에 대해 주목하고, 사례들로는 공직에서 실제 부딪히는 현실적 문제들로 채워보았다. 예를 들어 성 역할 고정관념과 그 '보이지 않는' 편재성, 성별 유형화의 전형화와 재강화, 여성성에 대비되는 남성성과 편견의 왜곡 기제, 남성에 의해 규정되는 희소성의 자기강화 문제, 일－가족 양립과 워라밸의 딜레마, 상사－동료－부하가 보는 여성의 리더십 등의 문제를 다룰 것이다. 이러한 사례들은 모두 국내 학계에서 기존 학자들이 논문으로 다루거나 다루지 못한 주제들이다.

조직에서 한 사람이 일이 힘든 것보다 상사나 동료, 부하와의 관계가 힘들면 정말 견디기 어렵다는 점은 이미 우리 사회에서 크게 공감되고 있다. 흔히 여성이 공직을 직업으로 선택하더라도 이후 직장생활에서 가장 어려운 점은 바로 인간관계일 것이다. 지금까지 공·사 부문 남녀의 조직생활과 공적 관계에 있어 많이 검증된 성차별의 이슈는 기존의 사회적 편견과 고정관념, 여성 배제의 조직구조 및 남성 중심적 문화, 차별적 관행, 멘토링 부족 등의 문제였고 주로 여기에 근거한 해결책을 제시해 왔다. 그리고 이러한 문제와 조치들은 대부분 직장에서의 이성문제, 즉 남녀 간의 공적 관계(public relations)에 초점을 둔 이슈에 근거한다는 공통점을 가진다.

그런데 기존의 페미니즘(feminism)이나 성 정치학(gender politics)의 주장처럼 지금 성공한 여성들조차 그간 사회생활에서 남성에 의해 차별을 당했거나 돌봄(care)을 당해온 존재들인가? 또한 여성이 직장에서 차별받는다고 느끼는 상대는 오로지 남성뿐인가? 직장에서 성공한 모든 여성은 다른 여성에 대해 우호적이거나 동료의식을 가지고 있으며 스스로 개선해야 할 점이 없는가? 남녀는 같은 여성 상사에 대해서 동일한 평가를 내리고 있는가?

사회적으로 성공한 여성에 관한 이러한 의문들은 상식적으로 쉽게 단정할 수 없는 것들이며 곧 이 장의 논의 동기이자 출발점이다. 따라서 이 장에서 근본적으로 다루고자 하는 문제는 우리나라 공직사회를 대상으로 성공한 소수 고위직 여성의 의식과 역할, 행동에 대한 다른 공무원의 주관적 평가이다. 이 고위직 여성들에 대한 주변 평가가 각 평가자의 성(sex difference)에 상관없이 같다면 별 문제가 되지 않겠지만, 만약 그렇지 않다면 우리나라 공직 남녀 및 성평등 탐구에서 또 다른 이슈가 된다. 예컨대 지금까지 보고된 외국의 기존 사례들은 대체로 후자 쪽에 동의하는 것 같다.

여기에는 학술적으로 두 가지 개념이 다루어지고 있는데, 토큰 여성(tokens)과 여왕벌 신드롬(queen bee syndrome)이 그것이다. 기존 해외의 논의에 의하면 고위직 여성의 의식이나 태도에 관해서 이 두 개념은 동료나 부하직원에 대한 지원이나 격려에 대해 소극적이고 인색하다는 공통점을 보인다. 이렇게 부정적이고 소극적인 개념이 먼저 다루어진 이유는 일단 직장에서 고위직 여성이 소수이고 여전한 약자이기 때문이다. 물론 고위직 여성에 대한 좋지 않은 평가는 일종의 고정관념에 불과하다는 의견도 있다. 하지만 설령 그럴지라도 이 개념이 타인에게 여전히 존재하며 고위직 여성에 대한 시선과 주관적 평가에 작용하고 있다면 문제는 달라진다. 더욱 주목되는 점은 의식과 행동의 시작이 이미 주어진 상황에 대한 불가피한 선택이냐, 아니면 다분히 의식적이고 고의적인 선택이냐에 대해서는 두 개념이 서로 입장의 차이를 보이고 있다는 것이다. 간단히 말해 토큰 여성은 전자에 해당하며 여왕벌 신드롬은 후자에 해당한다.

이 장은 고위직 여성공무원의 공적 관계에 관한 두 가지 문제, 토큰주의와 여왕벌 신드롬에 대한 학계와 실무자들의 이해를 돕기 위한 동기로 작성되었다. 우리나라 공·사 부문에서 고위직 여성의 토큰주의와 여왕벌 신드롬에 관한 소개나 논의는 거의 없는 관계로 이 장에서는 다분히 시론적이자 탐색적인 시도라고 할 수 있다. 이에 두 개념의 의의와 본질에 관한 이론적 논의와 문헌분석을 토대로 우리나라 공직사회에서 이 개념의 실체를 최초로 규명해 보는 데 의의를 둔다. 지금 고위직 여성을 바라보는 주변의 시각이 어떠하며 그 여성의 상동적 태도(stereotyping)가 스스로의 선택이냐 아니냐 하는 점은 앞으로 우리나라 공직 여성의 삶과 공적 관계(public relation)를 이해하는 데 있어 매우 중요한 쟁점이 된다. 그리고 학술적, 정책적 입장에서도 남녀와 여성 동성 간의 관계에 대한 인사관리 대책이 지금과 달라질 수 있는 근거가 제공된다. 즉 공공부문에서 아직 생소한 개념인 두 가지 이슈에 관련된 이론을 소개하고 탐색적 논의를 시도함으로써 향후 공직에서 여성의 삶을 재조명하고 인사관리와 정책의 활성화에도 부분적으로 기여를 하고자 한다.

2 토큰 여성과 여왕벌 신드롬이란?

1) 토큰 여성의 의의

일반적으로 토큰(token)이라는 말은 상징, 증거, 표시, 기념 등의 의미로 해석된다. 이에 토큰주의(tokenism) 혹은 토큰 이론(token theory)의 발생은 처음 미국에서 인종(race)이나 성(sex)에 관해서 어떤 조직이 사회적인 비판을 피하기 위해 소수집단의 상징적 인물을 고용, 임명하는 관행(the practice of hiring or appointing a token number of people from under-represented groups in order to deflect criticism or comply with affirmative action rules)을 의미했다. 특히 여성이 남성 위주의 조직에서 성공할 경우(admitting one woman to the men's club), 그것은 대부분 토큰 현상으로 보고 있다.

고위직 여성에 대해 이 용어가 사용된 이유는 기존의 남성 중심적 조직이 이를 대외적으로 홍보하거나 이용하는 목적을 가지고 있기 때문이다. 즉 외국의 경험에서 과거에 흔히 나타났던 현상은 여성의 실질적인 권익증진보다 "우리 조직은 승진이나 보직에 있어 성차별을 하지 않으며 여성을 대우한다"는 것을 대외적으로 알리는 데 주력했다는 것이다. 선입견(prejudice)과 차별(discrimination)에 관한 사회적 비난을 피하기 위한 조직의 이러한 이미지 가공(image management)에 성공한 소수 여성이 내세워지는 경향에서 이 말이 유래했다. 우리나라와는 달리 토큰 현상에 대한 외국의 학술적 논의는 민간기업뿐만 아니라 정치, 학계, 교육계, 의료계 등 이미 사회 전반에 걸쳐 오래전부터 뜨거운 이슈가 되어 왔다. 토큰 여성에 대한 논의는 약 50년 넘게 꾸준히 이루어지고 있는 반면, 우리나라에서의 아직 여기에 대한 학술적 관심과 토대는 거의 없다.

토큰 여성(token woman)이라는 개념과 용어에 대한 학술적 논의는 1977년 '칸터(Kanter)'라는 학자에 의해 처음 다루어진다. 칸터(Kanter)는 특별하고 극소수인 여성의 승진 케이스에 대해 최초로 '토큰 사례(token case)'라는 용어를 사용했다. 당시 칸터(Kanter)는 미국의 기업조직 내 극소수 여성 관리자에 대한 부정적 고정관념을 설명하는데 '인종(race)'과 '성(sex)'이라는 변인을 남성 중심적 조직구조와 문화의 하나로 다루었다. 미국에서는 백인보다 흑인이, 남성보다 여성이 사회적으로 낮은 평가를 받아왔으며, 특히 흑인여성은 가장 취약한 존재였다. 주목할 점은 사회활동이나 조직에서 토큰 지위(token status)가 주어진 여성이 고위직에 있더라도 다른 구성원으로부터 제대로 인지되고 대접을 받는데 있어 한계를 보이게 된다는 것이다. 또한 남성과 같이 조직 내에서 비공식적이거나 소수집단을 형성할 엄두를 낼 수 없을 뿐더러, 거의 명목상의 지위만 가지기 때문에 행동에도 보이지 않는 제약을 받는다.

이러한 주장이 나온 다음 곧바로 미국에서는 미국의 로스쿨(law school)에 재학하는 남녀 학생을 대상으로 칸터의 가설(Kanter's hypothesis)을 실증적으로 검증하였다. 여기에는 정부의 지원을 받아 많은 학자들이 참여했다. 그 결과 미국의 법조계에서 여성은 소수이며 졸업 후 사회적 리더 역할에 있어서 비교적 나이가 어리고 경험이 부족하여 같은 관리자 그룹에서도 지위가 낮은 것으로 나타났다. 그리고 이는 연봉이나 공식적 권위로도 연결되며, 상급자나 동료의 지원에 있어서도 여성이 남성보다 상대적으로 불리한 위치에 처해지는 것으로 나타났다.

미국의 민간기업에서 이 가설을 증명한 결과, 조직에서의 여성 비율이 낮을수록 여성 관리자의 권한이 낮고 전체 여성의 복지수준도 떨어지는 것으로 나타났다. 토큰 현상과 토큰 여성에 대한 이러한 실증을 통해 결과적으로 관련 가설은 대부분 사실인 것으로 드러나는 추세인 것이다. 게다가 정치인, 과학자, 교사, 의사 등 전문직에서 여성이 리더십과 영향력을 제대로 발휘하지 못한다는 토큰의 다른 후속 논의와 탐구들은 이 가설을 더욱 견고하게 만들어 주고 있다.

2) 토큰 여성의 판단 기준

외국의 이론과 증거를 가지고 우리나라의 민간 및 공공부문에서 소수를 차지하는 고위직 여성이 곧 토큰(token)이 된다고 단언할 수 있는가? 아마 무리일 것이다. 소수의 여성이 곧 토큰이다 혹은 아니다라는 것을 현실적으로 설명하기 위해서는 일정한 기준이 필요하다. 토큰 여성에 관한 기존 문헌이나 논의에 의하면 조직에서 토큰 여성으로 판별되기 위한 조건(conditions)은 다양한 편이지만, 대략 희소성(scarcity), 제한된 권력(given bounded power), 남성화(defeminization)의 세 가지로 요약될 수 있다. 특히 이 부분에서 토큰 여성의 이론적 공감대는 여성 자신 스스로보다 다른 외생적(exogenous) 환경으로 인해 불가피하게 고위직 여성이 구성원으로부터 부정적 평가를 받게 될 수밖에 없다는 점이다. 기존 토큰 관련 문헌들은 대부분 이러한 사실에 주목하며 구체적으로 그 조건을 다음과 같이 다루고 있다.

첫째, 희소성(scarcity)은 한 조직에서 전체 여성이 차지하는 비율이 곧 토큰 현상을 대변해줄 수 있다고 보는 관점이다. 예를 들면, 한 조직에서 전체 여성의 비율이 15% 미만일 때 그 중 고위직에 있는 여성을 일컬어 토큰(token)이라고 조심스럽게 간주할 수 있다. 또한 객관적인 비율보다 "우리 조직은 여성이 적다"는 희소성에 대한 평소 구성원의 주관적 평가가 토큰 발생에 더 중요하다는 의견도 많다. 그런데 객관적이든 주관적이든 간에 희소성 그 자체만으로 문제가 될 수는 없다. 다만 토큰 여성에 대한 문제의 본질은 그 고유의 희소성으로 인해 사람들로부터 특별한 기대를 받게 된다는 것이다. 바로 여기서부터 토큰 여성이 잘하면 잘한 대로, 못하면 못한 대로 그 잘하고 못함이 과장되어 평가된다는 점이 핵심이다.

그리고 토큰은 여성 개인의 특성과 능력으로 절대평가되는 것이 아니라, 여성의 특징인 것으로 정형화되어 평가된다. 결국 토큰 케이스로 고위직을 받은 여성은 희소성 때문에 구조적으로 다수집단 남성이 정형화시키고 있는 이미지와 조건에 구속되기 마련이다. 기업뿐만 아니라 위계적 관료제 조직으로 정의되는 공공부문에 있어서도 토큰 현상은 분명히 발생하고 있다. 사회적으로 남성들과 어깨를 견주며 정부와 공직의 발전에 따른 막중한 임무를 남녀가 동등하게 수행해 낼 수 있으리라 기대되던 여성들이 실제 공직에 선출(be elected)이나 임용(hiring)되는 것은 극히 소수이다. 그나마 조직 내에서 무난한 직장생활을 영위하고 성공하기 위해서는 다수 남성의 보이지 않는 '허락(admission)'이 있어야 한다. 따라서 토큰 이론의 관점은 소수여성 중에서도 극히 몇 명이 남성에게 선별(sorting) 혹은 간택(assortment)되어 높은 지위가 주어진다고 본다. 이 때문에 희소성이 정말 크거나 구성원이 크다고 느낄수록 토큰 여성일 가능성도 높아지게 된다.

둘째, 제한된 권력(given bounded power)은 토큰 여성에게 같은 직위와 경력을 가진 남성에 비해 업무나 재량권이 덜 주어지는 현상을 말한다. 즉 형식적으로는 똑같은 지위나 역할이라 할지라도 그것을 소유하는 사람이 여성이냐, 혹은 남성이냐에 따라 부여되는 권력(power)의 정도는 다를 수가 있다는 것이다. 이때 말하고자 하는 권력이란 자신에게 주어진 업무를 원활히 수행하기 위한 기본적인 요소인데, 인적 혹은 물적 자원을 스스로 동원할 수 있는 능력의 원천이다. 흔히 고위직은 그러한 권력을 많이 가지는 사람으로 간주된다. 그렇지만 토큰 이론에 의하면 고위직 여성은 고위직 남성보다 이러한 권력을 훨씬 덜 부여받는 경우가 많다. 이런 이유로 인하여, 시간이 지날수록 부하직원이나 같은 여성 후배에 대해 능동적이고 적극적인 리더십 발휘가 점점 어렵게 된다. 특히 토큰 여성에게는 처음부터 기존 고위직 남성이 많이 가진 임의적 재량권(discretionary power) 부분에 대해서는 대체로 숨겨지거나 언급조차 되지 않는다. 그리고 이러한 환경적 요인은 조직에서 토큰 여성의 향후 행동반경에도 큰 영향을 미칠 수 있다.

셋째, 남성화(defeminization) 현상은 외적 행동에 있어 고위직 여성의 공통적인 특성의 한 부분으로 취급된다. 이것은 단지 여성의 남성화를 말하는 것도 아니며 여성이 남성상의 요구에 맞추어 나가는 개념도 아니다. 이는 여성이 직급이 높아질수록 자연스럽게 남성과 동일 혹은 유사한 평가기준으로 조직 내 다른 여성까지도 평가한다는 의미이며, 이와 관련된 다수의 근거와 주장들이 논의 되어왔다. 대부분의 토큰 여성들은 처음부터 남성들에게 조직에서 살아남는 교훈을 열심히 익혔고 그것을 몸소 실천한 후에야 승진이나 성공을 하는, 이른바 격차 줄이기(lock-step) 방식으로 살아가는 존재들이다.

이에 남성화는 여성이 조직 내부에서 남성 위주의 성 정치(gender politics)에 적응해 나가는 과정에서 생겨나는 자기동화(assimilation)와 조절(accommodation)의 현상인 것이다. 물론 토큰 여성에게 강요되는 남성화의 원인은 좋은 관리자가 여성적 특질보다는 남성적 특질을 소유한다고 보는 기존의 고정관념 때문이기도 하다. 외국의 사례에 의하면 거의 토큰 여성(tokens)으로 고위직에 오른 여성 관리자들은 기존에 해오던 바와 같이 남성 주도적 문화를 전적으로 수용할 가능성이 높다. 왜냐하면 직장에서 여성이 성공하기 위해서는 성 역할 유출(sex role spillover)과 같은 배타적 고정관념(gender-stereotypes)을 극복해야 하고, 이를 위해 스스로 모성(maternity)과 같은 여성성(femininity)을 숨기는 것이 도움이 되기 때문이다.

나아가 토큰 여성이 된 후 여전히 여성성(sexuality)을 유지하는 것으로 비추어지면 여성으로서의 성별 기준과 고위직으로서의 능력 기준을 동시에 평가받는 소위 이중잣대(double standard)에 시달리게 된다. 이중잣대 때문에 토큰 여성은 후배나 부하여성들에게 조차 멘토링(mentoring)을 할 여유가 없어지고 적절한 역할 모델도 되기가 어려워진다. 고위직 여성 스스로 다른 여성(mentee)에 대해 적극적 멘토(mentor)가 되기는 어렵고, 하위직 여성(멘티, mentee)의 입장에서도 이 부분을 다시 남성 멘토에게 전적으로 의지할 수밖에 없게 된다. 외국에서도 여성의 비율이 낮았던 초기에는 이러한 현상이 당연시되었고 고위직 여성의 남성주의적 리더십과 행동이 주된 대상으로 다루어졌다.

3) 여왕벌 신드롬의 의의

여왕벌 신드롬 이론은 조직을 하나의 벌집(beehive)으로 생각하고 이 안에서 여왕벌(queen bee)은 거의 유일한(first and last) 권력이라고 전제한다. 즉 여왕벌은 조직이라는 벌집구조 내에서 고위직이라는 유일한 혹은 희소한 권력을 가진 여성이다. 그런데 이 여성은 다른 여성이 자신이 속한 고위직에 진출하는 것, 소위 다른 여왕벌이 조직 안에 새로 들어오는 것을 그다지 좋아하지 않는 경우가 있다. 여왕벌 신드롬은 조직 안에서 인정받는 여성(token status)은 자기 하나만으로 충분하다고 생각하는 것을 나타낸다.

기존 논의에 의하면 여왕벌 신드롬의 구체적 의의는 고위직을 맡은 여성이 그 조직의 성차별구조나 상황을 묵인하고 이를 극복하기 위해 분발하는 다른 후배여성들에 대해 재량이나 도움의 손길을 전혀 보내지 않는 상황(the queen bee syndrome is where women who have attained senior positions do not use their power to assist struggling young women or to change the system, tacitly validating it)을 일컫는 개념이다. 심지어 자신의 자리를 넘보지 못하게 경계하는, 소위 여성에 의한 성차별행동이나 상황(women in managerial positions discriminating against other women)을 포괄적으로 말하기도 한다. 고위직 여성의 의식과 행동을 설명하는 데 있어서 여왕벌 신드롬(queen bee syndrome)이라는 용어는 아직 우리에게 생소하다. 그러나 외국의 경우 이 용어는 처음 사용되었고 이후 사회적으로 뜨거운 반향을 불러일으키며 학술적으로 탐구된 사례도 적지 않다. 이 개념도 토큰 현상과 마찬가지로 30년 넘게 꾸준히 논의되고 있다. 따라서 이 개념은 조직이나 사회에서 신분 상승을 꾀하는 여성에게 중요한 장애임에는 분명하다.

이 이론이 가장 주목하는 것은 여왕벌 역할을 하는 고위직 여성과 리더가 그동안 자신이 독점해온 조직 내에서의 인정과 선망을 다른 여성과 나누고 싶어하지 않는다는 점이다. 즉 자신만의 상징성(symbolism)을 즐기면서 권력분점(power sharing)은 더더욱 허락하지 않는다. 이런 관념 때문에 '여자의 적은 여자'라고 하는 상식 밖의 인식도 생겨나게 되었다. 여왕벌 신드롬을 가진 고위직 여성은 그간 스스로 여왕벌 역할을 했던 이유가 자신 이외의 다른 여성이 객관적으로 남성에 비해 자질과 능력이 부족하였기 때문이라고 전제한다. 이에 직장과 사회생활에 있어 여성의 적은 여성이라는 것을 절감하고 이러한 신념하에서 성공을 위해 남성에 홀로 맞서야 하는 외롭고 고독한 존재였다는 주장을 편다. 게다가 이러한 여왕벌 신드롬은 조직에서 다른 여성은 물론 심지어 남성들마저도 같은 조직에서 여성 사이의 경쟁이 남성 사이의 그것보다 치열하다고 인식하게 한다. 그래서 많은 직장 여성들이 고위직 여성이 되기 위한 노력을 스스로 포기하도록 만든다.

여왕벌 신드롬의 기원과 최초 원인 제공자가 누구냐 하는 부분에 대해서는 학설이나 주장이 그리 일관적이지는 않은 것 같다. 즉 사회학이나 심리학의 입장에서는 여왕벌 신드롬은 여성 스스로의 자연발생적인 현상으로 간주하며 이는 다수의 의견이다. 반면에 페미니즘(feminism)의 입장에서 여왕벌 신드롬은 남성 위주의 조직문화와 관행이 만들어낸 그릇된 허상(false image)이라는 일각의 주장도 있다. 소수자인 여성이 남성의 지위를 위협하지 못하게 하기 위해 여성 사이의 단합과 결속을 저해하려 만든 개념일 수도 있다는 것이다. 그러나 더 중요한 문제는 이러한 개념의 존재 그 자체가 여성의 권익증진에 여성 스스로 장애가 될 수도 있다는 사실이다. 우리나라에서 성공한 케이스가 자기만으로 충분하다고 생각하는 여성이 많을수록 여성정책이나 여성운동의 효과는 저하될 것이며 수많은 제도적 장치의 취지마저도 무색해지기 때문이다.

4) 여왕벌 신드롬의 조건

기존 문헌들이 밝히는 외국의 선례에 근거할 때 사회적으로 유명해지고 성공한 여성들이 그렇지 못한 여성들을 폄하하는 신드롬이 분명 문제시 된 적이 있었다는 점에 대해서는 공감할 수 있다. 그러나 이러한 이론이나 증거를 가지고 곧바로 이 개념을 우리나라의 고위직 여성에게 적용하기에는 무리가 따른다. 토큰 여성과 마찬가지로 우리나라에서 여왕벌 신드롬의 존재여부를 현실적으로 설명하기 위해서는 분명한 판별준거가 필요하다. 구체적으로 기존 문헌은 여왕벌 신드롬의 가능성이 높은 고위직 여성들을 이렇게 판단하고 있다.

첫째, 어렵게 고위직에 오른 여성은 강력한 자기방어기제(self defense mechanism)를 가질 가능성이 높다. 고위직에 오른 여성은 과거 자신이 하위직급에 있었을 때와 마찬가지로 공식, 비공식석상에서 의식적, 무의식적인 자기보호를 한다는 것이다. 자기방어기제는 외부환경에서 오는 위험으로부터 자신을 보호하기 위해 여성이 무의식적으로 이용하는 사고방식 및 행동수단으로도 정의된다. 여기에는 억압(repression), 반동형성(reaction formation), 투사(projection), 자기합리화(rationalization) 등이 있다. 여성이 조직에 들어온 이후 직장생활을 경험하면서 스스로 여성성을 강요받고 상징적 존재였음을 깨닫는 데는 그리 오랜 시간이 걸리지 않는다. 또한 직무교육을 마친 후 보직과 직렬, 평정과 진급 등 경력관리에 있어서 여성은 남성과는 다른 경로를 밟게 된다. 이러한 과정에서 단지 여성이라는 이유로 성차별을 당하기라도 하면, 그 여성은 고위직이 된 후에도 자기방어를 위한 소극적 자세를 보일 수밖에 없다.

궁극적으로 이러한 여성은 스스로 조직 내에서 상징적 소수이기 때문에 심지어 다른 사람에 대한 방어적 태도를 자주 취한다. 자신이 잘못한다면 앞으로 다른 여성이 다시금 이 자리에 오르지 못할 것이라는 적지 않은 심적 부담을 가지기도 한다. 심지어 조직에서 자신에게 잘못이나 처벌을 한 자에게 공격행동을 하기보다 다른 대상(특히 여성 부하)을 찾아 감정을 해소하는 '전위적 공격행동(displaced aggression)'도 자기방어기제에 포함될 수 있다. 결국 고위직 여성(여왕벌)의 지나친 자기방어는 조직 내 타인의 부정적 평가로 이어지는 경우가 많다.

예를 들어 여성이 고위직에 오른 후 그간 여성이었기 때문에 불안하고 불편하고 불리했던 기억들을 스스로 억압함으로써 잊어버리게 한다거나(선택적 망각), 적대감을 느끼는 상대에게 과장된 호의를 보임으로써 적대감을 감추는 행위, 자신의 결정이나 생각을 다른 사람의 탓으로 돌리는 행위, 이 조직에서 여성이 성공할 전망이 없다고 스스로 확신하는 행위 등이다. 특히 고위직 남성은 물론 여성이 조직에서 스스로 현재정도의 인원이면 충분하다거나 적어도 적지 않다고 생각하는 경향이 존재한다면 이는 지나친 자기방어기제에 해당된다. 그러므로 고위직 여성의 자기방어기제는 자기기만(self-deception)의 일종이라 볼 수 있다.

둘째, 여왕벌 신드롬은 권력 중심적 리더십(power based leadership)을 자주 사용하게 만든다. 이러한 현상은 평소에 드러날 수도 있지만 특히 직장생활에서 고위직 여성에게 업무상의 난관이나 위기가 닥쳤을 때 분명해진다고 한다. 이 개념은 리더와 조직구성원과의 인간관계를 가장 중요하게 생각하고 경직된 상하관계보다는 유연한 상호작용관계를 추구하는 관계 중심적 리더십(relation oriented leadership)과 대별된다. 여왕벌 신드롬이 등장하기 전만 해도 기존 학계의 정설은 여성이 남성보다 민주적이며 참여적인 리더의 스타일을 보인다는 것이었다. 그런데 소위 성공한 여성 가운데는 남성에 비해 여성 동료나 부하에게 월등히 높은 경쟁의식을 갖는 경우도 적지 않다. 그리고 흔히 고위직 여성은 주어진 권력을 잘 다루지 못하며 성별을 불문하고 여성 상사를 싫어한다는 기존의 고정관념과 구설수를 잘 알고 있다. 이런 맥락에서 조직구성원은 여성보다 남성 상사를 선호하는 것이 자연스러운 일이 된다.

또한 기존의 남성적 조직문화에서는 여성 상사에 대하여 반항하거나 도전하는 것이 남성에게 하는 것보다 더 쉽게 여겨질 수도 있다. 이 때문에 여왕벌은 고의적으로 여성이 가지고 있는 모성애에 기반을 둔 돌봄, 배려, 헌신과 같은 관계 중심적 리더십을 거부하고 권력 중심적 리더십을 자주 보이게 된다. 예를 들어 여왕벌 신드롬 사례에 의하면 고위직 여성이 남성 부하보다 여성 부하에 대해서 오히려 위협(threats), 최후통첩(ultimatums), 경고(warning) 등을 이용한 권력 중심적 리더십을 더 빈번하게 사용하는 것으로 드러났다. 이러한 권력 중심적 리더십이 여왕벌에게 빈번하게 사용되는 이유는 기본적으로 능력과 업무를 통한 정당한 인정을 계속 받으려는 과업 지향적 욕구가 크기 때문이다. 게다가 공식적 재량이나 기술을 동원하여 스스로 다른 여성들보다 나아 보이려는 욕구도 한 원인이다. 고위직이라는 역할과 함께 부여된 합법적 힘(legitimate power)을 이용한 의식적 행동은 여왕벌 신드롬의 전형적인 모습으로 간주된다.

셋째, 여왕벌 신드롬은 조직 내 다른 남녀와의 비공식성(informality)을 거부하고 공식성(formality)을 더욱 강화시킨다. 쉽게 말해 고위직 여성은 남성은 물론이거니와 설령 동료나 부하가 같은 여성이라 할지라도 공적 업무 이외에 사적으로는 같이 어울리지 않는 것이다. 지금까지 비공식성은 여성학에서 자주 다루어진 개념으로 원래 남성들의 전유물(monopoly)이었으며 그리 좋은 의미는 아니었다. 이는 소규모 사적 집단 내에서 강한 동질성과 특정 태도를 공유함으로써 적합하지 않은 기질을 소유한 사람이나 집단의 참여(침투)에 대해 배타적인 태도를 갖게 만들기 때문이다.

흔히 우리나라 직장생활에 있어서 남성 상호 간의 비공식적 인간관계는 공식업무 이외의 술자리, 목욕탕 문화와 같은 비공식 모임을 통해 끈끈한 정을 나누는 것으로 표현되고는 한다. 이는 외국의 경우도 예외가 아닌 것으로 보인다. 서구의 직장생활에서도 남성 상호 간에는 취미생활이나 경조사, 업무 이외의 시간을 같이 보내는 일이 여성보다 빈번하다. 이 가운데 여성은 그러한 비공식적 문화에 속하지 못함으로써 공식적 업무 이외의 관계에서 배제되는 경험을 하게 된다는 것이 학계의 정설이었다. 더욱이 그 배제 대상의 중심에는 바로 조직과 부서의 여왕벌들이 자리하고 있다는 것이다.

3 현실 세계에서의 검증 방법

우리나라 공직사회에서 고위직 여성이 토큰일 것이다 혹은 여왕벌 신드롬이 내재할 수 있다는 주장에 대해서는 아직 명확한 실증이나 근거가 없다는 것이 아쉬운 부분이다. 즉 관련 논의나 탐구의 인프라가 취약한 가운데, 아직은 우리나라의 실정에 부합되는 신뢰도 높은 측정도구의 제작이 상당히 미진한 실정이다. 토큰 현상이나 여왕벌 신드롬의 존재는 고위직 여성에 대한 같은 조직이나 부서에 근무하는 구성원의 주관적 평가, 특히 부하 남성 및 부하 여성의 평가가 관찰되기 전에는 전혀 알 수 없다. 심지어 개념들을 모르면 당사자조차 전혀 의식하지 못하는 것이 토큰과 여왕벌 신드롬이다. 따라서 겉으로 드러나는 속성에 대한 외부의 관심과 측정의 문제가 더욱 중요해진다. 이는 탐색적인 도구나 질문들이 학자나 학생들에게 새로 필요한 이유도 된다.

이론적 관점에 따르면 토큰 여성에 대해서는 남성이, 여왕벌 신드롬에 대해서는 여성이 명확한 입장을 보일 것으로 추정된다. 특히 여왕벌 신드롬은 고위직 여성이 같은 부하여성에 대해 집중적으로 발산되는 경향을 전제하고 있다. 그리고 고위직 여성과 함께 생활하는 남성과 여성은 동일한 대상과 행위에 대한 평가가 서로 엇갈릴 수도 있다. 따라서 남성이 토큰 여성으로 간주되는 점이 여성에게는 여왕벌 신드롬이 될 수도 있고, 그 반대의 현상이 있을 수도 있으며, 이 현상으로 인해 생기는 부정적 평가도 성별에 따라 다를 수 있다는 가정을 할 수 있다. 즉 토큰 여성의 조건인 희소성(scarcity), 제한된 권력(given bounded power), 남성화(defeminization)를 측정하는 동시에 여왕벌 신드롬의 조건인 자기방어기제(self defense mechanism), 권력 중심적 리더십(power based leadership), 비공식성(informality)의 거부에 대한 개념을 측정해야 한다.

표 7-1 토큰 여성과 여왕벌 신드롬의 탐색적 질문 예시(1)

(질문1) 직장에서 전체 여성과 여성 상사의 비율은 어떤 상태라고 생각하십니까?
(질문2) 여성 상사가 가진 권한이나 재량, 업무량은 같은 직급의 남성에 비해 어떠합니까?
(질문3) 여성 상사에게서 보통 여성상에 비해 다른 특징을 보셨다면, 그것은 무엇입니까?
(질문4) 여성 상사는 어려움이 닥쳤을 때 윗분이나 부하에게 어떻게 하시는 편입니까?
(질문5) 여성 상사는 평소 리더로서 부하직원에게 어떠한 태도를 보이시는 편입니까?

(질문6) 여성 상사는 업무 이외 회식이나 경조사, 사교모임에 대해 어떤 태도이십니까?
(질문7) 여성 상사에 대해 업무와 인간적 측면에서 전반적으로 어떻게 생각하십니까?

4 인식과 대처: 허구와 실제의 사이에서

여기에서 제기하는 주장은 일단 토큰과 여왕벌 신드롬의 발생이 고위직 여성의 의식과 행동의 특성이라는 것이었다. 아직 논의의 토대가 미약한 우리나라에서 일반화된 실증이나 주장이 있는 것은 아니지만, 소위 성공한 공직 여성에게 이 개념들이 나타나기 쉽다는 논리는 충분히 인정될 수 있다. 그리고 우리나라 공직에서 남성과 여성 부하에게 고위직 여성 상급자의 존재는 토큰 여성과 여왕벌 신드롬 개념으로 동시에 다루어질 수 있다.

이는 두 개념이 공히 기존 조직에서 고위직 여성이 일단 소수이고 약자이기 때문에 발생된다는 것으로 보여졌다. 다만 여기에는 중요한 관점의 차이가 있으며, 이는 두 개념을 같이 다루는 이유이기도 했다. 특히 여왕벌 신드롬의 관련 논의들은 고위직 여성이 부정적 평가를 받는 원인에 대해 토큰에서 주장하는 외생적 조건보다는 고위직 여성 스스로의 내생적(endogenous) 판단과 능동적 의사에 근거한다는데 주목했다. 토큰 여성은 부정적 여성상이 수동적으로 만들어지는 것으로 보는 반면, 여왕벌 신드롬의 발생은 고위직 여성의 고의적 의사에 기반을 둔다는 점을 분명히 한 것이다. 즉 해외에서 나온 이론적 근거로서 고위직 여성의 희소성, 제한된 권력, 남성화의 원인은 여성 자신일수도 있지만 대부분 남성에 의해 외부적으로 조작된다는 것에 대해서 동의를 할 수 있다. 반면 자기방어기제, 권력 중심적 리더십, 비공식성의 거부는 외부적으로 조작되기보다는 여성 자신의 의식과 가치관의 문제에 가깝다는 것이 정설로 받아들여지고 있다.

우리나라에서도 토큰과 여왕벌 신드롬의 존재를 인식하고, 이에 대한 학술적, 정책적 논의를 활성화할 필요가 있다. 서구에서는 이미 오랫동안 유리천장(glass ceiling), 분홍색 게토(pink-color ghetto)나 벨벳 게토(velvet ghetto) 등과 같이 전문직, 고위직 여성의 삶과 인간관계에 대한 다양한 이슈를 발굴하고 관련 탐구를 추진해 왔다. 그럼에도 불구하고, 우리나라에서 기존 공직 여성에 대한 사회적 관심은 고위직에 여성을 인위적으로 진입시키는 것을 당연시하거나, 이후 이들의 뛰어난 자질과 성공을 묵시적인 전제로 간주해왔다.

이제 우리나라 공직도 여성의 진입을 양과 질에서 담보하기 위한 채용과 관리자 임용목표가 정착되어, 충분치는 않지만 성비 상황은 크게 달라졌다. 앞으로는 공직사회에서 단지 여성 진입의 보이지 않는 장벽을 제거하거나 차별을 이슈화하는 것만이 문제가 아니라는 것이다. 더 중요한 문제는 일단 공직에 진입된 여성이 성공할 수 있는 조건을 만들고 이 여성이 조직에서 상징화될 가능성을 막는 것이다. 소위 '회전문(revolving door) 이론'처럼 여성이 고위직급에서 자질이 자연 도태되거나 경력이 재방출되지 않도록 하는 방향으로 관심이 전환되어야 한다.

그리고 우리 사회는 승진 할당제 시행에 대한 무형적 부담과 편견을 고위직 여성이 고스란히 껴안지 않도록 배려해주려는 고민을 시작해야 할 것이다. 이를 위해서는 최소한 남성의 의식 전환과 협조에 더하여 여성과 여성은 서로 협력적이고 적극적인 관계가 유지되어야만 한다. 최근 외국의 다각화된 성차별 학자들은 대부분 이러한 점에 동의하고 있다. 고위직 여성에 대한 토큰 여성의 해결 가능 주체는 일차적으로 주변의 남성이고 여왕벌 신드롬은 고위직 여성 자신과 여성 상호간의 문제이다. 특히 여왕벌 신드롬 개념은 고위여성에 대한 남성들의 기존 시각만 바꾼다고 해서 저절로 나아지는 문제가 아니다.

보다 구체적으로 여성 상사에 대해서 평소 부하 남성이 토큰으로 바라본다는 의미는 기존의 남성 중심적인 조직문화와 가치관으로 그 자질과 능력을 의심하는 것이다. 공직의 고위직 여성이 이른바 정책적 특혜자(tokens)로 일반화되어 버리는 결과가 초래될 수 있는 것이다. 더구나 지금 중앙주도의 '여성 관리자 임용확대 계획'과 '1부서 1여성 과장 권고'는 남성들의 잠재된 토큰의식을 더욱 강화시킬 가능성도 있어 보인다. 이는 단기간에 기존 여성의 인력 중에서 특정여성의 발탁인사를 유도하기 때문이다. 단기간의 발탁인사는 자의든 타의든 오직 그 여성만을 상징적으로 부각시키면서 동시에 그러지 못한 다수의 다른 여성을 저평가되도록 만들 수도 있다. 우리는 인위적 제도가 오히려 장기적 관점에서 다수 공직 여성을 안정적으로 하위직급에 둘 수 있는 방어기제로 사용될 수도 있음을 새로 상기하면서, 제도의 틀을 유지하되 본래의 정책 취지를 더 살려 운영의 묘를 발휘할 때이다.

그래서 향후 고위직 여성 집단의 직무실태조사, 관행 및 사례조사, 직급별 여성맞춤형 경력관리와 교육프로그램 등이 고려될 수 있고, 남성의 비판적 시각도 방치할 것이 아니라 이해시키는 노력을 더 경주해야 한다. 이와는 다른 방향으로 여왕벌 신드롬의 개념에 대해서는 고위직 여성들의 자아의식을 개선하는데 초점을 맞추어야 한다. 우리나라 공직사회에서 여성이 특정 고위직에 처음 진출하면 여전히 언론의 조명이나 주위의 관심을 받는다. 이에 공직사회에서 고위직 여성의 의식과 행동에 대한 우리나라 고유의 도덕적 규범이 필요하다. 예컨대, 여성 후배에 대한 자기방어나 권력적 리더가 되기 보다 동료의식을 강화하고 적극적 지원자를 자처해야 한다.

관료제와 같은 계층제 조직에서는 처음 아래쪽(bottom)부터 사다리를 올라가듯 승진을 위해 노력(climbing the corporate ladder)하는 것이 보통이지만 토큰 여성은 예외이다. 현재 우리나라 지방공무원의 경우 5급에서 4급 승진은 대부분 대상연도 5년을 넘겨 9−10년 이상 걸리는 것이 보통이다. 그러나 최근 3년 간 승진한 4급 이상 고위직 여성은 대부분 할당제로 인해 승진 소요기간이 남성보다 짧다. 일선 공직 현장에서 들어본 토큰 여성에 대한 고위직 남성들의 증언은 동료 여성의 승진이 곧 단순한 정부 정책의 수혜이며 국민적 여론, 언론적 이슈에 민감한 민선 단체장의 특성, 학계 및 여성계의 요구 때문이라고 보았다. 반면 여왕벌 신드롬에 대한 몇몇 고위직 여성의 변론은 자신이 특정 후배여성의 후견인으로 자처할 경우 대다수 남성부하가 등을 돌리는 동시에 잘못된 루머나 편파적 소문에 휩싸일 수도 있어 굳이 내켜 하지 않는 분위기라는 것이다.

>>> 표 7-2 토큰 여성과 여왕벌 신드롬의 탐색적 질문 예시(2)

<table>
<tr><td rowspan="12">토큰 여성</td><td rowspan="4">희소성</td><td>우리 조직(부서)에서 직급에 관계없이 전반적으로 여성의 숫자는 적다.</td></tr>
<tr><td>우리 조직(부서)에서 고위직(5급 이상) 전체에서 여성의 수는 적다.</td></tr>
<tr><td>우리 조직(부서)에서 일정 직급 이상부터는 여성이 거의 없다.</td></tr>
<tr><td>우리 조직(부서)에서 고위직 여성은 특별하게 승진한 케이스이다.</td></tr>
<tr><td rowspan="4">제한된 권력</td><td>우리 과장(국장)님은 다른 과장(국장)님에 비해 업무량이 적다.</td></tr>
<tr><td>우리 과장(국장)님은 다른 과장(국장)님에 비해 권한과 재량이 적다.</td></tr>
<tr><td>우리 과장(국장)님은 다른 과장(국장)님에 비해 위상이나 권위가 낮다.</td></tr>
<tr><td>우리 과장(국장)님을 믿고 다른 부서와 힘 겨루기를 할 수는 없다.</td></tr>
<tr><td rowspan="4">남성화</td><td>우리 과장(국장)님은 보통의 여성에 비해 강한 이미지를 준다.</td></tr>
<tr><td>우리 과장(국장))님은 보통의 여성에 비해 대화나 전화 목소리가 크다.</td></tr>
<tr><td>우리 과장(국장)님은 보통의 여성에 비해 통이 크고 털털하다.</td></tr>
<tr><td>우리 과장(국장)님은 직장에서 어머니보다는 아버지 같은 스타일이다.</td></tr>
<tr><td rowspan="7">여왕벌 신드롬</td><td rowspan="4">자기방어 기제</td><td>우리 과장(국장)님은 직장생활에서 어려움이 닥쳤을 때 피하지 않는다.(*)</td></tr>
<tr><td>우리 과장(국장)님은 직장생활에서 문제가 생기면 적극적인 자세로 해결한다.(*)</td></tr>
<tr><td>우리 과장(국장)님은 직장생활에 있어 주위 사람에게 항상 당당하다.(*)</td></tr>
<tr><td>우리 과장(국장)님은 직장사람들과의 인간관계에서 기대 이상으로 노력한다(*).</td></tr>
<tr><td rowspan="3">권력 중심적 리더십</td><td>우리 과장(국장)님은 직원들에게 무엇을 어떻게 하는지에 대한 지시가 분명하다.</td></tr>
<tr><td>우리 과장(국장)님은 직원들의 업무수행에서 표준화된 규칙을 따르도록 지시한다.</td></tr>
<tr><td>우리 과장(국장)님은 중요한 업무나 사안에 대해 직원들과 상의하여 결</td></tr>
</table>

		정한다.(*)
		우리 과장(국장)님은 직원들을 공정하게 대우하고 애로사항을 수렴한다.(*)
	비공식성의 거부	우리 과장(국장)님은 직장에서 회식을 좋아하고 주도한다.(*)
		우리 과장(국장)님은 직원들 경조사나 취미활동을 챙기려고 노력한다.(*)
		우리 과장(국장)님은 사적인 자리에서 친근하게 접근하기가 어렵다.
		우리 과장(국장)님은 업무시간 이외에 만나거나 대화하기가 불편하다.

다른 한편으로 토큰 여성의 개념에 대해서는 지금처럼 남성을 상대로 고위직으로의 여성진입을 막는 보이지 않는 관행과 장벽을 제거하는데 주력하는 것이 적절하다. 희소성은 지금의 할당제로 다소 해결할 수 있으며 지속적인 양성평등교육으로 고위직 여성에 대한 남성의 부정적 현혹효과(halo effect)를 줄여나갈 수 있다. 후배여성에 대한 여왕벌 신드롬의 해결책은 고위직 여성의 비공식성 강화(reinforcement of informality) 노력이다. 특히 조직 내 남성(old boy networks)에 대한 여성만의 비공식 조직(good old girl networks)과 네트워크가 만들어져야 한다. 이 네트워크만 구축되면 고위직 여성은 더 이상 고독하고 힘든 여왕벌이 아니다.

실제로 네트워크 효과에 관한 미국의 경험은 여성 간 상호이해와 공동의 차별극복노력 등에 있어 대단한 것으로 증명되고 있다. 예를 들면 미국기업에서는 여성 간 네트워크를 통해 여왕벌 신드롬이 근래에 사라지고 있다. 고위직 여성은 더 많은 여성들과 협력하기 위해 네트워크를 구축하였기 때문이다. 일부 고지식한 사고를 지닌 남성경영자 집단에 대항하기 위해 시작된 여성네트워크는 일과 가정을 양립시키는 새로운 직장문화, 여성위주의 관행과 규칙을 새로 만들어내고 있다.

끝으로 우리 사회와 정부의 인위적 진출장려와 여성 권익 신장에도 불구하고, 고위공직에서 여성의 수가 빨리 늘지 않고 여전히 적게 유지되는 원인(why so few senior women?)을 탐구하는데 두 개념은 유용한 단초를 제공한다. 고위직 여성을 바라볼 때 남성에게 토큰 여성이라는 꼬리표가, 여성에게 여왕벌 신드롬이라는 편견이 지속되는 한, 전체 여성의 지속 가능한 발전과 성공은 힘들기 때문이다. 물론 이러한 문제 제기는 앞으로 뜨거운 논란거리가 될 수 있다. 토큰과 여왕벌 현상에 대한 행정학과 여성학의 의견이 다를 수도 있고, 이 문제를 구체적인 정책대안으로 현시하는 것도 대단히 어렵다. 그렇다고 해서 지금 공직 여성 문제에 대한 학계의 생산적 노력을 소홀히 할 수는 없으므로, 향후 이 장에서 소개한 새로운 이슈들에 대한 추가적인 논쟁과 담론은 불가피할 것으로 보인다.

제8장

성별 의식의 양가성: 공직의 양성평등은 어떠한가?

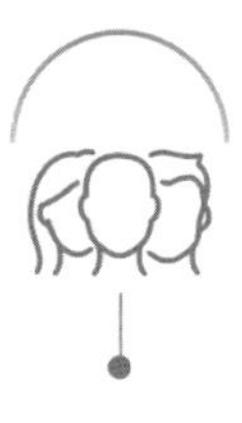

제8장
성별 의식의 양가성: 공직의 양성평등은 어떠한가?

1 공직의 남녀 성별 관계: 그 이중적 속성

이 장에서는 <성별 의식의 양가성: 공직의 양성평등 관련 의식과 행동은 어떠한가?>를 주요 논의 주제로 정해 보았다. 공직사회에서 남녀 성별 의식은 확연히 다른데, 특히 남성의 성별 의식은 양가성을 지닌다는 것에 최근 전문가들은 동의한다. 여성이 약자이며 보호해야 한다는 의식은 우리 사회의 통념이지만, 이것은 공직 인사의 평등 규범과 균형의 원리 개념에는 위배된다. 이는 기존 사회학이나 심리학적으로도 확인된 내용으로, 이 장에서는 공직사회에 성별 의식을 진단하는 데 새로운 지평을 열어 보고자 한다. 다루고자 하는 주요 내용으로는 공직의 남녀 성별 관계의 이중적 속성, 지배적 가부장주의와 보호적 가부장주의의 구별, 경쟁적 성 분업화와 보충적 성 분업화의 비교, 적대적 이성애와 친교적 이성애의 차이 등에 대해서 심층적으로 논의하려 한다. 이를 통해 공직 인사의 평등개념을 재정립하고, 남녀 성 의식의 이론적 준거를 새로 제안해 보려 한다.

상당한 세월 동안 정부가 공직에서 여성의 지위를 정책적으로 격상시켜 왔고 차별의 부당성에 대한 사회적 합의가 이루어지고 있음에도 불구하고, 여전히 공직 여성에 대한 인식이 전향적 수준으로 개선되었는지는 알기 어렵다. 공직에서 여성의 삶은 여전히 해외 선진국의 그것과 비교할 때 적지 않은 격차가 남아 있다는 것에는 많은 이들이 동의할 것이다. 이러한 점에 기반해서, 이 장에서는 우리 사회와 공직의 양성평등 문제에 대해 기존과는 다른 이론과 관점에서부터 그 가정을 출발시키고자 한다.

최근 해외의 학자들에 의해 그러한 가정은 소위 '양가적 성차별 이론(ambivalent sexism theory)'으로 불리고 있다. 이 이론은 기존의 성차별 현상을 단순히 하나의 적대적 차원으로 가정해 왔던 것이 옳지 않았다고 본다. 즉 성차별은 복잡하고 교묘하며 양면적 태도로 나타나므로, 이를 다시 적대(hostile sexism)와 온정(benevolent sexism)에 관한 이중적 태도로 다르게 분리주어야 한다는 것이다. 이 이론에 따르면 여성에 대한 남성의 온정적 혹은 우호적인 배려도 잘못된 성 인식에 근거하는 것이며, 과거 긍정적 상징으로 은폐되거나 왜곡될 수 있는 태도의 측정에는 거의 관심이 두어지지 않았다는 점이 강조된다.

그러므로 이러한 논의로 예상되는 가장 큰 학문적 공헌과 기여는 다음과 같다. 우선 양가적 성차별이 공직사회에서 지금껏 정부가 행한 모든 여성 친화정책, 양성평등 실현정책에 대해서 새로운 대책을 강요한다는 것이다. 현재 양성평등, 여성 친화정책은 정부와 공공부문이 먼저 모범적으로 선도하면서 민간 부문에 대해서도 적극적으로 권고하고 있다. 그런데 양가적 성차별 이론에 근거하자면 현재 일-가정 양립지원, 모성보호, 여성 친화정책 등은 모두 적대적 성차별 현상만을 바로잡기 위한 일방향적(one-way) 조치였다고 해도 과언이 아니다.

일반적으로 공직사회는 민간보다 조직문화가 보수적인 편으로 알려져 있으며, 중앙과 지방의 의식 차이도 있다. 가부장적인 동양의 유교문화에 오랫동안 속해 왔던 우리나라에서 전통적 여성상에 관한 온정적 성차별이 공직사회에 존재할 가능성을 배제할 수 없으므로, 양가적 성차별을 학계에 거론하지 않으면 공직 여성의 장기적인 발전은 쉽지 않을 것이다. 이 이론에 따르면 지금 공직의 양성평등정책은 절반의 성공이라 판단되며, 오히려 온정적 성차별에는 면죄부를 주면서 이러한 구조를 더욱 강화시킬 가능성도 있어 보인다. 따라서 이 장에서는 공직사회 양성평등문제의 해결과 여성발전에 대해 "빠져 있었지만 몰랐던 고리(missing link)"를 보완하려는 의미가 있다. 현재 정부의 정책의 집행순서상 공직에서 먼저 이것의 존재 가능성이 규명되어야만, 민간에 대해 올바른 시책을 권고하고 전달할 수 있는 것이다.

그러면 성차별의 일반적 의미와 특수한 양면성에 대해 알아보자. 일반적으로 '성차별' 개념은 정치, 경제, 사회, 문화 등 모든 분야에서 인간이 기본적 자유를 인식함에 있어 성에 근거하여 받는 모든 구별, 배제, 제한을 의미한다. 이러한 성차별은 사회적 관습에 의해 강화되고, 전통적 관념에 기반하여 특정한 성을 억압하는 것을 말한다. 따라서 여성 차별은 여성을 차별하는 태도, 신념, 정책, 법, 행동이 사회적 관습과 전통적 신념에 근거하여 여성을 억압하는 형태라고 할 수 있다. 이는 선천적으로 나누어진 생물학적 성의 차이가 여성의 능력개발을 제한하고 성 불평등을 지속시키는 수단으로 활용되어 왔음을 함축한다.

급속한 산업화의 영향으로 여성인력 활용의 문제가 사회적 화두로 떠오르면서 여성의 사회참여와 경제활동은 매우 보편적이고 자연스러운 현상이 되어가고 있다. 그럼에도 불구하고, 노동시장에서의 성별 분업 현상은 여성의 직업과 남성의 직업 간 분리현상을 초래하고, 조직 내의 직급 간·부서 간 업무분리현상을 초래하여 여성은 여전히 낮은 지위와 적은 임금을 감수해야 하는 것이 현실이다. 이러한 문제는 민간기업뿐 아니라 공직에서도 해소되지 않는 문제로 남아 있다.

오래전 정부는 공공부문의 여성 공무원의 비율을 늘리고자 여성 공무원채용목표제를 실시(1996~2002년)하고, 군필자 가산점제 폐지(1999년), 양성평등 채용목표제 실시(2003년), 여성 관리자 임용확대 5개년 계획수립(2003년), 여성 관리자 임용목표제 시행(2003년), 성별 균형 인사 시행 등 여성 공무원에 대한 차별철폐조치와 적극적인 인사 조치를 단행함으로써 여성 공무원의 비율은 급속히 증가하였다. 그러나 이러한 비율증대에도 불구하고 여성 공무원은 여전히 7급~9급에 이르는 낮은 직급에 집중적으로 분포되어 있고, 공직에서의 여성들 또한 성별 분업 현상을 경험해야 하며, 남성에 비해 상대적으로 낮은 지위와 적은 임금을 감수하고 있다. 따라서 여성 공무원의 지위향상과 관리직급에서의 비율증대는 시급한 문제로 대두되었다.

개인의 정체감과 같이 현상적 경험을 바탕으로 구성된 경험 기술개념 속에는 문화적 상징체계, 의미체계, 해석체계 및 감정 연합체계가 융해되어 있으므로, 이러한 개념의 이해는 그 개념이 구성되고 통용되는 사회문화적 맥락에 대한 고려를 필수 전제조건으로 해야 한다. 즉 현상적 경험은 문화적 경험이며, 개인의 의식에 관한 속성이 사회문화적 맥락과 속성에 의해 구성되어진다는 전제에 입각하고 있다는 점에서 중요하다고 볼 수 있다.

한국인의 문화적 편견이란 다른 사회나 문화권의 사람들과 비교해서 한국인들에게 상대적으로 독특하게, 또는 양적, 질적으로 현저하게 나타나며, 동시에 한국 문화권 내에서 볼 때 다른 자기적 특성보다는 다수에 의해 상대적으로 더 현저하게 고유화되고 중시되며 기능적으로 관여되는 자기적 특성을 지칭한다. 무릇 문화는 비교적 체계화된 가치체계, 해석체계, 감정체계를 내재시키고 있으며, 따라서 문화적 존재로서의 개인은 내재적으로 그 문화권의 사람들에게 특정한 사건이나 상황에 직면해서 감정적으로 어떻게 반응하고 인지적으로 어떻게 해석하며 행위적으로 어떤 행위가 적합한가에 대한 준거체계를 제공한다. 결국 한국인의 문화적 인식은 한국인의 사회·문화적 생활 속에서 보편성있고 중요하게 작동되고 관여되는 자기의 주요한 차원들을 지칭하는 것이라 하겠다.

따라서 지금 한국의 공직사회에서 여성 공무원의 평등실현에 가장 뿌리 깊은 장애는 역시 여성 공무원에 대한 편견 의식을 들 수 있을 것이다. 여성 공무원에 대한 인식 전환의 출발점은 기존의 가부장적 지배구조에서 고착화된,

여성은 '주부'나 '어머니'라는 관점에서의 탈피이다. 남성권력구조의 유지와 결혼, 출산, 자녀 양육에서 오는 취업 장애들이 여성들의 경제활동보다 가사의 가치를 강화하고 나아가 직장 여성에 대한 역할을 보조적 역할로 규정하는 기반이 되고 있는 바, 이에 대한 관점 변화의 노력이 필요하다. 이의 개선을 위해 현재 공무원 연수기관에서는 양성평등 및 성인지 인사 실무 관련 교과목을 운영 중에 있으나 실효성이 미흡한 실정이다.

한편, 공직에서 여성을 배제시키는 관행화된 요인으로 비공식적 관계망(비공식적 네트워크를 통한 업무와 비공식적 상호작용)을 들 수 있다. '비공식성(informality)'이란 집단 내 강한 동질성과 특정 규범과 태도를 공유하게 함으로써 적합하지 않은 기질을 소유한 사람이나 집단의 참여에 대해 배타적인 태도를 갖게 하는 것을 말한다. 남성 중심의 한국의 성문화에 대한 논의들은 공통적으로 말하길, 우리 사회의 경우 전통적으로 순수한 개인의 능력보다는 인맥이나 학연, 지연 등 사적인 관계가 공적인 관계를 뒷받침하는 문화적 배경을 가지며, 이러한 특성은 조직의 업무를 효율적으로 수행하기 위해서 업무 후의 술자리나 비공식적인 모임에서의 관계형성을 필요로 한다고 알려져 있다.

공식업무 이외의 비공식 모임, 즉 여가시간을 같이 하거나 사우나 등의 유흥업소 이용, 고스톱, 술자리 등의 경험 공유는 직장이라는 공적 관계를 사적인 관계로 대치시키는 매우 효율적인 역할을 한다는 것이다. 이때 공직에서 적합하지 않은 기질의 대표적인 대상은 바로 소수집단으로서의 여성 공무원이 된다. 여성 공무원들은 남성 중심의 네트워크로부터 배제되어 새로운 지식, 정보에서뿐만 아니라 비공식적 추천에 의해 이루어지는 승진 및 기회부여 등에서도 불이익을 당하게 된다. 결과적으로 이 장은 공직의 양성평등 문제에 대하여 학계와 실무자들에게 새로운 관점을 소개하고, 이에 대한 관심과 이해를 불러일으키기 위한 동기로 작성되었다. 아직 생소한 개념인 '양가적 성차별(ambivalent sexism)' 이슈에 관련된 이론을 소개하고, 이 개념의 존재에 대해 구체적으로 논의해 본다.

2 성별 의식의 양가성: 적대적 차별과 온정적 차별

우리나라에서 공직사회의 기존 성차별, 양성평등 관련 논의는 많은 학자들이 다루어 온 주제이지만, 집적된 학문의 성과나 다각적인 담론의 수준은 아직 미진하다. 왜냐하면 기존 현실이 크게 변하지 않았고, 학자들에 의해 지적되고 있지 않은 성차별, 양성평등 문제들이 아직 많이 산적해 있기 때문이다.

그러나 선진국이나 해외에서는 시대변화와 평등주의적 사회규범의 영향을 보다 충실히 반영할 목적으로 다양한 종류의 성차별 이론과 양성평등 논의가 심층적으로 전개되는 중이다. 예컨대, 양성평등(gender equality)의 반대개념이 곧 성 불평등(gender inequality)이나 성차별 상황(gender discrimination)을 의미하는가? 성차별과 인종차별은 같은 맥락에서 바라볼 수 있는가? 눈에 보이는 성차별과 보이지 않는 성차별 중에서 어느 것이 더 심한 차별인가? 공·사 부문을 막론하고 이런 질문에 대한 학술적 의문은 아직 시원하게 풀리지 않고 있으며 우리나라의 경우 더욱 그러하다.

게다가 국내의 경우를 보면 공직 여성에 대한 차별이나 편견은 주로 사람의 심리나 의식 속에 내재된 단일차원성(unidimension: 개념은 하나)의 전제에 대해서는 별도의 논의 없이 거의 유사한 의견일치를 보이고 있는 것 같다. 즉 인종이나 성에 대한 편견과 고정관념이 남성적 평가의 전유물(male preserve)이며 주로 특정 집단에 대한 '적대감(hostility)'에 근거한다는 입장은 학문적으로 널리 받아들여져 왔다. 그리고 오랫동안 우리는 국가, 사회의 양성평등 문제를 이른바 '성 대결(battle of the sexes)' 양상과 성별 갈등의 해소로 풀 것을 대동소이하게 제안해 왔던 것이다. 역설적이게도 이러한 점은 기존 성차별 문헌과 연구의 중요한 공헌이자, 동시에 약점을 의미하기도 한다.

국내 심리학 분야에서는 이미 성차별의 양가성 차원이 중요하게 다루어지고 있다. 국내 심리학 등에서 밝혀진 한국형 양가적 성차별주의 척도는 높은 수렴타당도를 보이면서도 새로운 구성개념을 측정하는 척도임을 나타내 주는 것으로 드러났다. 또한 적대적 성차별주의(HS)와 온정적 성차별주의(BS)의 요인은 성폭력 피해자에 대한 인식과 강간통념에 남성의 온정적 성차별주의가 중요한 역할을 하는 것으로 나타났다. 하지만 학교, 민간기업, 전문직, 공공조직의 양가적 성차별이 서로 다르다. 그래서 우리나라에서도 사회 각 조직과 집단문화의 차이에 따른 양가적 성차별의 다각적 규명이 매우 중요한 문제가 되며, 공직사회에서의 적대적 성차별주의(HS)와 온정적 성차별주의(BS) 규명은 그 학문적 의의도 찾을 수 있다.

1) 양가적 성차별이란?

양가적 성차별은 여성에 대한 적대와 온정의 편견(선입관)이 혼재된 개념으로, 성차별 현상은 기존의 적대감(부정적 요소)에만 근거한 것이 아니라 남성의 보호의식이나 친밀감(긍정적 요소)에서도 충분히 파생될 수 있다는 것이다. 그리고 성에 대한 고정관념과 태도, 차별의식은 남성의 여성에 대한 일방적인 적대감(antagonistic attitude)이라기보다는 미움과 애정, 질시와 보호, 적대주의와 온정주의가 함께 뒤섞인 이중적인 속성을 가진다는 것이다. 문제는 후자들의 경우도 본질적으로 성차별과 편견의 일부에 지나지 않을 수 있다는 점이다. 이것이 비록 해외에서 처음 제기된 주장이지만, 우리나라에서는 주로 여성에 대한 남성의 태도를 논의하는 데는 중요하다.

적대감과 온화함이 공존하는 양가주의는 남성과 여성의 관점(monopoly)에 균형감 있게 근거한 것이기 때문이다. 예컨대 정부의 기존 정책이 여성은 소수이며 약자이므로 무조건적으로 인위적 배려를 하는 경향을 보인다면 장기적으로 남성의 역차별, 여성의 저평가 비판에서 자유로울 수 없다. 게다가 우리 사회가 노골적인 성차별주의 대신 암묵적 성차별주의로 변화될 수 있는 가능성을 고려한다면 문제는 또 달라진다. 널리 알려진 적대적 성차별주의가 남성 위주의 권력구조에 도전하는 여성들에 대한 배제(exclusion)를 했다면, 우리가 모르는 온정적 성차별주의는 전통적 역할을 유지하는 여성에 대해 격려와 보상(encouragement)을 주는 방식으로 나타나기 때문이다.

양가적 성차별 이론은 온정적 성차별이 적대적 성차별과 동일하게 차별의 다른 양상에 지나지 않으며, 차별의 부정성, 일방향성을 보완해주는 것에 지나지 않는 것으로 보고 있다. 오히려 온정적 성차별은 비지각성, 양면성, 이중성 때문에 적대적 성차별보다 오히려 개선될 소지가 더 많은 핵심 개념으로 지목되고 있다. 이런 점에서 현재 우리나라에서 성차별도 적대적인 것에서 온정적인 것으로 변화하고 있다. 최소한 겉으로는 적대적 성차별보다 온정적 성차별이 여성을 돕거나 친밀성을 추구하는 친사회적 행동을 통하므로 사람들에게 잘 지각되지 않는다. 특히 동양에서는 여성에 대해 긍정적인 태도를 견지하는 온정적 성차별이 사회적으로 더 바람직한 것으로 받아들여짐에도 불구하고, 사회구조적 불평등에 대한 여성의 저항을 사전에 무력화시킴으로서 차별구조를 영구 고착화시키는 원인이 되고 있다. 더욱이 그 중심에는 바로 온정적 성차별이 자리하고 있다.

2) 적대적 성차별이란?

적대적 성차별은 많이 다루어진 기존 남녀 성차별 논의와 비교적 동일한 의미를 갖는다. 즉 적대적 성차별은 조직에서 여성이 남성의 권위나 영역을 침범하는 데 대한 적대적 감정(antipathy)을 가지는 것에서 시작된다. 적대적 성차별은 기존의 남성 위주의 전통적 권력구조에 도전하는 비전통적 현대 여성들에 대한 다소 고압적이고 징벌적인 태도를 취하는 것을 의미한다. 전통적으로 적대적 성차별주의는 여성이 여권주의(feminist ideology)이나 성적 매력(sexual seduction)을 이용해서 기존 남성의 지위와 권위를 위협하고 있다는 지각에 바탕을 두고 있기 때문이다. 하지만 이러한 적대적 차원은 기존의 젠더 이론이나 성차별 혹은 양성평등 이론 사이에서 사람들의 관심을 많이 받았고, 탐구와 해결책이 다각적으로 제시되어 현대사회가 고도로 발전될수록 외형이나 표면적으로는 자취를 감추고 있는 것으로 파악되고 있다.

적대적 성차별은 지금까지의 성차별, 양성평등주의 논의에서와 마찬가지로 동일한 개념적 입장을 취한다. 즉 이는 여성이 남성의 권위나 영역을 침범하는 데 대한 적대적 감정(antipathy)을 품는 데서 비롯된다고 본다. 적대적 성차별은 기존의 남성 위주의 전통적 권력구조에 도전하는 비전통적 현대 여성들에 대한 다소 고압적이고 징벌적인 태도를 취하는 것을 의미한다. 적대적 성차별주의는 여성이 여권주의(feminist ideology)이나 성적 매력(sexual seduction)을 이용해서 기존 남성의 지위와 권위를 위협하고 있다는 지각에 바탕을 두고 있기 때문이다. 이런 적대적 성차별주의를 가진 남성은, 여성이 주도적 과제(agentic tasks)를 해낼 능력이 없기 때문에 법적, 경제적 및 정치적으로 중요한 지위에 부적합하다는 신념을 갖는 경향이 있다. 그리고 적대적 성차별은 포괄적(global), 확산적(diffused)이면서도 행위 경향성(action tendencies)이 높은 것으로 알려져 있다.

3) 온정적 성차별이란?

학문적으로 많은 논의가 진척된 적대적 성차별의 차원과 달리 온정적 성차별은 공공부문은 물론 기존의 여성학이나 사회학, 성평등 이론에서도 주된 관심의 대상 밖이었다. 그렇지만 이는 기존의 통상적 관점과 대별되는 양가적 성차별 이론의 가장 중요한 특징이다. 온정적 성차별은 기본적으로 여성이 성적으로 연약하며 도덕적이고 순수하다는 남성의 주관적 신념을 내포하고 있다. 온정적 성차별주의자는 전통적인 여성상에 근거한 고정 관념적인 시각으로 여성을 평가하며 가사일과 같은 제한된 역할에 보다 적합한 것으로 본다는 점에서 차별적이지만, 주관적으로 그런 여성에게 느끼는 감정은 일단 긍정적이고 친절한 태도로 드러난다.

온정적 성차별은 표면적으로 기사도 정신(chivalrous attitude)과 같이 여성에게 호의적인 모습으로 나타나므로, 일반인에게는 성차별이 아니라는 오해를 살 수 있다. 하지만 온정적 성차별은 그 나라와 문화에서 역사적으로 여성의 전통적 역할에 부합되는 여성상(stereotyped images of women)을 무의식적으로 강요한다. 그리고 여성의 성적 연약함(weakness)과 그 순수성(innocent)에 대한 칭송은 반대로 성적 순수성이 없어 보이는 여성에 대해서는 더욱 부정적인 태도를 갖도록 부추긴다.

이는 실상 더 교묘하고 우회적인 형태의 성차별 방식으로, 여성에 대한 관심을 통해 기존의 남성 중심적 구조를 강화하려는 의도로 사용될 수 있기 때문에 문제시된다. 즉 온정적 성차별은 여성을 지배, 착취하는 것이 아니라 남성이 여성을 사랑하고 부양자로서의 책무를 다하고 있다는 지배 논리(rule)를 은연중에 강화시키는 요소로 작용할 수 있다. 이런 점에서 현재 우리나라 공직사회에서 성차별의 주된 양상도 적대적인 것에서 온정적인 것으로 변화되고 있을 가능성을 배제할 수는 없다. 이는 정부의 여성 친화정책이나 공직의 직무환경 상의 변화로 인하여 남성들이 최소한 겉으로는 여성에 대한 적대감을 표현할 수 없게 되었기 때문이다.

온정적 성차별은 젠더 이론가나 기성 학자들이 거의 다루지 않았고, 기존의 논의관점과 대별되는 양가적 성차별 이론의 가장 중요한 특징이다. 온정적 성차별은 기본적으로 여성이 성적으로 연약하며 도덕적이고 순수하다는 남성의 주관적 신념을 내포하고 있다. 실제로 동·서양의 여성들은 남성에게 '폄하와 무시(derogation)'의 대상이었을 뿐 아니라 동시에 '보호와 흠모(admiration)'의 대상이기도 하였다. 이에 온정적 우호성은 여성을 애정과 보호의 대상으로 보는 남성의 호의적 감정(favorable)을 말한다. 온정적 성차별은 여성을 지배, 착취하는 것이 아니라 남성이 여성을 사랑하고 부양자로서의 책무를 다하고 있다는 지배논리(rule)를 은연중에 강화시키는 요소로 작용된다. 선진국에서는 이미 오래된 양성평등교육과 정책변화, 사회분위기의 영향으로 표면적인 차별은 상당부분 사라졌다고 한다. 그러나 지구상의 성과 인종차별은 보다 교묘하고 은밀한 형태로 계속 진화(endless change)하고 있다는 것이 다수 학자들의 입장이다.

4) 예시문과 도구로 이해하기

양가적 성차별의 차원을 '적대적 성차별(HS: hostile sexism)'과 '온정적 성차별(BS: benevolent sexism)'로 구분하여 논의되어 왔다. 적대감과 온화함이 공존하는 양가주의, 성 인식의 양가성(ambivalence)은 핵심적 논의개념(key constructs)으로서 강한 양면성을 지닌 독특한 종류의 편견을 의미한다. 온정적으로 차별을 합리화하는 것도 분명 적대적인 것만큼 중요한 성차별이다. 다음의 예시로 적대적 성차별 혹은 성희롱을 알 수 있고, 온정적 성차별 혹은 성희롱을 구분할 수 있다. 앞의 단락이 적대적 차원이고, 뒤의 단락이 온정적 차원이다.

적대적 성차별(HS: hostile sexism) 예시문

"남성의 권위와 업무능력이 큰 상태가 보다 안정적이라고 생각한다."
"여성은 자기주장을 하기보다는 지시 받는 것을 편하게 생각한다."
"여성이 주도권을 갖는 공적인 관계는 대체로 결과가 좋지 않다."
"대체로 공식/비공식 모임의 리더는 남성이 맡는 것이 좋다."
"여성은 대등한 경쟁관계에서 불리해지면 성차별 문제로 몰아간다."
"여성은 남성보다 특별한 대우를 받는 것이 당연하게 생각된다."
"여성은 스스로의 권리와 이익에 대해서 민감하게 반응한다."
"여성은 별 뜻이 없는 말이나 행동조차도 성차별이라고 생각한다."
"여성은 성공을 위해서 자신의 미모나 신체적 매력을 이용한다."
"여성은 일을 모르거나 순진한 척 해서 남성이 도와주게 만든다."
"여성은 자신에게 친절한 남성 동료가 생기면 그를 이용하려 든다."

*** 상기를 ○, × 형식으로 문답해 보기, ○가 5개 이상이면 나는 성차별을 하고 있는 것이다."**

온정적 성차별(BS: benevolent sexism) 예시문

"육체(신체)적으로 부담이 큰 업무는 여성보다 남성이 감당해야 한다."
"이성 동료에게 서로 가벼운 농담이나 뒷담화를 할 수도 있다."
"어려운 일이 닥쳤을 때 여성은 남성보다 먼저 구제되어야 한다."

"무거운 짐을 여성에게 들리기보다는 남성이 드는 것이 당연하다."
"어느 정도의 배려나 관대함을 여성에게 보여주는 것은 바람직하다."
"여성은 상대적으로 부드러운 면모와 유연한 매력을 가지고 있다."
"남성에 비해 여성은 풍부한 정서와 감수성을 함양하고 있다."
"여자는 가정일이나 육아에 대한 착한 본능을 몸에 지니고 있다."
"여성은 남성에게는 찾아보기 힘든 순수한 매력을 가지고 있다."
"여성의 선망과 동경을 얻은 남성이 진정한 남자라고 생각한다."
"성공에 중요한 것은 자신을 알고 이해하는 이성 동료가 있는 것이다."
"아무리 성공을 이룬 여성도 남성 없이 혼자서는 완전해질 수 없다."

*** 상기를 ○, × 형식으로 문답해 보기, ○가 5개 이상이면 나는 성차별을 하고 있는 것이다."**

표 8-1 해외의 양가적 성차별 척도: Ambivolent Sexism Inventory(ASI)

(X1)No matter how accomplished he is, a man is not truly complete as a person unless he has the love of a woman.(BS)
(X2)Many women are actually seeking special favors, such as hiring policies that favor them over men, under the guise of asking for equality.(HS)
(X3)In a disaster, women ought not necessarily to be rescued before men.(BS)
(X4)Most women interpret innocent remarks or acts as being sexist.(HS)
(X5)Women are too easily offended.(HS)
(X6)People are often truly happy in life without being romantically involved with a member of the other sex.(BS)
(X7)Feminists are not seeking for women to have more power than men.(HS)
(X8)Many women have a quality of purity that few men possess.(BS)
(X9)Women should be cherished and protected by men.(BS)
(X10)Most women fail to appreciate fully all that men do for them.(HS)
(X11)Women seek to gain power by getting control over men.(HS)
(X12)Every man ought to have a woman whom he adores.(BS)
(X13)Men are complete without women.(BS)
(X14)Women exaggerate problems they have at work.(HS)

(X15)Once a woman gets a man to commit to her, she usually tries to put him on a tight leash.(HS)
(X16)When women lose to men in a fair competition, they typically complain about being discriminated against.(HS)
(X17)A good woman should be set on a pedestal by her man.(BS)
(X18)There are actually very few women who get a kick out of teasing men by seeming sexually available and then refusing male advances.(HS)
(X19)Women, compared to men, tend to have a superior moral sensibility.(BS)
(X20)Men should be willing to sacrifice their own well being in order to provide financially for the women in their lives.(BS)
(X21)Feminists are making entirely reasonable demands of men.(HS)
(X22)Women, as compared to men, tend to have a more refined sense of culture and good taste.(BS)

* 원문: Glick, P. and Fiske, S. T.(1996). The Ambivalent Sexism Inventory: Differentiating Hostile and Benevolent Sexism. Journal of Personality and Social Psychology. 70(3): 491-512.

3 성별 의식의 양가성을 판단하는 지표

1) 지배적 가부장주의

양가적 성차별 이론이 제안하고 있는 사실적 준거에서 가장 대표적인 '가부장주의(家父長主義)'이다. 이것은 "전통적으로 집안에서 아버지가 자녀를 대하듯이 남성인 내가 상대방에게 충분히 지배 혹은 보호의 자격이 있다고 생각하는 것"을 말한다. 남성은 가부장주의에 따라서 일단 어느 여성이 여성성(sexuality)을 유지하는 것으로 비추어지면, 그 여성이 여성으로서의 성별기준과 직책수행의 능력기준을 동시에 평가받는 소위 이중잣대(double standard)를 만들어 내게 된다. 또한 여성은 남성 주도적 문화를 전적으로 수용할 가능성이 높아져 쌍방이 모두 문제가 된다.

이러한 가부장주의가 적대적 차원에서는 우선 여성에 대한 남성의 우월성과 지배 및 종속의 논리를 의미하는 지배적 가부장주의(dominant paternalism)로 나타나게 된다. 지배적 가부장주의는 기존 학자들에 의해 많이 알려진 개념이다. 이것은 가부장적 제도(patriarchy)를 정당화하고 상대적으로 우월한 남성의 이미지에 관한 기제이다. 여성은 남성만큼 강하거나 능력이 높지 않으므로 남성이 여성을 지배할 수 있는 지위를 갖는 것이 당연하다는 편견이다. 역사적으로 서양보다 소위 '남존여비(男尊女卑)' 사상이 높았던 동양의 유교문화권에서 지배적 가부장주의는 사회적으로 매우 강한 통념으로 자리 잡아 왔다.

2) 보호적 가부장주의

양가적 성차별의 판단기준으로서 온정적 차원의 보호적 가부장주의는 생물학적으로 강한 남성이 약한 여성을 보살피고 보호해 주어야 한다는 주관적 신념을 통해 조직과 사회에서의 지위를 정당화하는 기제이다. 이는 전통적으로 남성이 모성애를 가지지 못했고 출산과 육아의 능력이 없기 때문에, 여성을 사랑과 보호의 대상으로서 인지해 온 고정관념의 산물이다. 보호적 가부장주의는 고의적으로 업무 중심적, 과업 지향적 리더가 되기보다는 오히려 여성이 가지고 있는 모성애에 기반을 둔 돌봄, 배려, 헌신과 같은 관계 중심적 리더가 되려고 노력하게 만든다. 이것은 여성이 기본적으로 능력과 업무를 통한 조직의 정당한 인정과 권한을 받게 되는 것(authorized)을 방해한다.

현실적으로 학자들이 세계 각 문화권의 비교논의에서 증명한 점은 대부분의 성차별 유형은 지배적 가부장주의보다는 보호적 가부장주의로 나타나고 있다는 것이다. 그리고 경제와 문화적으로 발전된 나라에서 보여지는 성차별의 특성은 적대적인 것보다는 오히려 온정적인 것이 지배적인 것으로 나타나고 있다. 그 이유는 적대적 가부장주의보다 이것이 사회통념상 더 당연하게 여겨지고 교묘하며, 겉으로는 절대 보여지지 않게 하기 때문이다.

3) 경쟁적 성 분업화

양가적 성차별 이론의 '성 분업화(性 分業化)'는 남성의 역할과 신체적 특성이 여성에 비해 사회적으로 인정받는 지위를 담당하는 데 있어서 더 적합하다는 논리이다. 흔히 직장에서 여성은 구조적으로 다수집단인 남성이 정형화시키고 있는 이미지와 조건에 구속되기 마련이다. 여성은 성 분업화에 의해 선별(sorting) 혹은 간택(assortment)된 역할과 지위가 주어진다고 본다. 조직에서 여성이 남성에 비해 중요업무나 재량권이 덜 주어지는 현상은 바로 '성 분업화' 개념으로 설명된다. 이 개념은 남성이 여성에 비해 사회적으로 중추적인 역할을 수행하는 데 더 적합하다고 정당화시키는 경쟁적 성 분업화(competitive gender differentiation)와 함께, 여성은 남성에게 부족한 측면을 단지 보완하는 역할을 수행하는 그러한 보조적 특성을 강조한 보충적 성 분업화(complementary gender differentiation)로 양분되어지고 있다.

이에 먼저 적대적 차원의 경쟁적 성 분업화는 조직에서 남녀의 지위의 차이를 정당화하고 남성이 이를 통해 다시 여성을 하향비교의 대상으로 삼음으로써, 상대적으로 스스로의 인격과 자존심을 고양시키는 심리적 효과를 나타낸다. 남성들은 여성이 주어진 업무재량이나 권력을 잘 다루지 못하며, 남성 상사나 동료를 상대적으로 싫어한다는 기존의 오랜 고정관념과 구설수를 잘 알고 있다. 이런 맥락에서 구성원은 조직생활에서 여성보다 남성을 선호하는 것이 자연스러운 일이라는 통념(myth)이 경쟁적 성 분업화에 내재되어 있다. 그러므로 초기 직무교육을 마친 후 보직과 직렬, 평정과 진급 등 사후 경력관리에 있어서 많은 여성은 남성과는 전혀 다른 경로를 밟게 되는 경우가 많다. 장기적으로 여성이 고위직으로 올라갈수록 이는 더욱 심화되어 결국에 여성은 극소수가 남게 된다. 이른바 유리천장(glass ceiling)이나 유리벽(glass wall) 같이 우리 사회의 해결되지 않은 숙제는 양가적 성차별에 의한 경쟁적 성 분업화의 결과물이라는 이유도 있는 것이다.

4) 보충적 성 분업화

온정적 차원에서의 보충적 성 분업화는 예로부터 시작된 여성의 성적 가사 분업에 대한 남성의 전통적 의존성(dependence)에 기반을 둔다. 즉 이 관념은 주로 직장이 아닌 가사역할(domestic labor)에서 여성을 남성에 대한 상보적인 긍정성(complementary)을 지닌 대상으로 바라보는 잠재의식이다. 보충적 성 분업화는 겉으로 남자는 여자가 꼭 필요하고, 없으면 불편하고 불완전하기 때문에 성차별을 하지 않는 것처럼 보여지기도 한다. 그러나 이는 온정적 차원에서 남성의 여러 가지 부족한 면을 여성이 보충하고 보완하는 구조의 특성을 고정관념으로 귀속(attribution)시키는 역할을 한다.

예를 들면 여성은 부드럽고 섬세하므로 양육과 가사에 더 적합하다든지, 남성이 바깥일을 주로 하면 여성이 내조하는 것이 옳다고 보는 생각들이다. 현대사회에서 공·사 조직의 기본적인 업무분장과 보직분류 체계에서도 우리가 자신도 모르게 여성이 정서적으로 적합한 업무를 따로 구분 짓는 것은 이런 의식이 내재된 탓이다. 성 분업화의 온정적 성향은 역시 겉으로 적대적이지는 않지만, 결정적으로 집단 내에서 강한 동질성과 특정 태도를 공유함으로써 적합하지 않은 기질을 소유한 사람, 즉 여성의 새로운 참여에 대해 사회적으로 배타적인 속성을 발현하고 환영을 받지 못하도록 한다.

5) 적대적 이성애

양가적 성차별 이론이 기존의 차별의식에서 매우 특징적으로 제시하는 것이 '이성애(異性愛)'의 개념이다. 이것은 여성에 대한 남성의 이성애는 여성을 심리적으로 가장 밀접하고 친숙한 관계로 여겨지도록 하지만, 남녀관계에서 애증이 교차하듯 양면적 속성을 가진다. 양가적 차원에서 이러한 이성애 개념은 여성들이 남성들로부터 자신이 얻고자 하는 것을 갖기 위해 성적 특성을 이용한다는 적대적 이성애(heterosexual hostility)와 남성은 사랑하는 여성이 있어야 행복할 수 있다는 친교적 이성애(heterosexual intimacy)의 양가적 특성을 갖는다.

적대적 차원에서는 다수 남성이 소수 여성에게 불가피하게 의존하는 경우에 능력과 성과에 상관없이 이 적대적 이성애는 쉽게 적용이 된다. 한 여성이 남성적 조직문화에서 스스로 여성성(female)을 강요받고 있음을 깨닫는 데는 그리 오랜 시간이 걸리지 않기 때문이다. 이러한 상황하에서 그 여성의 성적 매력은 자신이 선택권을 행사할 수 있는 얼마 되지 않는 권력의 원천(power base)이 되어 간다. 그리고 그 여성은 이러한 남성들의 신념과 테두리하에서 성공을 위해 남성에 홀로 맞서야 하는 외롭고 고독한 존재가 되어 간다.

6) 친교적 이성애

온정적 차원에서 친교적 이성애는 여성에 대한 새로운 차별의 기준으로 제안되고 있다. 친교적 이성애 혹은 이성애적 친교성은 업무조직에서 공식적인 남녀 간의 관계를 단순히 낭만적이고 친밀한 관계로만 생각하게 한다. 이는 모든 남성이 반드시 흠모하는 여자가 있어야 하며, 남녀관계는 공식적이고 딱딱한 직장생활이나 조직 속에서는 어울리지 않는다고 생각하는 것이다. 남성에 의한 친밀한 이성애적 차별은 여성에게 공식적, 업무적 차원에서 조직의 우수한 인재가 되기 위한 노력을 스스로 포기하도록 만드는 데 그 심각성이 있다. 심지어 이는 여성에게조차 자연스럽게 남성과 동일 혹은 유사한 평가기준으로 주변의 모든 사람을 평가하도록 만들며, 여성이 남성 위주의 성 정치(gender politics)에 적응해 나가는 과정에서 생겨나는 자기동화(assimilation)와 조절(accommodation)을 반복해서 겪도록 만든다. 따라서 친교적 이성애는 조직이나 사회에서 신분 상승이나 능력 발전을 꾀하는 여성 인재들에게 중요한 장애임에는 분명하다.

4 현실적 탐색과 실존의 가능성

공직 여성의 생활과 삶에 대한 학술적 관심은 오래전부터 제기되어 왔으며, 특히 여성에 대한 은밀한 차별과 양성평등 문제에 관한 이슈는 관련 논의의 주류를 이루어 왔다. 그동안 학계는 공직사회에서 기존 여성들에 대한 다소 부정적이면서 노골적으로 표출된 형태의 편견과 차별적인 제도(구조), 상대적으로 부족한 처우와 보상 등에 주목하였으며, 가설과 실증을 통해 많은 사실을 밝혀냈다. 그 결과 공직 여성에 대한 인위적인 개선정책들이 많이 쏟아져 나왔고, 공직사회에서 여성의 직업적 지위향상과 양적 확대에 일정한 성과를 거두었다고 보는 시각도 있다.

이론적 토대나 사회적 분위기, 그리고 실제 학술적 논의의 방법이나 내용에 있어 보이지 않는 어려움이 있다. 학술적 논의와 탐구의 수월성에 있어서는 더욱 그러하다. 그러나 오히려 이 점이 성의식의 양가성 논의에 도움이 될 수도 있다. 왜냐하면 지금 해외보다 국내, 민간보다 공직에서 여성의 지위와 권한이 더 취약하기 때문이다. 이런 이유 때문에 양가적 성차별의 존재에 대한 변이(variation)를 더 잘 관찰할 수 있을 것으로 보인다. 그런 차원에서 이론적 탐구만이 아니라, 현실적으로 성별 의식이 양가성을 갖는지 현실 세계에서 탐색적으로 검증을 진행해 보았다.

다음은 우리나라 남녀공무원 각 100명씩을 대상으로 성의식의 양가성을 다차원 척도법으로 검증해 본 것이다. 이론적 주장의 근거를 찾기 위한 탐색적 차원의 실증과 예시가 필요해서였다. 여기에서도 '적대적 성차별(HS: hostile sexism)'과 '온정적 성차별(BS: benevolent sexism)'은 서로 단일 차원성을 가진 것은 아닌 결과로 드러나고 있다. 즉 남녀 간에 성별 의식과 성차별은 복수 차원성을 갖는다는 것이 여기서의 새로운 시각이자 핵심적 주장인 것이다.

그림 8-1 성별 의식의 양가성과 복수 차원성 예시

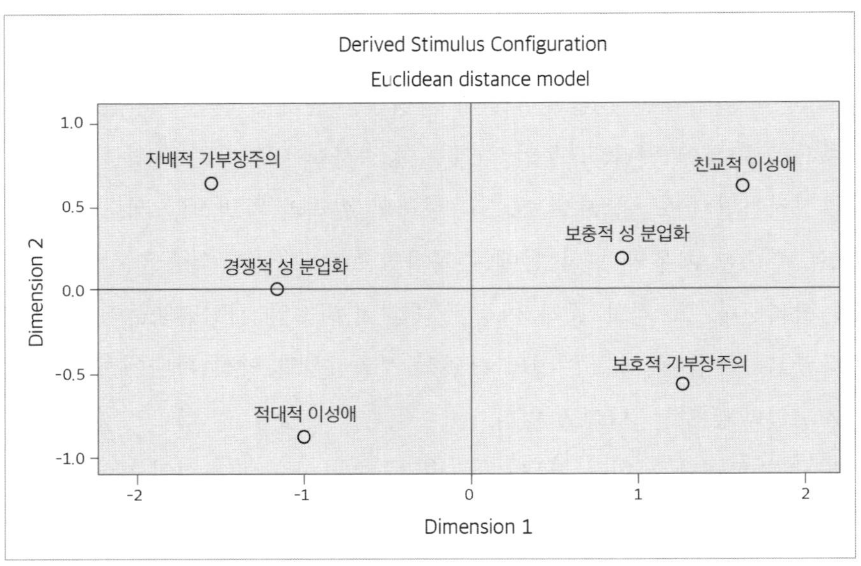

선진국을 중심으로 최근 공공부문에서도 혁신과 창의성이 중요해지고, 문제해결에 다양한 관점과 방안을 내는 조직들이 각광받고 있다. 이러한 조직은 이전보다 포괄적인 관점에서 다양한 대안을 만들어 낼 수 있으므로, 구성원의 다양성이 조직의 성과에 도움을 줄 수 있다는 것을 증명하고 있다. 한 조직 내에 같은 생각을 가진 사람만 있다면, 그 조직은 급변하는 경쟁 및 사회환경에 효과적으로 대처하기 어렵기 때문이다. 공공부문에서도 다양한 관점의 존재는 대안을 해석하는 조직의 능력을 증진시킬 뿐만 아니라, 창조적 해결 방안을 만들어 낼 수 있다.

성별이 조직과 계층적 관점에서 양가적 성차별 의식과 서로 어떻게 연관되는지는 아직 확실치 않다. 성과에 있어서의 성별 다양성 효과는 모든 경우에 걸쳐 동일하게 적용되지는 않기 때문이다. 하지만 서구의 학자들은 조직의 성별 다양성에 대해 오랫동안 관심을 보여 왔으며, 다양한 이론의 관점에서 성별 다양성과 조직의 프로세스 및 성과 사이의 인과관계를 논의하였다. 실제로 성별 다양성에 관한 논의들은 대체로 긍정적 결과를 더 많이 보여주고 있다.

양가적 성차별 의식 개선을 통한 성별 다양성 주장의 근원적 목표는 남녀 각자의 차이점에 기반한 잠재력을 제대로 발휘토록 함으로써, 조직의 경쟁력 강화 및 성과창출을 도모하자는 것이다. 성별 다양성은 조직의 창의성과 혁신 역량, 그리고 조직의 문제해결 능력을 증진시킴으로써 궁극적으로 성과를 높일 수 있다. 즉 성별 다양성은 구성원들에게 서로 적정한 자극을 주고, 남녀 간의 서로 다른 관점으로 모든 결정의 합리성을 제고시킴으로써 조직의 성과를 높이기도 한다. 실제로도 성별 다양성 관리를 통해 경쟁력을 강화시킨 사례들을 많이 보여주었다. 성별과 인종의 다양성이 높으면 그렇지 못한 집단에 비해서 창조적 아이디어, 문제해결 능력, 업무 성취도 등에서 상대적으로 좋은 성과를 낸다는 것이다

성별 다양성 관리에 성공한 조직은 다양한 그룹의 인력을 다양한 방식으로 동기부여를 함으로써 조직에 대한 소속감을 높이고, 사회환경 변화에 있어서도 유연한 강점을 갖게 된다는 것이 기존 학자들의 주된 견해이다. 원래 정부나 기업은 다양성을 가진 사회집단으로부터 유능한 인력을 모집하고 충원하는 것을 전제하기 때문이다. 특히 공직의 성별 다양성은 정책형성의 효과성과 공적 서비스의 능률성, 혁신과 개혁 등에 유리하다는 것이 많은 사례에서 증명되었으며, 실제 유럽이나 미국 등지에서는 중앙 및 지방정부, 부서 수준에서 이를 장려하고 있다. 그러므로 성별 다양성을 통해 창출될 수 있는 정부나 기업조직의 성과는 능률성, 효과성, 혁신성 등으로 요약될 수 있다. 즉 성별 다양성으로 창출되는 성과에서 능률성은 업무처리의 신속성, 정확성, 비용절감 등으로 정의된다. 효과성은 목표달성도 제고, 생산성 증진, 성과품질의 제고 등으로 정의된다. 혁신성은 관리체계의 혁신과 서비스 혁신으로 개념화될 수 있다. 이러한 것들은 성별 다양성 확보를 통해 나타나는 효과들이며, 성별 다양성 증진의 무형적 성과들은 기존 성별 다양성이 없는 조직이나 전통적 관리

방식과 비교하여 상대적 강점을 가지는 요소이기도 하다.

표 8-2 우리나라 공직사회의 양가적 성차별 척도(P-ASI)

적대적/성차별(HS)	지배적 가부장 주의(HS-1)	(X1) 우리 조직에서 남성의 권위와 업무능력이 큰 상태가 보다 안정적이라고 생각한다.
		(X2) 우리 조직에서 여성은 자기주장을 하기보다는 지시받는 것을 편하게 생각한다.
		(X3) 우리 조직에서 여성이 주도권을 갖는 공적인 관계는 대체로 결과가 좋지 않다.
		(X4) 우리 조직에서 대체로 공식/비공식 모임의 리더는 남성이 맡는 것이 좋다.
	경쟁적 성 분업화(HS-2)	(X5) 우리 조직에서 여성은 대등한 경쟁관계에서 불리해지면 성차별 문제로 몰아간다.
		(X6) 우리 조직에서 여성은 남성보다 특별한 대우를 받는 것이 당연하게 생각된다.
		(X7) 우리 조직에서 여성은 스스로의 권리와 이익에 대해서 민감하게 반응한다.
		(X8) 우리 조직에서 여성은 별 뜻이 없는 말이나 행동조차도 성차별이라고 생각한다.
	적대적 이성애(HS-3)	(X9) 우리 조직에서 여성은 성공을 위해서 자신의 미모나 신체적 매력을 이용한다.
		(X10) 우리 조직에서 여성은 일을 모르거나 순진한 척 해서 남성이 도와주게 만든다.
		(X11) 우리 조직에서 여성은 자신에게 친절한 남성 동료가 생기면 그를 이용하려 든다.
온정적 성차별(BS)	보호적 가부장 주의(BS-1)	(X12) 우리 조직에서 육체(신체)적으로 부담이 큰 업무는 여성보다 남성이 감당해야 한다.
		(X13) 우리 조직에서 어려운 일이 닥쳤을 때 여성은 남성보다 먼저 구제되어야 한다.
		(X14) 우리 조직에서 무거운 짐을 여성에게 들리기보다는 남성이 드는 것이 당연하다.

		(X15) 우리 조직에서 어느 정도의 배려나 관대함을 여성에게 보여주는 것은 바람직하다.
	보충적 성 분업화 (BS-2)	(X16) 우리 조직에서 여성은 상대적으로 부드러운 면모와 유연한 매력을 가지고 있다.
		(X17) 우리 조직에서 남성에 비해 여성은 풍부한 정서와 감수성을 함양하고 있다.
		(X18) 우리 조직에서 여자는 가정일이나 육아에 대한 착한 본능을 몸에 지니고 있다.
		(X19) 우리 조직에서 여성은 남성에게는 찾아보기 힘든 순수한 매력을 가지고 있다.
	친교적 이성애 (BS-3)	(X20) 우리 조직에서 여성의 선망과 동경을 얻은 남성이 진정한 남자라고 생각한다.
		(X21) 우리 조직에서 성공에 중요한 것은 자신을 알고 이해하는 이성 동료가 있는 것이다
		(X22) 우리 조직에서 이성동료에게 서로 가벼운 농담이나 뒷담화를 할 수 있다.
		(X23) 우리 조직에서 아무리 성공을 이룬 여성도 남성 없이 혼자서는 완전해질 수 없다.

제9장

성격 이론과 양성평등: 차별은 선천성인가, 후천성인가?

제9장

성격 이론과 양성평등: 차별은 선천성인가, 후천성인가?

1 개인의 성격과 양성평등

여성의 직업적 지위가 크게 상승하고 사회적 참여가 활발한 지금, 우리나라는 최소한 외형적으로는 여성 친화성이 높고 양성이 평등한 사회를 지향하고 있다. 특히 공공부문이 사회적 모범이 되어야 한다는 논리에 따라, 정부는 공직사회의 양성평등의식 확산을 목적으로 다양한 정책을 펼쳐 왔다. 예컨대, 과거 정부 부처인 인사혁신처와 공공기관인 한국양성평등교육진흥원을 중심으로 공무원의 양성평등의식 향상을 위한 성 인지력 교육, 여성리더십 교육 등 각종 프로그램을 전국 단위로 시행하고 있다. 이와 더불어 정부는 여성공무원 채용목표, 여성 관리자 임용할당, 여성 친화성 및 모성보호 증진정책 등을 공직사회에 다각적으로 시행해 왔다.

학술적으로 중앙과 지방의 공직사회에서 여성에 대한 인식 및 태도, 문화의 특수성은 기존의 여러 선험적 논의를 통해 밝혀졌다. 그러나 우리나라 공직사회에서 장기간 추진되어 온 여성 친화적 노력과 양성평등정책의 효과는 적지 않은 부분이 아직 미지수로 남아 있다. 즉 제도적 장치의 개선 부분을 제외하면, 다분히 그간 공무원들의 의식개혁 차원에서 추진되었던 각종 양성평등 시책들은 그 무형의 효과나 문제점 등이 정확히 파악되지 않고 있는 것이 현실이다. 우리나라 공직사회의 양성평등 문제는 여러 가지 외부요인의 영향을 받는 것이 사실이지만, 실제 중요한 문제는 공직자 개인의 양성평등의식과 행동부터 점진적으로 바꾸어나가는 것이다. 지방의 경우라면 더욱 그러할 것이다.

기존 성평등 이론과 담론의 토대가 많은 해외에서는 이미 인종(racism) 및 성(sexism)에 대한 편견, 고정관념에 대한 여러 관점과 이슈를 발굴해 왔다. 이런 맥락에서 개인의 '성격(personality)'은 학술적으로 근래 새로운 성차별과 양성평등의 관련 변인으로 다루어지기 시작하고, 주로 해외에서 그 역할과 중요성이 새롭게 조명되고 있다. 반면에 우리나라 공직사회에서 양성평등 관련 문헌들은 아직 개인의 성격과 그 특성적 중요성에 대해서는 주목하지 않고 있다.

대부분의 기존 논의나 문헌에서 개인의 인적 특성은 주로 성별, 연령, 학력, 직급, 출신배경 등으로 획일화되어, 성 관련 의식에 대한 외생변수(exogenous variable)나 통제변수(control variable)의 성격으로 다루어졌다. 그러나 현재 우리 사회의 양성평등 상황과 공직의 여러 양성평등정책들에 대해 모든 공무원 개인의 의식과 입장이 비슷한 것은 분명 아닐 것이다. 또한 민간조직에 비해 상대적으로 관료주의적인 위계 조직에서 남녀 평등 문제는 상식적으로 쉽게 단정할 수 없고, 그렇게 해서도 안될 것이다. 이에 기존 정부와 공공부문 여성 친화 논의에서 상대적으로 관심을 받지 않았던 '성격(personality)' 변수는 새롭고 중요한 주제로 다루어질 수 있다. 이 장에서 다루는 주제의 동기는 바로 이런 점에 대한 관심과 주목이다.

이 장에서 성격과 양성평등 논의를 시작한 다른 배경은 기존 공직사회에서 양성평등에 관한 대부분의 논의에서 각 개인의 기본성격, 양성평등의식과 행동을 대체로 하나의 개념적 집합으로 보고 그 수준이나 실태를 비슷하게 측정하는 방식이 주류를 이루어왔다는 것이다. 그러나 평소 그 사람의 좋은 성격이나 인품이 여성의 모성보호나 양성평등문제에 직면할 경우에도 항상 동일하다는 보장은 없다. 즉 개인별로 다른 성격특성은 분명히 존재하고 있고, 상황별로 개인의 성격이 변화될 수 있는 가능성을 고려해야 하며, 이것이 공직이라는 직장사회에서 이성에 대한 시선과 주관적 인식에 작용을 하고 있다면 문제는 달라진다. 그래서 이 장에서는 어떠한 성격유형이 공직문화의 양성평등에 적합한지를 측정하는 새로운 도구(tool)로서, 그리고 기존 공무원의 새로운 양성평등교육 프로그램개발의 기초자료로서도 충분히 활용 가능할 것이다.

이 장에서는 양성평등의식을 향상시키기 위한 전략설정의 차원에서 성격이론을 바탕으로 양성평등의식과 이에 관계되는 다양한 측면에 관해서도 살펴보려 한다. 나아가 이 장에서는 공직사회의 양성평등에 대해 '성격특성(personality characteristics)'에 따른 새로운 시각과 접근이 필요하다는 것을 제안하려 한다. 기존의 양성평등의식을 향상시켜야 한다는 목표를 강조하거나 여타 변인과의 관계를 밝히는 지금까지의 시각과 논의에서 한 걸음 더 나아가, 개인의 성격특성에서부터 출발하여 양성평등의식 및 행동과 관련한 제반 과정을 살펴본다.

2 개인의 성격 형성에 대한 가정

성격은 선천적 요소와 후천적 요소의 상호작용으로 결정되어, 일관되게 한 개인을 특징화시키는 사회적 특성이다. 그런데 사람의 성격은 오직 자신만이 알 수 있다는 가설이 무력해지자, 학자들의 주된 관심은 인간의 수많은 성격특성을 가장 효율적이고 포괄적으로 요약할 수 있는 성격이론을 개발하는 것이었다. 기존 학자가 성격을 정의하는 과정에 있어서 공통되는 점은 당초 성격이 쉽게 변화되지는 않지만 한번 변화된 성격은 일정한 기간 내내 안정적으로, 일관성 있게 그 사람의 행동에 영향을 미치게 된다는 것이다. 성격 이론은 바로 이러한 사실에 주목하고 있다. 또한 성격이론은 '개인차의 특수성'과 '인간적 보편성' 사이에서 두 현상을 동시적으로 규명하기 위한 노력을 거듭해 왔다.

성격이론은 특성이론(character theory)과 과정이론(processing theory)으로 나뉜다. 두 이론은 상반된 장·단점을 갖고 있으며, 아직도 논쟁은 진행 중이다. 이 장에서 본격적으로 다루려는 성격의 5요인 이론은 특성이론에 가깝다. 특성이론은 경험적 분석이나 이해하기가 쉬우나 실제 사람들의 성격유형을 단순하게 구분하고 있다는 허점이 있다. 반대로 과정이론은 인간이 태어나서부터 성격 형성의 전 과정을 성장과 생애에 걸쳐 이해한다는 장기성과 난해함이 있다. 그래서 현재 학자들은 어린 시절부터 성격이 어떻게 형성되는가보다는 현재 그 사람이 어떤 성격유형을 갖고 있는가에 관심이 많다.

성격 특질이론의 가장 기본적인 가정은 개인이 가진 각각 삶은 매우 다르다고 보고, 한 사람의 성격과 행동은 다른 사람과의 연속적 관계 선상에서 이어지는 것이 아니며, 각기 분리된 개별적 실체가 된다는 점이다. 예를 들어 사람의 성격에 의한 행동은 정도의 문제가 아니라 종류의 문제라는 '비연속성(discontinuity)'의 원리를 강조한다. 이러한 접근은 사람들의 성격을 구성하는 기본특성이 무엇인가를 밝혀내고 이를 어떻게 측정할 수 있는가의 문제를 해결할 수 있다면, 사람들의 성격을 관찰자료에 충실한 상태에서 비교적 정밀하게 수량적으로 표현할 수 있는 장점을 갖는다. 그리고 이러한 장점은 다른 성격이론이 가지지 못한 것이었으므로, 심리학의 성격특질이론이 사회과학 전 분야에 도입, 확산되는 계기도 만들게 되었다.

이 장에서 우리나라 공직사회에서 성격의 5요인 모델을 활용하고자 하는 이유는 간단하다. 우선 기존의 공무원 개인에 대한 성격을 파악하는 것은 그들로 하여금 성격을 어떤 식으로 개조하라는 강요가 아니라, 공직사회에서 성격요인을 지금보다 객관화 해보자는 것이다. 예컨대 공직사회에서 개인의 성격정보를 활용하여 성인지 교육과 성평등 상담을 진행한다면, 남녀가 이성을 바라보는 기존의 부정적 관점을 변화시키고, 직업적 건강도를 향상시킬 수 있으며, 궁극적으로 조직의 성과를 향상하는 데도 도움이 될 것으로 생각된다. 특히 각종 양성평등정책의 추진의 효과성을 제고하기 위해 각 개인과 조직별 특성(trait)을 사전에 파악하기 위한 자료를 확보하는 것도 부수적인 목적이 된다.

3 성격의 5요인 이론과 개별적 특성

성격특성이론에서 '올포트(Allport)'를 비롯한 주요 학자들이 내세우는 핵심 개념은 바로 '특질(trait)'이다. 올포트는 최초로 성격의 5요인 이론(big five model)을 통해 성격특성의 특질을 몇 가지로 정리하였는데, 먼저 특질은 개인 안에 실제로 존재하는 실제성을 가지고, 행동을 결정하거나 혹은 행동의 원인이 되며, 개인의 행동을 관찰함으로써 추론할 경험적으로 증명할 수 있다는 점을 들었다. 성격의 5요인 이론은 가능한 적은 수의 성격차원을 가지고 문화적으로 보편적인 특성군을 반영하고자 했던 노력에서 비롯되었다.

무엇보다 성격의 5가지 요인은 일상적인 용어들을 통해 분류된다는 점이 가장 큰 특징이다. 이 모델에서는 사람이 생물학적 기반(유전적 특질)에 의해서 다섯 가지 성격요인을 모두 가지고 있고, 특정의 성격요인이 강하거나 약한 것은 이미 유전적으로 정해졌지만, 심리적 발달을 하면서 개인차가 생긴다고 본다. 즉 생물학적인 경향성에서 시작하기 때문에 기본적 성격은 타고나지만 발달환경이 그 유전자의 발현에 영향을 줄 수 있다는 것이다. 성격의 5요인 이론은 성격이 외향성(extraversion), 친화성(agreeableness), 성실성(conscientiousness), 신경성(neuroticism), 개방성(openness)이라는 5가지의 높고 낮음으로 설명될 수 있다는 주장으로, 국내·외 문헌에 따른 구체적 논의는 다음과 같다.

첫째, 외향성(extraversion)은 자신의 감정을 솔직·담백하게 표현할 수 있고,

주변 다른 사람과 사귀기를 좋아하는 성격 특질이다. 이는 현실 세계와 직장, 학교 사회에 의욕적으로 접근하는 성격의 속성과 관련된 것으로 사교성(sociability), 활동성(activity), 적극성(positiveness), 야망(ambition) 등과 같은 특질을 포함한다. 외향성은 타인과의 상호작용을 원하고 누군가의 관심을 끌려는 정도를 뜻하므로 다양한 사람, 특히 새로운 사람과의 대인관계를 손쉽게 형성하는 장점이 있다. 그리고 외향성이 높은 사람들은 수다스럽고 에너지가 넘치며, 열정적이고 자기주장이 강하며 사교적인 반면, 외향성이 낮은 사람들은 말수가 적고 조용하며, 수줍음이 많다. 이는 사교적인(sociable), 대담한(adventurous), 단호한(assertive), 어울리기 좋아하는(gregarious), 말이 많은(talkative), 패기만만한(ambitious), 활동적인(active), 활기찬(energetic) 등의 형용사 군집으로 측정이 가능하다.

둘째, 친화성(agreeableness)은 타인에 대한 공동체적 속성 및 사회적 적응성 등을 나타내는 것으로 애정, 신뢰, 이타심, 겸손, 배려 등과 같은 특질을 포함하는데, 학자에 따라서는 우호성(agreeable), 수용성(receptive capacity), 친근성(friendliness), 사회적 동조성(social conformity) 등으로 해석되기도 한다. 친화성은 다른 사람과 더불어 서로 잘 지내려는 성격을 말하며, 타인과 조화롭고 편안한 관계를 유지하려는 정도를 의미한다. 그러므로 친화성은 자신을 지나치게 내세우기보다 전체적인 화합을 중시하고, 주변 사람들을 신뢰하는 성격이다. 친화성이 높은 사람은 조직의 상급자와 부하, 동료는 물론 고객 등 외부 이해관계자들과도 원만한 관계를 잘 형성한다.

그리고 친화성이 높은 사람들은 남에게 도움을 주고, 사심이 없으며, 동정심이 많고, 친절하며, 용서하고, 신뢰하고, 사려 깊으며, 협조적인 반면, 친화성이 낮은 사람들은 단점이나 잘못된 점을 찾는 데 예리하고, 다투기를 좋아하며, 비판적이고, 가혹하며, 냉담하고, 퉁명스럽다. 이는 정중한(courteous), 협력적인(cooperative), 관대한(forgiving), 공감적인(empathic), 사람이 착한(good-natured), 융통성 있는(flexible), 참을성 있는(tolerant), 믿음직한(trusting), 보살피는(caring),

마음씨 고운(soft-hearted) 등의 형용사 군집으로 측정이 가능하다.

셋째, 성실성(conscientiousness)은 수행 중인 과업과 목표에 관심과 노력을 잘 집중하며, 자신의 일이나 업무를 실수 없이 잘 추진해 나가는 성격 특질이다. 즉 성실성은 목표를 위해 성실하게 노력하는 성격성향을 의미한다. 이는 목적 및 과제지향성을 촉진하는 속성과 관련이 되는 것으로, 규준이나 규칙의 준수, 심사숙고, 계획 세우기, 과제의 준비와 조직화 등의 세부 특질을 포함한다. 또한 개념적으로 신뢰성(dependability) 혹은 성취 의지(will to achieve)라고 표현되는 성실성은 사회적 원칙, 규칙, 규범들을 기꺼이 잘 지키려는 정도를 나타낸다.

성실성이 높은 사람은 언제나 열심히 일하고, 신중하고, 철저하고, 책임감이 강하면서 계획성이 있고, 남에게 신뢰감을 주는 특성을 나타낸다. 그리고 성실성이 높은 사람들은 빈틈없고 의지가 되며, 믿음직스럽고 열심히 일하며, 목표 중심적이고 효율적이며 계획성이 뛰어난 반면, 성실성이 낮은 사람들은 계획성이 없고 지각을 잘하며, 부주의하고 충동적이다. 이는 책임감 있는(responsible), 조심성 있는(cautious), 규칙적인(systematic), 철저한(exhaustive), 계획적인(organized) 등의 형용사 군집으로 측정이 가능하다.

넷째, 신경성(neuroticism)은 흔히 신경증, 정서적 불안정성으로 해석되고 기쁨과 슬픔, 흥분과 침울 사이에서 감정의 양쪽 극단을 오가는 정도를 말한다. 이에 심리적 민감성을 의미하는 신경성 요인 내에서 정서적 안정성(emotional stability)은 정서적 불안정성(emotional unstability)과 완전히 반대되는 특질로 정의된다. 이는 정서적으로 얼마나 안정되어 있고, 자신이 세상을 어느 정도 통제하며, 주변 환경이 자신에게 위협적이지 않다고 생각하는 정도를 나타낸다. 신경성은 부정적 감정이나 걱정 등과 같은 올바르지 못한 행동과 관련된 것이며, 추가적으로 두려움, 긴장, 슬픔 등과 같은 특질도 포함한다.

신경성에서 정서적 안정성이 높은 사람은 직장생활에서 스트레스와 긴장상태를 극복하고 차분하게 타인과 상호작용을 하며, 갈등을 심화시키지 않는다. 그리고 신경성이 높은 사람들은 불안해하고 쉽게 동요하거나 우울해지며, 걱정이 많고 침울한 반면, 신경성이 낮은 사람들은 침착하고 편안하며, 스트레스를 잘 다스릴 줄 알고 감정적으로 안정되어 있다. 이는 걱정하는(apprehensive), 우울한(depressed), 불안한(anxious), 화난(angry), 감정적인(emotional), 불안정한(insecure), 신경질적인(nervous), 의기소침한(depressed), 두려워하는(fearful) 등의 형용사 군집으로 측정이 가능하다고 본다.

다섯째, 개방성(openness)은 개인의 경험이나 심리적 다양성과 관련된 것으로, 새로운 경험을 좋아하고 혁신과 변화에 대한 거부감이 적은 것을 말한다. 일반적으로 개방성은 지능, 상상력, 심미적인 것에 대한 관심, 고정관념의 타파, 다양성에 대한 욕구, 품위의 유지 등과 관련된 특질을 포함한다. 즉 이러한 특질들은 유전적이라기보다는 가정환경, 교육, 문화적 배경 등의 결과로써 나타난다고 알려져 왔다. 경험에 대해서 자기 개방성(openness to experience)이 높은 이는 조직생활에서 상상력과 호기심이 많고, 새로운 정보를 잘 받아들이며, 변화에 대한 수용도가 높다. 개방성이 높은 사람들은 창조적이고 상상력이 풍부하며, 추상적이고 호기심이 많다.

또한 개방성은 사색을 좋아하고 독창적이며, 발명에 재능이 있고 예술적이며, 심미적인 경험을 소중히 여긴다. 반면에 개방성이 낮은 사람들은 관습적, 구체적, 전통적이며, 미지의 것을 좋아하기보다는 이미 잘 알고 있는 것을 선호한다. 이러한 요인은 주로 개인적 경험(openness to experience)에 대한 특질로 해석되는데, 학자들에 따라서는 이것이 상상력이 풍부한(imaginative), 호기심(curiosity), 창의성(creativity), 품위(dignity), 교양(culture), 지성(intellect), 지능(intelligence), 상상력(imagination), 고정관념의 타파(think outside the box), 예술적인 감수성(artistic sensibility), 심미적 견지(aesthetic point of view), 다양성의 이해(understanding diversity) 등의 여러 형태로 명명되기도 한다.

4 성격특성의 성차와 양성평등의 관계

일반적으로 다양한 요인들이 공직에서의 성차별 원인으로 지적되고 있지만, 근원적으로는 공직 구성원들이 가지고 있는 개인의 성격특성에서도 그 이유를 찾을 수 있다. 예를 들어 최근 해외의 양성평등 논의와 문헌에서는 개인의 성격이 성별 태도와 밀접한 연관이 있다는 결과가 보고되고 있다. 즉 성에 대한 차별적인 태도는 개인의 이성적 의식에만 근거한 것이 아니라 근원적인 성격에서도 충분히 파생될 수 있다는 것이다.

물론 남녀 개인의 성격특성이 모든 것을 설명해 주지는 못하지만, 여성에 대한 각종 시각과 문제의 실마리를 제공할 개연성이 높을 것이다. 한 사람의 성격은 경험을 통하여 학습되고, 비교적 지속성과 규칙성을 가지며, 특정 행동을 유발하는 일관적 동기를 갖기 때문이다. 그러므로 이것이 비록 해외의 공직과 민간에서 제기된 주장이지만, 공직사회의 양성평등의식을 논의하는 데도 아주 중요하다. 이는 공무원의 성격검사를 통해 양성평등행동 의도 및 행동을 파악하고 그 방안을 마련하는 데 도움이 된다는 강점이 있다.

다른 한편으로 최근의 양성평등과 젠더 이론의 경향에서는 인간이 가진 사고와 행동의 이중성을 강조하므로 개인과 성별 성격차이(individual and gender difference)를 중요시하고 있다. 우선 일반인의 경우 여성이 남성에 비해 외향성·성실성·친화성·신경성이 높은 반면에, 상대적으로 개방성은 낮은 것으로 나타나고 있다. 이는 주로 직업과 경제활동에 진입하는 20대~40대 청년·장년층을 대상으로 한 조사이기에 신빙성이 있다. 최근에 밝혀진 성격 기반의 양성평등 심리조사에서는 성격의 5요인 특성 중에서 남성의 높은 외향성이 사회적 기술을 잘 발달시키고, 직장생활에서 보다 도전적이고 모험적인 흥미를 갖게 한다고 밝혔다. 또한 조직에서 남성 중심의 높은 친화성은 사회적 관계상의 지지를 손쉽게 얻도록 해주지만, 반대로 낮은 친화성은 타인을 경계하고 경쟁하는 능력을 개인에게 더 심화시킨다고 보고 있다.

현재 우리나라 공직사회에서 통용되는 양성평등의식(GEC: gender equality consciousness) 개념은 "남녀 간 양성평등에 대해 호의적으로 인식하거나 평가하는 정도, 수준"을 말한다. 이는 고정된 성의 역할이나 관념에서 벗어나 "자신의 능력을 개발하고 선택하는 권리를 누구나 갖는 상황에 대한 수용성"이다. 양성평등의식은 남녀 간의 역할 구분이나 성분업 문제, 성차별 문제에 대한 인식을 통해 현실적으로 나타나는 것으로 알려져 있다. 그리고 양성평등행동(GEB: gender equality behavior)은 실제 "양성평등의식에 근거하여 이를 실제 행동으로 수행하는 정도"를 말한다. 즉 최근까지 이론적 논거에 따르면 양성평등행동은 양성평등의식에 의하여 강하게 결정된다. 여기에는 평소 남녀역할이나 성 분업에 대한 행동 및 언어사용, 양성평등 사안에 대한 태도표출 등을 통해 현실적으로 나타난다.

그런데 아직 공직에서도 남녀 간의 이러한 양성평등의식과 행동의 문제는 아직까지 해결되지 못한 미완의 숙제로 남아있다고 봐도 과언이 아니다. 보다 구체적으로 양성평등의식은 기존 조직생활의 경험으로 형성되고, 일단 어떤 태도가 형성되면 그 지속성을 가지게 되며, 궁극적으로 이성의 관계와 관련된 행위를 유발시킬 수 있다

>>> 그림 9-1 공직의 성격 이론과 양성평등의 관계

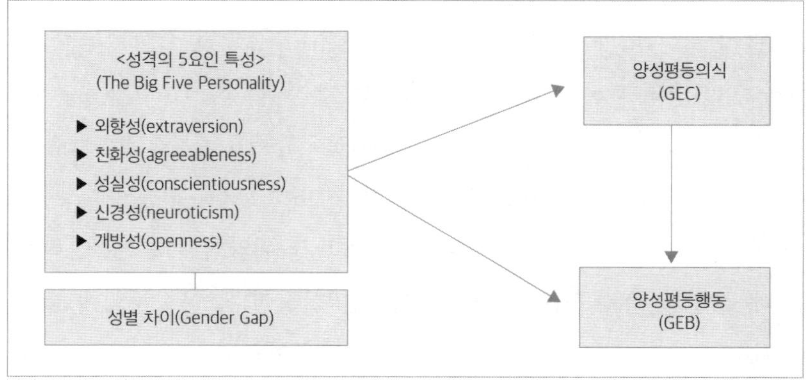

국가별로는 서양보다는 동양이, 유럽보다 아시아가, 그리고 여성의 사회적 지위가 높지 않고 성 편견적 문화를 가진 사회일수록 성격의 유의미한 효과가 뚜렷해진다. 민간기업에서는 성격의 5요인 특성 중에서 외향성과 성실성이 낮은 사람일수록 이성에 대해 경계심을 더 갖는 경향이 있고, 반대로 이것들이 높으면 이성에 대한 친밀감과 우호적인 태도나 행동을 보이게 된다. 또한 높은 성실성은 직장에서 미래에 대한 장기 계획, 인종이나 성별에 상관없이 잘 조직된 지지기반을 형성한다고 본다. 그리고 신경성이 높은 사람일수록 낮은 자존감, 비관적인 태도가 강해져 이성동료에 대한 무력감과 부담감을 많이 보인다고 밝혀, 성격특성에 따라 성별태도를 개선해야 한다는 논거에 무게를 실어주고 있다.

공직에서도 공무원의 성격이 직무행태 및 조직성과에 유의미하게 연결된다는 결과가 보고되고 있다. 또한 개인의 퍼스낼리티는 양성평등행동 의도 및 실제 행동과 관련이 높다는 결과도 있다. 남성 간의 친밀성과 우호성에 기반한 성격특성이 강할수록, 소수의 여성들은 성격적으로 이를 수용하기도 한다. 일부 고위직 여성은 남성적 외향성과 친화성의 성격을 가진 것으로 보고되기도 하고, 남성이 개방성과 성실성에서 우수하다는 결과도 있다. 우리나라 공직사회에서 개인별 성격특성에 따라 양성평등 문제가 영향을 받는다는 주장에 대해서는 아직 국내 문헌이 일천한 관계로 명확한 실증이 없다는 것이 아쉬운 부분이다.

개인의 성격 특질에 관한 측정은 주로 해외의 검증된 검사척도인 5요인성격검사목록(BFI: Big Five Inventory) 및 조사질문지(BFQ: Big Five Questionnaire), 신5요인성격검사도구(NFFI: Neo Five Factor Inventory), 5요인성격테스트검사(BFPT: Big Five Personality Test), 마이어-브릭스 검사(MBTI: Myers-Briggs Type Indicator) 도구 등이 있다. 그래서 논의의 이론적 인프라가 취약한 가운데, 아직은 우리의 실정에 부합된 측정도구의 제작이 미진한 실정이다. 공직사회에 대한 성격검사도구(personality inventory)나 표준화된 성격유형척도(personality type scale)도

거의 없다. 즉 공무원의 성격 특질을 측정한 논한 문헌이 부족하고, 타당한 척도가 개발되어 있지 않다는 점은 아쉽다. 물론 성격 특질은 물론 양성평등이란 개념은 주변의 여성에 대한 주관성(subjectivity)이 그 사람에게 관찰되기 이전에는 전혀 알아낼 수가 없다. 하지만 앞선 논의와 같이 이미 성격의 5요인은 성별, 나이, 인종, 문화, 언어, 집단을 초월하여 타당하고 권위 있는 검사법으로 인정되었다.

표 9-1 공직의 5요인 성격검사(PBFI) 구성의 예시

(1점) ← 낮은 점수	공직성격의 5요인 (Big Five)	높은 점수 → (5점)
적은 말수, 냉정함, 과업중심, 조용함, 활기 없음. 좁은 인간관계	**외향성(extraversion)**	사교적, 적극적, 사람중심, 낙관적, 즐거움과 대화, 활기참
냉소적, 무례함, 의심 많음, 비협조적, 무관심, 자기중심적, 배려심 없음, 적대적 질투	**친화성(agreeableness)**	이타심, 애정, 도덕성, 배려, 겸손, 융통성, 수용성, 휴머니즘, 믿음직한, 부드러운 마음
목적이 없음, 불규칙적인, 불성실한, 조심성 없음, 믿을 수 없음, 게으름, 부주의함, 약한 의지	**성실성 (conscientiousness)**	믿음직함, 규칙적인, 근면한, 정리정돈, 철저함, 세심함, 책임감, 계획적, 체계적, 신중
침착한, 안정적인, 강건한, 자기충족적인, 평온한, 침착한	**신경성(neuroticism)**	걱정된, 우울한, 화난, 초조한, 변덕, 불안정한, 부적절한 감정
보수적 성향, 관습 중시, 현실적, 제한된 흥미, 메마른 감수성, 고민 있는 삶의 선호	**개방성(openness)**	상상력, 지적 호기심, 광범위한 흥미, 독창적, 창의적, 풍부한 감수성, 예술적 표현의 선호

공무원의 남녀 성격 특질이 크게 다르다는 가정에 근거하면, 적어도 남녀

가 분리된 상태의 양성평등교육(Gender Equality Education)으로의 전환이 필요할 것이다. 현행 공무원의 '성 인지력 평가'와 '성 감수성 훈련'도 남녀 성격 변수를 고려한 분리교육 체제가 되어야 한다. 지금과 같이 성격특성이 무시된 채 남녀가 양성평등교육을 획일적으로 함께 받는 것은 효과성 면에서 좋은 방식은 아니다. 물론 공직사회 들어온 이후의 성인을 대상으로 성격을 변화시키기 위한 인위적인 교육이나 노력은 한계가 있는 사실이다.

하지만 이 장에서의 논의는 성격과 심리를 바꾸기보다 기존 공직 양성평등 교육과 노력의 다변화에 방점을 둔 것이다. '개인의 성격'이 모여 '조직의 문화'가 된다는 성격이론의 주장처럼, 스스로의 성격 파악에서 출발하여 양성평등소양을 함양시킨다면 효과성이 극대화될 것이다. 나아가 남녀의 다른 성격과 성별 의식의 인과관계도 추후 후속적인 논의를 통해 더 정교하게 확인해 볼 필요도 있다.

제10장

한국의 공직 인사, 어떻게 할 것인가?

제10장
한국의 공직 인사, 어떻게 할 것인가?

1 미래 세대와 새로운 공직사회: 제약에서 기회로, 다름에서 조합으로

제10장은 <한국의 공직 인사, 어떻게 할 것인가?>의 주제로 기존 한국의 공직 인사의 문제점을 종합적으로 진단해보고, 규범적 방향과 처방에 초점을 맞추어 보았다. 세부 내용으로는 한국의 균형 인사와 양성평등, 무엇이 문제였나를 되짚어 보고, 여성에 대한 발탁과 배제의 양면성을 명분과 현실 사이에서 살펴본다. 그리고 또 다른 선택지로서 여성형 경력개발의 모순과 멘토링의 조화, 성별 편중성 극복을 위한 집단 네트워킹의 역학을 다시 평가해 본다. 공직 여성형 리더십의 발굴과 정체성 확보 방법으로는 기울어진 운동장을 복원하고 권력과 자원의 정합성을 높이는 방안을 제한해 본다. 그리고 성별 시각과 인식의 간극을 좁힘으로써 공직 여성에 대한 구조적 제약을 극복하고 새로운 기회를 찾는 방향에 대해서도 논의해 보려 한다.

이 장에서는 미래 세대와 새로운 공직사회를 향하여 이 책에서 말하려 하는 결론적 의미를 담고자 했다. 우선 마무리 부분에서 필자는 '남녀－세대 결합론'을 시론적으로 제기하고, 남녀 갈등과 세대 갈등을 극복하는 두 마리 토끼를 잡으려면 어떻게 해야 하는지에 대해 설명한다. 그리고 기존 한국의 균형 인사와 남녀 평등의 이분법을 넘어서 정책의 지속가능성을 확보하기 위한 장기적 안목도 독자에게 제공하려 한다. 더 좋은 공직문화와 제도를 마련하기 위해서는 그 패러다임을 제약에서 기회로, 다름에서 조합으로 바꾸어야 한다는 명분도 주장해 본다. 결론적으로 공직에서 남녀 갈등과 세대 갈등을 슬기롭게 극복하고 공정한 정부와 상식의 사회로 가기 위한 몇 가지 아이디어와 제언을 첨부하려 한다.

먼저 이 책의 시론적 주제가 양성평등 인사 및 정책에 주는 쟁점 및 시사점은 무엇인가? 이 책의 1장부터 5장까지 다루어진 주제를 보자면, 종합적으로 그것은 다양하게 제안될 수 있다. 우선 공직의 성별 다양성 실태와 파급효과에 대한 보다 정확한 진단 및 처방을 위해 향후 심층적 논의가 필요하다. 공직 인사관리는 탄력적이고 역동적인 관점에서 끊임없는 탐색과 관찰이 필요한데, 종전에 경험하지 못한 '공직 여성의 급증'과 이로 인한 '행정환경의 변화'에 맞춘 새로운 관리전략이 필요해 보인다. 그리고 이를 토대로 정부는 공직사회에 양성평등이나 고용평등이라는 '사회적 규범'과 '법적 요건'만 충족하는 현재의 자세에서 벗어나, 성과향상을 위한 적극적이고 전략적인 '균형 인사정책의 틀'을 새로 마련해야 한다. 이런 당위성에서 이 책의 논의는 성별 다양성에 관한 선험적 담론을 축적할 수 있는 토대와 선행적 토의로서의 의미를 갖고자 했다.

이 책의 6장부터 9장까지 다루어진 주제를 보자면, 종합적으로 우리나라 공직사회에서 성별 임용의 쏠림 현상은 해결되지 않고 있다. 이에 남녀의 공직생활과 삶에 대한 학문적 관심은 새로운 시각을 계속 요구받고 있다. 하지만 과업 중심의 조직문화가 여전히 지배적이고, 각종 성과가 강조되고 있는 공직사회에서 대다수 공무원은 자신의 일과 삶, 직장과 가정 사이에서 겪는 갈등이 적지 않다. 공직 부처나 기관 간의 과당경쟁, 성과주의, 각종 공약사업 등은 고위직 관료들의 각종 행정행위를 촉발시켰고, 이는 다시 중·하위직 공무원의 업무 과부하로 전가되는 경우도 있었다. 선출직 단체장이 자주 바뀌는 지방 공직의 경우는 더욱 그러할 것이다. 그리고 그 중심에는 중·하위직의 과반수를 넘게 차지하는 남녀공무원이 자리해 있다. 공직에서 남녀 성별에 따른 '일과 삶'에 대한 학문적 논의는 예전보다 크게 중요해졌다. 특히 젊은 MZ세대의 공무원 응시율 급감, 공직 기피와 조기 퇴사는 새로운 사회현상이 되었다.

일례로 우리 사회에서 젊은 남녀의 '일과 삶의 균형' 즉 '워라밸(Work－Life Balance, WLB)'은 이제 시대적 대세가 되었다. '저녁이 있는 삶', '직장과 가정의 균형'이 중요시되면서 범정부 차원의 지원과 계몽운동을 통해 대중적 눈높이도 크게 높아졌다. 젊은 세대층을 중심으로 직장을 선택하는 기준도 '금전과 수입'보다는 '삶의 질과 여유'를 중요시하는 경향이 높아졌다. 이는 근래 우리 사회에서 '공무원'이 선호하는 직업이 되었고, 공직에 여성 인재의 진입이 많아진 근본 이유이기도 하다. 최근 공직사회는 과거의 '차별 시정 정책'을 넘어선 새로운 '성별 상생과 공존 정책'을 선진국과 같이 전면적으로 시행해야 한다는 목소리가 힘을 얻고 있다. 상식적으로도 가정과 삶에 대한 만족이 높은 공무원은 창의적인 업무와 아이디어를 낼 수 있고, 국민에게 양질의 행정서비스를 제공해 줄 수 있다. 이런 맥락에서 보건대, 우리나라 공직을 차지하는 남성과 여성공무원의 삶을 좌우하는 '성별 균형' 문제는 시의적으로 중요하다. 여기에 정부가 정책적 관심을 갖는 것은 곧 '정부 행정의 질'을 제고하는 길이 될 수 있기 때문이다. 공무원은 종종 장시간 근로에 대한 보상이 부족한 경우가 많으며, 공공의 봉사자로서 공익과 희생의 차원에서 직무를 감당해야 하는 경우도 많다.

그러면 미래 세대와 공직사회는 어떻게 변해야 하는가? 공직사회는 규범적으로 '공공의 양성평등의 가치'가 실현될 수 있는 중요한 시험장이다. 조직 내부적으로는 성별 다양성을 축출하려는 관료제의 동기와 획일성을 감소시키고 조직성과를 높이기 위해 공직 인사관리와 성별관리를 통합적으로 설계할 필요가 있다. 성별 다양성을 배척하지 않고 존중하는 공공조직은 남녀의 차이 때문에 구성원을 배제하지 않고, 인적자산으로 끌어들이고 활용해야 한다. 향후에 우리나라는 국가 및 지방공무원의 '중장기 인력운영계획'을 수립함에 있어 양성평등과 성별 다양성 관점을 '가이드라인'으로 함께 제시할 필요가 있다. 전략적, 중장기적, 효율적 정부인력 운영을 위해서는 무엇보다 "성비 변화에 따른 정부 인력의 수요와 공급의 증감방향"을 확실히 제시해야 한다.

특히 "남녀의 공직 입직 및 퇴직추세", "혼인 및 가임기 여성공무원", "출산휴가와 육아휴직에 따른 업무공백 최소화 방안", "대체 전문인력 수급 방안" 등을 모색할 필요성을 정책적으로 제안한다. 장기적으로 모든 공공조직과 기관장의 성과평가, 업무평가 지표에 '성별 다양성 지표'를 포함시키는 방안도 함께 제안한다. 공직의 능률성과 생산성을 높일 수 있는 남녀 공무원 간의 '공정한 경쟁의 규칙'과 역량을 발휘할 수 있는 '유인책의 설계'도 추가로 필요해 보인다. 결국 이 책의 1장부터 9장까지 다루어진 주제에 근거하여, 이 책에서는 관료제 체계상에서 상대적으로 최고 관리자 및 상급 조직, 고위직급 쪽에서부터 먼저 남녀 문제, 양성평등과 성별 다양성 이슈들에 대한 새로운 관심과 전략적 인식이 필요함을 제안하였다.

2 더 좋은 학문적 분위기 만들기

이 책은 개인적으로 많은 의미를 가지고 있다. 먼저 인사학자 및 양성평등 관련 학자와 학도들의 '집단 자존감'을 높일 수 있을 것이란 확신이 든다. 앞서 이 책의 서두에서도 말했지만, 양성평등 문제를 다루는 젠더 이론가, 여성학과 정부 인사 행정학이 장기적으로 침체되어 있는 가운데, 학생들 사이에서도 이 분야의 인기가 최근 많이 시들해진 느낌이다. 학자들의 활발한 담론 제기와 저술 활동도 예전보다 많이 줄어들었다. 필자가 분과 학문에 있으면서 종종 들어온 오해의 목소리는 '인사 책에서는 이제 새로 나올 것이 별로 없지 않나?', '정부 인사정책에 대해 별로 비판의식이 없지 않은가?', '행정고시나 공무원 시험에 나오는 내용을 그냥 가르치는 것 아닌가?' 하는 것들이다.

이런 질문들의 근저에는 인사 문제에 대한 오해와 무지, 과소평가가 자리 잡고 있다. 필자는 "인사가 만사(人事 萬事)"이고, 시대적 화두는 "성별과 세대" 문제라 생각한다. 이 책은 기존 정부의 균형 인사 정책과 제도방침에 대해 비판할 것은 비판하면서 행정학의 본래적 성격과 고유한 실용 학문적 가치를 드러내게 하여, 이런 오해를 불식시킬 생각이다. 나아가 새 시대 흐름에 충실한 이 책의 출간은 다양한 학자와 학도들의 집단 자존감을 높이는 계기가 될 것으로 기대한다.

향후 다른 학계나 학자에 미치는 영향의 차원에서 보면, 이 책을 초석으로 여러 관점의 공직 인사의 성별 담론과 신선한 학술적 논의들이 다각적으로 파생, 활성화될 수 있을 것이다. 공직의 성별 문제의 연구 토대와 담론가들이 많은 서구 선진국에서는 이미 성별 시각, 특히 직장 여성에 대한 편견과 고정관념에 대한 다양한 관점과 이슈를 발굴해 왔다. 이 가운데 특히 지금까지의 젠더에 기반한 이론과 양성평등 이슈에 대해 최근 국제적 이론들은 다양해지면서, 복잡하게 변하고 있다. 그런 점에서 이 책의 문제 제기는 국내 학계와 전문가, 공직의 현장, 학생들에게 참신하고 혁신적인 관점을 제공하는 것으로 자평할 수 있다.

특히 보수적인 것으로 정평이 나 있는 우리나라 공직사회에서 가부장적인 동양의 유교문화에 오랫동안 속해 왔던 전통적 남성상, 여성상에 관한 수많은 관행이 존재할 가능성을 배제할 수 없다. 그런 이유에서 지면이 충분한 새로운 저술이 나오지 않으면 공직의 여성 인재 활용과 남녀의 장기적 상생과 관계 발전은 쉽지 않을 것이다. 이 책은 기존 학자들의 선도적인 업적이나 학술적 성과를 조직화하여 제시하였기 때문에, 신진 연구자와 예비 연구자들이 학위논문 연구를 계획하는 데에도 시의성 있는 길잡이가 될 것으로 보인다.

다른 한편으로 우리나라 공직의 양성평등 인사는 학제적 논의가 적합해 보인다. 이는 서로 다른 배경의 학문을 가진 연구자들이 동일한 사안에 대해 관점의 차이가 존재한다는 가정 때문이다. 같은 대상을 달리 바라보는 보이지 않는 벽, 기존 학문 간의 관점 차이 해소가 더 타당한 결과를 위해서는 반드시 필요한 요소이다. 예를 들어 사회문화 및 조직문화적 특성이나 심리적 특성 등은 여성학적 분석과 해석, 질적 접근이 매우 효과적이다. 반면에 공직의 인사제도나 정책 기조, 환경적 지원의 문제 등에 대해서는 행정학적 분석과 객관적 접근이 더 효과적이다. 추상적 개념들에 관계된 각각의 요소나 변인의 본질적 속성에 따라 효과적인 접근법이 다르고, 이는 다시 도출되는 대안과 처방이 올바른 것이냐를 판가름하는 중요한 잣대가 된다. 이는 남성과 여성이라는 '사람(人)' 존재를 전문적으로 연구하는 성평등 이론과 관련 학문, 현상 인식 및 관료의 행동을 연구하는 행정학이 서로 융합되어야 할 필요성을 대변한다. 또한 각종 양성평등 주제들을 다룬 해외의 사례에서도 행정학과 여성학의 학제 간의 협력(interdisciplinary collaboration)은 우수한 성과를 보인 것으로 알려져 있다.

결과적으로 보건대 이 책은 정책적 차원에서 정부와 기성 학자, 동료 학자, 학생들에게 흥미로운 서적으로 받아들여지길 희망한다. 그 이유로는 본 저술이 만든 결과물을 토대로 정부 균형 인사 및 양성평등 문제와 관련된 새로운 인식과 정책을 마련할 필요가 있음을 제기하기 때문이다. 기존 한국 정부의 균형 인사, 양성평등, 일-가정 양립지원, 모성보호, 여성 친화정책 등은 모두 이러한 오직 '여성 차별' 문제를 바로잡기 위한 일방향적(one-way) 관점의 조치였다고 해도 과언이 아니다. 이에 지금 정부의 균형 인사와 양성평등은 '절반의 성공'이라 판단되며, 오히려 사회지도층, 고위공직의 성별 분리에는 면죄부를 줄 가능성도 있어 보인다. 본 저술은 앞으로 공직과 여성에 대한 기존의 차별을 이슈화하는 것만이 능사가 아니며, 문화로 고착화, 영구화될 가능성을 막는 것이 더욱 중요함을 강하게 제안한다.

마지막으로 사회적 차원에서 이 책이 갖는 가장 큰 의의는 공직사회에 대해 지금껏 행한 여성 친화, 성평등 시책들에 대해서 기존과 전혀 다른 별도의 대책을 강요한다는 것이다. 이 책에서 각 장으로 소개하였던 유리천장, 유리벽, 유리문, 유리절벽, 핑크컬러게토와 벨벳 게토, 토큰 여성, 여왕벌 신드롬, 양가적 성차별 등 다수의 참신한 성별 인사 관련 이론들은 누구나 여성과 약자에 대한 이중적인 생각과 잣대를 가지고 있을 가능성을 의심해야 한다고 본다.

만약 공직 인사에서 남성이 여성을 속박하고 차별하는 기제가 존재하고, 반대로 여성들이 이것을 교묘하게 활용하는 상황이라면 심각한 문제가 될 것이다. 근본적으로 공직에서 진정한 균형 인사와 양성평등이 남녀 모두에게 바람직한 결과를 위한 상생의 정책이라고 한다면, 공정하고 평등하다는 공감 부분이 아니라, 공감되지 않았던 부분에 대해 새로운 관심을 쏟아내야 한다. 이 책을 저술이 갖는 중요한 의미는 바로 이런 점에서 기존에 없던 신선한 방향과 사회발전의 가능성을 제시하는 것이라고 본다. 더 좋은 사회적 분위기, 학문적 분위기를 위해서 이 책의 주제들이 도움이 되었으면 한다.

3 에필로그: 책을 마무리하며

필자는 그동안 여러 권의 학술서와 논문을 출간했다. 그중에는 베스트셀러가 된 책도 있고, 그렇지 않은 것들도 있다. 공직 관료제와 인사 분야에서 책들과 논문은 언론의 주목을 받았다. 필자는 강의에서 기존의 본인 저서를 교재로 활용해 왔다. 그런데 많은 동료 교수들이 자신의 강의에서도 필자가 저술한 책을 교재로 활용한다고 종종 알려왔다. 그리고 대입 면접에 참여한 교수 중에서도 수험생 중 일부가 저서를 관심 있게 읽었다고 말한 것을 전했다.

공공기관과 언론사 요청으로 필자가 저술한 책에 대해 여러 군데 강의를 다니기도 했다. 공직사회 양성평등 균형 인사나 시의적인 인사 관련 주제에 대해 신문사 인터뷰는 매년 요청받았다. 저서에 대해 지방자치단체, 시민단체, 기업체에서 특강을 한 적도 많다. 이번에 저술할 책도 전문학술서와 전공서를 종합적으로 아우르는 책의 성격을 갖는다. 공직의 균형 인사와 평등문제에 어느 정도의 지적 관심을 지닌 일반 대중과 학생을 폭넓은 대상으로 삼았다. 학계를 비롯하여 국회, 언론, 시민단체, 행정부에서도 많은 관심을 보일 것으로 생각된다.

이 책의 활용 및 기대효과도 필자의 과거 경력과 유사할 것으로 기대한다. 우선 본 저술은 대학과 대학원의 학생과 고정된 독자층을 확보할 생각이다. 일단 관련 분야 학자의 강의 교재로 적극 활용될 것이다. 주교재도 가능하지만, 폭넓은 부교재가 적합할 것이다. 학부 및 대학원의 인사관리론, 정부관리론, 조직이론, 균형 인사정책론, 정부와 여성 등의 전공교과목과 대학원 과목에 필요한 강의내용을 발전시키는데 폭넓게 기여할 것이다. 그리고 중앙정부 및 각급 지방자치단체의 고위직 공무원 연수나 중견 관리자, CEO 직무연수 등에서도 교육자료로 활용을 권고할 생각이다. 국회나 시민단체 등에서 기존 공직 인사정책을 이해하고 새로운 정책을 입안할 때도 유용한 참고가 될 것이다.

필자는 이 책의 주제와 관련된 장기적인 학문적 성과를 축적하고 있다. 즉 책의 주제와 관련성이 높은 기존 학술논문은 많이 썼다. 하지만 저술하려는 책은 "새로운 주제 흐름과 세대 변화"에 초점을 두어서 과거 논문이나 기존 성과를 단순 재구성한 것이 아니다. 단지 필자에게 너른 이론적 영감과 연구 경험의 일부를 책 저술에 간접적으로 제공했을 뿐이라는 점을 강조하려 한다. 필자가 공직의 성별 주제를 처음 연구하기 시작한 시점은 대략 20년 전이다. 한국연구재단의 연구업적색인(KCI) 기준으로 최근 이 책의 주제와 관련된 필자의 관련 논문 리스트 제목들은 대략 다음과 같이 소개한다.

여성 공무원 채용목표제의 성과와 양성평등 채용목표제의 전망, 여성 관리자에 대한 공무원 인식조사, 정책욕구분석을 통한 여성정책의 대안모색, 여성 공무원의 유리천장 현상에 관한 탐색적 연구, 지방자치단체의 여성정책과 수혜자 인식에 관한 실증적 연구, 관료제의 여성대표성 확대에 대한 공무원의 태도 연구, 지방공무원의 승진공정성 지각과 만족의 영향요인, 지방공무원의 여성 관리자에 대한 차별 원인과 태도 및 행태의 구조적 관계, 지방자치단체 여성 공무원에 대한 승진과 보직 차별의 성차 분석, 여성 관련 연구수요와 전망에 관한 델파이 연구, 지방정부 고위직 여성의 공적 관계와 차별주의, 우리나라 공직사회의 양성평등 문제에 대한 새로운 접근, 공직 부처의 성별 직무 분리에 관한 탐색적 분석, 공직의 성별 다양성과 성과의 관계 연구 등이다.

과거 2000년을 전후로 해서 김대중 정부와 노무현 정부에서는 공직 여성에 대한 채용목표제와 승진 할당제가 크게 이슈화된 시기였고, 필자도 아마 그 무렵에 본격적으로 연구를 시작한 기억이 있다. 다만 그 당시부터 인사 분야의 성별 연구를 위한 문제의식은 상당히 또렷했고, 대략 아래의 생각과 같았다. 이 생각은 지금도 그대로이며, 2020년대에 맞는 책을 꼭 한번 써보기로 한 마음과 다르지 않다. 대략적인 생각의 틀은 아래와 같이 구상했었다.

한국에서 기존의 보이지 않는 성별 희소성이나 소수자 문제 때문에 여성이 공직에서 성공하기 어렵다는 것은 과거 공직에 여성들이 드물었던 시절에는 상당히 설득력 있는 이론이었다. 그러나 지금은 우리 사회 모든 부문에서 여성 관리자나 고위직 여성을 예전보다 쉽게 찾아볼 수 있다. 대략 30년이라는 세월 사이에 유리천장을 뚫고 고위 공직에 올라선 여성들이 우리 사회에서 부쩍 늘어났기 때문이다. 그럼에도 불구하고, 한국 공직사회에서 성공한 여성의 지위는 남성에 비해 여전히 불안한 경향이 남아 있다.

지금 우리 사회에서 성공한 여성에 대한 주변의 인식이나 사회적 평가가 그녀가 가진 능력이나 직무와의 연관성이 높고, 성별 차이에 상관없이 객관적으로 남성의 그것과 전적으로 같다면 별 문제가 되지 않는다. 하지만 만에 하나 그렇지 않을 가능성이 조금이라도 남아 있다면, 한국 공직사회에서 여성의 삶이나 성차별, 조직문화에서 또 다른 이슈가 될 수 있다. 지금까지 나온 국내의 기존 저술과 연구 사례들은 대체로 후자 쪽에 동의하는 것 같다. '식견과 경력을 갖춘 고급 여성인력이 과연 공직에 정착하여 오랫동안 기여를 할 수 있는가?'를 필자에게 질문한다면, 제한적이긴 하지만 '아직 그렇지 못하다'는 대답에 가깝다고 본다.

오늘날 여성의 사회진출과 공직에서의 여성 비율이 현격하게 증가되었음에도, 여전히 중간급 위로 고위직에 여성이 쉽게 늘어나지 않는 '과소대표성(under-representation)'은 정확한 해답이 나오지 않았다. 공직에서 여성이라서 겪는 특수한 상황들은 눈에 보이지 않는 복잡 미묘한 개념이다. 일찍부터 해외에서는 이 문제를 유리천장, 분홍색 게토, 유리벽, 유리절벽 현상 등으로 규정짓고, 장기간 저술이 이루어지고 있다. 반면에 한국의 공직에서 여성이 양과 질에서 남성과 완전히 동등해지는 문제는 여전히 해명되지 않은 상태로 남아 있다. 이 책은 새로운 이론과 접근을 통해서 관점이 다른 해답을 내놓고자 나름 노력했다.

이 책의 모든 내용은 말미의 참고문헌에 제시된 약 20편 남짓에 달하는 필자의 학술논문에 기반하고 있음을 명확히 밝힌다. 이 논문들은 대략 과거 15년의 기간 동안 집필된 것들이다. 그래서 기존에 간행된 논문에서 사용된 국내 및 해외 문헌은 모두 필자가 직접 구하거나 연구했었던 것들이다. 단지 그림과 온라인 자료들만 최신 검색을 통하여 출처를 다시 재확인해서 게시했다. 필자 스스로 저작권과 윤리 문제에서 최대한 자유롭기 위함이었다. 이 책 말미의 참고문헌에 필자의 논문들과 원자료 목록의 충실한 작성에도 정성을 기울였다.

하지만 독자의 가독성을 고려하고 편집상의 오류를 줄이기 위해 본문의 인용을 표시한 주석과 미주는 생략하였다. 이는 필자의 기존 논문을 다듬고 다시 쓰고 재구성한 부분이므로, 모두 필자의 가공과 재해석을 거친 이유가 있었다. 즉 이 책의 집필에서 생략된 재인용 주석과 미주는 모두 필자의 학술논문이다. 본문의 인용과 재인용에 필자 이름이 너무 많이 나오는 것도 좋아 보이진 않았다. 출판 윤리를 지키면서도 넓은 독자층을 고려하여 가독성을 높이기 위한 배려였다.

끝으로 이 책의 각 장에서 필자가 내리는 해답은 학문적 의미를 넘어, 현실적 기여도에 중점을 둔다. 기존에 미루어졌거나 다루지 않았던 내용이 많아서, 그만큼 다룰 범위도 적지 않았다. 하지만 개인적 영달이나 학문적 성취감보다 이 책이 지금 시점 현실 세계에 꼭 필요하다는 사명감만으로 책을 쓰려고 노력했다. 바라건대, 다소 아쉬운 점이 보이더라도 좋은 동기와 책의 필요성에 대해 독자의 우선적인 혜량을 구하려 한다. 부디 학문적 담론 확장과 공직 인사 분야의 학문 후속세대를 위해서 이 책이 세상의 빛을 오래 볼 수 있도록 깊은 관심과 배려를 부탁드린다.

참고문헌

제1장

강인호 · 권경득 · 이계만. (2005). 지방정부의 여성 친화적 정책과 조직성과에 관한 연구. 한국정책과학학회보, 9(4), 343-360.

권경득. (2010). 공직 내 여성의 대표성과 조직문화, 직무행태 및 조직성과에 관한 연구. 한국행정논집, 21(3), 795-819.

권경득 · 최연택. (2010). 지방공무원의 성격유형, 직무행태 및 조직성과에 관한 연구: MBTI 의사결정유형을 중심으로. 한국지방자치학회보, 22(4), 265-287.

김영미 · 문미경 · 조경호. (2007). 여성 공무원의 생애주기별 보직모형 탐색: 가족생활 주기별 유형을 중심으로. 한국행정연구, 16(3), 129-156.

박재창. (2000). 『정부와 여성 참여』. 서울: 법문사.

박천오. (1996). 『한국 관료제의 이해』. 서울: 법문사.

박천오. (2016). 『한국 정부 관료제』. 서울: 박문사.

박천오. (2020). 『정부 관료제: 이론과 실제』(제2판). 서울: 법문사.

박천오 · 권경득 · 권용수 · 조경호 · 조성한 · 최성주. (2020). 『인사행정론』(제2판). 서울: 법문사.

박천오. (2010). 한국 여성 공무원의 여성대표적 역할 인식에 관한 탐색적 연구. 한국행정연구, 19(1), 177-200.

박천오 · 김상묵. (2001). 한국 정부조직의 여성친화성 실태 및 강화방안에 관한 실증적 연구: 공무원의 인식과 선호를 중심으로. 한국행정연구, 10(3), 190-212.

박천오 · 김상묵 · 강제상. (2000). 한국 공무원의 성별 직무관련태도 차이에 관한 실증적 조사연구: 지방공무원을 중심으로. 한국행정학보, 34(2), 269-287.

박통희. (2004). 『편견의 문화와 여성 리더십: 여성 공직자의 역할 모형』. 서울: 대영문화사.

원숙연. (2009). 공직 내 여성 관리자에 대한 고정관념적 평가의 역학: 성차(性差)를 중심으로 한 탐색적 접근. 한국여성학, 25(1), 73-101.

원숙연. (2010). 조직의 문화적 특성이 여성 관리자에 대한 인식에 미치는 영향. 한국행정학보, 44(2), 63-84.

원숙연. (2015). 『젠더 중립성의 신화: 여성 공무원을 통해 본 현실과 담론의 이중성』. 서울: 이화여자대학교출판부.

이종수 외. (2021). 『인사행정론』. 서울: 대영문화사.

주경일. (2006). 『한국 관료제 인사행정체제의 이해: 공직임용제도 및 구조의 형성과 발전』. 서울: 경세원.

최무현 · 조창현. (2007). 여성 공무원의 보직차별과 경력개발제도(CDP) 도입 방안에 관한 연구. 행정논총, 45(2), 279-308.

진종순. (2009). 균형 인사정책의 효과성에 관한 연구. 한국정책과학학회보, 13(4), 43-68.

진종순. (2010). 여성의 공공부문 참여와 부패수준. 한국행정연구, 18(3), 77-96.

진종순. (2011). 여성 공무원과 정부조직의 청렴도: 지방자치단체를 중심으로. 한국부패학회보, 16(3), 1-20.

진종순 · 문미경. (2018). 여성 관리자 임용목표제가 공공조직에 미치는 효과. 한국인사행정학회보, 17(2), 1-24.

홍미영. (2004). 관리직 여성 공무원의 대표성에 대한 관료저항의 실태와 영향요인 분석. 한국정책학회보, 13(4), 45-71.

홍미영. (2006). 관료제의 여성대표성 확대에 대한 공무원 태도의 결정요인. 한국행정논집, 18(2), 447-472.

홍미영 · 강성철. (2004). 여성 공무원의 '유리천장' 현상에 관한 탐색적 연구: 남녀 공무원의 인식 비교를 중심으로. 한국사회와 행정연구, 15(3), 329-363.

제2장

이주희 · 전병유 · Lee, Jane. (2004). 『유리천장 깨뜨리기: 관리직 여성의 일과 삶』. 서울: 한울아카데미.

Gallagher, C., & Golant, S. K. (2002). 『유리천장 통과하기』(곽진희 옮김). 서울: 현암사.

Wellington, S. (2002). 『여자, 너 스스로 멘토가 되라』. 서울: 해냄출판사.

권경득. (2000). 공직 인사상의 여성 차별 실태와 개선방안. 한국행정학회 2000년 기획세미나 · 국제포럼 발표자료.
김상묵 · 박천오 · 강제상. (2000). 한국 공무원의 성별 직무관련태도 차이에 관한 실증적 조사연구: 지방공무원을 중심으로. 한국행정학보, 34(2).
김양희. (2000). 『기업 내 남녀관리자의 리더십 비교 연구』. 서울: 한국여성개발원.
김판석 · 김영미 · 배득종. (2000). 관리직 여성공무원 육성을 위한 21가지 정책방안. 한국행정학회 학술세미나 자료집.
김태일. (2000). 남녀 공무원의 승진소요기간 비교. 한국정책학회보, 9(3).
김호정. (2002). 행정조직문화가 조직몰입과 직무만족에 미치는 영향. 한국행정학보, 36(4).
박영미. (2000). 고위여성공무원의 보직실태와 정책결정. 한국행정학회 2000년 기획세미나 · 국제포럼 발표자료.
배득종 · 김판석 · 김영미. (2000). 관리직 여성공무원 육성을 위한 기관별 Target－based 인력관리방안. 한국행정학보, 34(1).
박숙자. (1999). 행정관리직 여성공무원 일과 삶의 질. 한국행정학회 인사행정연구회 춘계세미나 발표논문.
박천오 · 강제상 · 권경득 · 김상묵. (2001). 한국 여성공무원의 잠재적 생산성에 관한 실증적 연구: 공무원의 인식을 중심으로. 한국정책학회보, 10(3).
전영평. (2001). 여성차별과 여성정책의 문화이론적 해석. 한국행정논집, 13(4).
제갈돈. (2000). 국 · 공립대학교 공무원의 승진에서 성차별. 한국정책과학학회보, 4(1).
중앙인사위원회 · 정부혁신지방분권위원회(인사개혁전문위원회). (2001-2004). 회의자료 및 보도자료.
행정안전부. (1998-2025). 『인사 통계연보 및 여성 공무원 근무만족도 조사자료』.
Baxter, J., & Wright, E. O. (2000). *The glass ceiling hypothesis: A comparative study of the United States, Sweden, and Australia. Gender & Society*, 14, 275-294.
Bernhardt, A., Martina, M., & Handcock, M. S. (1995). *Women's gains or men's losses? A closer look at the shrinking gender gap in earnings. American Journal of Sociology*, 101, 302-328.

Brown, J. N., & Light, A. (1992). *Interpreting panel data on job tenure. Journal of Labor Economics*, 10, 219-257.

Bryk, A. S., & Raudenbush, S. W. (1992). *Hierarchical models: Applications and data analysis methods*. Newbury Park, CA: Sage.

Bullard, A. M., & Wright, D. S. (1993). *Circumventing the glass ceiling: Women executives in American state government. Public Administration Review*, 53(3), 189-202.

Catalyst, Inc. (1999). *Women of color in corporate management: Opportunities and barriers*. New York: Catalyst.

Cheng, C. (1997). *Are Asian American employees a model minority or just a minority?Journal of Applied Behavioral Science*, 33, 277-290.

Corcoran, M., & Duncan, G. J. (1979). *Work history, labor force attachment, and earnings differences between races and sexes. Journal of Human Resources*, 14, 3-20.

Cotter, D. A., Hermsen, J. M., & Vanneman, R. (1999). *Systems of gender, race, and class inequality: Multilevel analyses. Social Forces*, 78, 433-460.

Maume, D. J. (2004). *Is the glass ceiling a unique form of inequality? Evidence from a random-effects model of managerial attainment. Work and Occupations*, 31(2), 250-274.

England, P., Farkas, G., Kilbourne, B., & Dou, T. (1988). *Explaining occupa-tional sex segregation and wages. American Sociological Review*, 53, 544-558.

Epstein, C. F. (1970). *Women's place: Options and limits in professional careers*. Berkeley: University of California Press.

Eyring, A., & Stead, B. A. (1998). *Shattering the glass ceiling: Some successful corporate practices. Journal of Business Ethics*, 17(3), 245-251.

Federal Glass Ceiling Commission. (1995). *Good for business: Making full use of the nation's human capital*. Washington, DC: U.S. Department of Labor.

Frankforter, S. A. (1996). *The progression of women beyond the glass ceiling.*

Journal of Social Behavior and Personality, 11, 121-132.

Hannan, M. T., Schomann, K., & Blossfeld, H. P. (1990). *Sex and sector differences in the dynamics of wage growth. American Sociological Review*, 55, 694-713.

Hansard Society. (1990). *Women at the top*. London: Hansard Society for Parliamentary Government.

Jackson, J. C. (2001). *Women middle managers' perception of the glass ceiling. Women in Management Review*, 16(1), 30-41.

Jacobs, J. A. (1992). *Women's entry into management. Administrative Science Quarterly*, 37, 282-301.

Kanter, R. M. (1977). *Men and women of the corporation*. New York: Basic Books.

Kay, F. M., & Hagan, J. (1995). *The persistent glass ceiling. British Journal of Sociology*, 46, 279-310.

Lynch, M., & Katherine, P. (1996). *What glass ceiling?The Public Interest*, 124, 27-36.

Marilyn, F. (1998). *Asian Indian Americans in the Bay Area and the glass ceiling. Sociological Perspectives*, 41, 119-149.

Maume, D. J. (1999). *Glass ceilings and glass escalators. Work and Occupations*, 26(4), 483-509.

Mitra, A. (2003). *Breaking the glass ceiling. Equal Opportunities International*, 22(2), 67-79.

Morgan, L. A. (1998). *Glass ceiling effect or cohort effect?American Sociological Review*, 63, 479-493.

Morrison, A. M. (1992). *New solutions to the same old glass ceiling. Women in Management Review*, 7(4), 15-20.

Naff, K. C. (1994). *Through the glass ceiling. Public Administration Review*, 54(6), 507-514.

Naff, K. C., & Thomas, S. (1994). *The glass ceiling revisited. Policy Studies*

Review, 13, 249-272.

Nath, D. (2000). *Gently shattering the glass ceiling. Women in Management Review*, 15(1), 44-52.

Reskin, B. E., & McBrier, D. B. (2000). *Why not ascription?American Sociological Review*, 65, 210-233.

Rosenfeld, R. A. (1980). *Race and sex differences in career dynamics. American Sociological Review*, 45, 583-609.

Sally, D. N. (1998). *Women above the glass ceiling. Gender & Society*, 12, 339-355.

Still, L. V. (1992). *Breaking the giass ceiling. Women in Management Review*, 7(5), 3-8.

Stroh, L. K., Brett, J. M., & Reilly, A. H. (1996). *Family structure, glass ceiling, and turnover. Journal of Vocational Behavior*, 49, 99-118.

Tang, J. (1997). *The glass ceiling in science and engineering. Journal of Socio-Economics*, 26, 383-406.

Wellington, A. J. (1993). *Changes in the male/female wage gap. Journal of Human Resources*, 38, 383-411.

Wright, E. O., & Baxter, J. (2000). *The glass ceiling hypothesis: A reply to critics. Gender & Society*, 14, 814-821.

Wrigley, B. J. (2002). *Glass ceiling? What glass ceiling?Journal of Public Relations Research*, 14(1), 27-55.

Yishal, Y., & Aaron, C. (1997). *(Un)representative bureaucracy. Administration & Society*, 28(4), 441-465.

제3장

박기남. (2002). 관리직 여성의 사회적 자본과 성별 직무 분리. 한국사회학, 36(6), 109-136.

박천오. (2010). 한국 여성공무원의 여성대표적 역할 인식에 관한 탐색적 연구. 한국행정연구, 19(1), 177-200.

박천오 · 김상묵. (2001). 한국 정부조직의 여성친화성 실태 및 강화방안에 관한 실증적 연구: 공무원의 인식과 선호를 중심으로. 한국행정연구, 10(3), 190-212.

박천오 · 김상묵 · 강제상. (2000). 한국 공무원의 성별 직무관련태도 차이에 관한 실증적 조사연구: 지방공무원을 중심으로. 한국행정학보, 34(2), 269-287.

우양호. (2013). 공직사회 성차별의 양가적 차원과 요인 검증: 지방공무원을 중심으로. 지방행정연구, 27(1), 173-202.

우양호 · 홍미영. (2018). 공직부처의 성별 직무분리에 관한 탐색적 분석: 단순한 차이인가? 의도적 차별인가? 지방정부연구, 22(1), 25-44.

홍미영. (2006). 관료제의 여성대표성 확대에 대한 공무원 태도의 결정요인. 한국행정논집, 18(2), 447-473.

행정안전부. (2025).『행정부 국가공무원 인사통계』·『기타 인사 통계연보』. 내부자료.

이학식 · 임지훈. (2016).『구조방정식 모형분석과 AMOS 22』. 서울: 집현재.

조철호. (2014).『SPSS/AMOS 활용 구조방정식모형 논문통계분석』. 서울: 도서출판 청람.

Anker, R. (1997). *Theories of occupational segregation by sex: An overview. International Labour Review*, 136(3), 315-339.

Anker, R. (2000). *Gender and jobs: Sex segregation of occupations in the world. Work, Employment and Society*, 14(2), 401-416.

Baldwin, M., Butler, R., & Johnson, W. (2001). *Hierarchical theory of occupational segregation and wage discrimination. Economic Inquiry*, 39(1), 94-110.

Baunach, D. M. (2002). *Trends in occupational sex segregation and inequality, 1950 to 1990. Social Science Research*, 31(1), 77-98.

Bielby, W. T., & Baron, J. N. (1996). *Men and women at work: Sex segregation and statistical discrimination. American Journal of Sociology*, 91(4), 759-799.

Blau, F. D., & Kahn, L. M. (2000). *Gender differences in pay. Journal of Economic Perspectives*, 14(4), 75-99.

Blum, L. M. (1991). *Between feminism and labor: The significance of the comparable worth movement.* Berkeley: University of California Press.

Bremner, J. B. (2015). *Black pink collar workers: Arduous journey from field and kitchen to office. Journal of Sociology & Social Welfare,* 19(3), 7-27.

Brown, K. (1995). *Out of the pink collar ghetto: Award restructuring and equity. International Journal of Employment Studies,* 3(2), 135-144.

Cava, R. (1989). *Escaping the pink collar ghetto: How women can advance in business.* Toronto: Key Porter Books.

Cline, C. G. (1989). What now? Conclusions and suggestions. In E. L. Toth & C. G. Cline (Eds.), *Beyond the velvet ghetto*(pp. 299-308). San Francisco: IABC Research Foundation.

David, E. (2015). *Purple-collar labor: Transgender workers and queer value at global call centers in the Philippines. Gender & Society,* 29(2), 169-194.

D'Agostino, M. J. (2014). *The difference that women make: Government performance and women-led agencies. Administration & Society,* 46(3), 212-233.

England, K. (1993). *On suburban pink collar ghettos: The spatial entrapment of women. Annals of the Association of American Geographers,* 83(2), 225-242.

Frehill, L. M., Abreu, A., & Zippel, K. (2015). Gender, science, and occupational sex segregation. In W. Pearson et al. (Eds.), *Advancing women in science*(pp. 51-92).

Ghiloni, B. W. (1987). The velvet ghetto: Women, power, and the corporation. In D. William & T. R. Dye (Eds.), *Power elites and organizations*(pp. 21-36).

Green, M. (2005). *Job stress in the pink collar ghetto.* Halifax: Mount Saint Vincent University Press.

Grow, J. M., & Deng, T. (2014). *Sex segregation in advertising creative departments across the globe. Advertising & Society Review,* 14(4).

Hartmann, H. (1976). Capitalism, patriarchy, and job segregation by sex. In

Women and the workplace(pp. 137–169). Chicago: University of Chicago Press.

Howe, L. K. (1977). *Pink collar workers.* New York: Avon Books.

Jacobs, M. (2006). Nursing, a pink collar ghetto? In *The professionalization of work*(pp. 90–132).

Kerr, B., Miller, W., & Reid, M. (2002). *Sex-based occupational segregation in US state bureaucracies. Public Administration Review*, 62(4), 412–423.

Ko, L., Kotrba, L., & Roebuck, A. (2015). *Leaders as males?Sex Roles*, 72(7), 294–307.

Lewis, G. B., & Nice, D. (1994). *Race, sex, and occupational segregation in state and local governments. American Review of Public Administration*, 24(4), 393–410.

Mastracci, S. H. (2004). *Breaking out of the pink-collar ghetto.* London: Routledge.

Mez, J., & Buhler, E. (1998). *Functional and spatial segregation in the Swiss financial sector. Environment and Planning A*, 30(9), 1643–1660.

Monk, J. (2003). *Women's worlds at the American Geographical Society. Geographical Review*, 93(2), 237–257.

Morgan, R. (2007). *Sisterhood is forever.* New York: Washington Square Press.

Navarro, M., & Mink, G. (1999). *The reader's companion to U.S. women's history.* New York: Mariner Books.

Nix, S., Perez-Felkner, L. C., & Thomas, K. (2015). *Perceived mathematical ability under challenge. Frontiers in Psychology*, 1(1), 1–51.

Pierce, J. L. (2014). *American workplaces since the Civil Rights Act. Contemporary Sociology*, 43(3), 331–335.

Probert, B., & Wilson, B. W. (1993). *Pink collar blues.* Melbourne: Melbourne University Press.

Reese, C. C., & Warner, B. (2012). *Pay equity in the states. Review of Public Personnel Administration*, 32(4), 312–331.

Reid, M., Miller, W., & Kerr, B. (2004). *Sex−based glass ceilings in U.S. state−level bureaucracies. Administration & Society*, 36(4), 377-405.

Reskin, B. (1993). *Sex segregation in the workplace. Annual Review of Sociology*, 19(1), 241-270.

Ross, A. (2004). *No collar.* Philadelphia: Temple University Press.

Rung, M. C. (1997). *Paternalism and pink collar. Business History Review*, 71(3), 381-416.

Smith, R. (2014). *Images, forms and presence outside and beyond the pink ghetto. Gender in Management*, 29(8), 466-486.

Sneed, B. G. (2007). *Glass walls in state bureaucracies. Public Administration Review*, 67(5), 880-891.

Stainback, K., & Kwon, S. (2012). *Female leaders, organizational power, and sex segregation. Annals of the American Academy of Political and Social Science*, 639(1), 217-235.

Toth, C. (1989). *The velvet ghetto.* San Francisco: IABC Research Foundation.

Stockdale, M. S., & Nadler, J. T. (2013). *Paradigmatic assumptions of dis−ciplinary research on gender disparities. Sex Roles*, 68(3-4), 207-215.

Yamagata, H., Kuang, S., Stewman, S., & Dodge, H. (1997). *Sex segregation and glass ceilings. American Journal of Sociology*, 103(3), 566-632.

Zoch, L. M., & Russell, M. P. (1991). *Women in PR education. Journalism Educator*, 46(3), 25-35.

>>> 제4장

문미경 · 김선아 · 김예솔 · 손문금. (2022). 공공부문 여성대표성 제고(18-22) 추진현황 및 향후 목표율 설정. 서울: 한국여성정책연구원.

박천오 · 남궁근 · 박희봉 · 오성호 · 김상묵. (2002). 개방형 직위제도의 운영 실태에 관한 실증적 조사 · 평가. 한국행정학보, 36(3), 99-128.

박천오 · 한승주. (2017). 개방형 직위제도의 성과에 관한 실증 연구: 관련 공무원들의 인식 비교. 한국인사행정학회보, 16(3), 1-31.

서인석 · 강국진. (2018). 공직사회 주요직위에 대한 연고주의 연결망 검증: 기획재정부 고위공직자에 대한 MR-QAP의 적용. 한국행정학보, 52(4), 239-268.
우양호. (2011). 공공부문 고위직 여성의 공적관계에 대한 새로운 접근: 토큰 여성과 여왕벌 신드롬. 지방정부연구, 14(4), 61-85.
우양호. (2013). 공직사회 성차별의 양가적 차원과 요인 검증: 지방공무원을 중심으로. 지방행정연구, 27(1), 173-202.
우양호. (2014). 우리나라 공직사회의 양성평등 문제에 대한 새로운 접근: 양가적 성차별 이론의 규명. 행정논총, 52(1), 271-301.
우양호. (2020). 고위직 여성의 유리절벽 현상: 공공 및 민간부문의 실태규명과 비교. 행정논총, 58(1), 271-301.
우양호. (2021). 고위직 여성공무원의 유리절벽 경험에 대한 질적 연구. 여성연구, 108(1), 5-38.
유상엽 · 한승주. (2017). 공직자의 이직의도 영향요인 분석: 개방형 직위 임용자를 대상으로. 한국인사행정학회보, 16(4), 1-26.
진종순 · 문미경. (2018). 남녀 간 동등한 기회부여가 공공조직에 미치는 영향에 관한 공무원의 인식 연구. 정책분석평가학회보, 28(3), 1-25.
홍미영. (2005). 지방공무원의 여성관리자에 대한 차별원인과 태도 및 행태의 구조적 관계. 한국행정논집, 17(4), 1207-1230.
홍미영. (2007). 지방자치단체 여성공무원에 대한 승진과 보직차별의 성차 분석. 한국지방자치연구, 8(3), 65-87.
홍미영. (2008). 여성관련 연구수요와 전망에 관한 델파이 연구. 한국사회와 행정연구, 19(1), 235-259.
홍미영 · 강성철. (2004). 여성공무원의 유리천장 현상에 관한 탐색적 연구: 남녀공무원의 인식비교를 중심으로. 한국사회와 행정연구, 15(3), 329-363.
인사혁신처. (2023). 『인사혁신통계연보』·『국가공무원 인사통계』(2013-2023).
인사혁신처. (2024). 『개방형 직위 및 공모 직위 운영지침』.
국가법령정보센터. (2024). 『개방형 직위 및 공모 직위의 운영 등에 관한 규정』.
Baker, K., & Cangemi, J. (2016). *Why are there so few women CEOs and se-nior leaders in corporate America?Organization Development Journal*, 34(2),

31-43.

Batara, M. A., Ngo, J. M., See, K. A., & Erasga, D. (2018). *Second generation gender bias. Asia-Pacific Social Science Review*, 18(2), 138-151.

Campero, S., & Fernandez, R. M. (2018). *Gender composition of labor queues and gender disparities in hiring. Social Forces*, 97(4), 1487-1516.

Casini, A. (2015). *Glass ceiling and glass elevator.* In *The Wiley Blackwell Encyclopedia of Gender and Sexuality Studies.*

Cavaletto, G. M., Pacelli, L., & Pasqua, S. (2019). *Women helping wom-en?Journal of Modern Italian Studies*, 24(2), 350-372.

Davis, L. M., & Geyfman, V. (2012). *Gender inequality in undergraduate busi-ness schools. NASPA Journal About Women in Higher Education*, 5(1), 46-70.

Davis, L. M., & Geyfman, V. (2015). *The glass door remains closed. Journal of Education for Business*, 90(2), 81-88.

Dill, J. S., Price-Glynn, K., & Rakovski, C. (2016). *Does the glass escalator compensate for the devaluation of care work occupations?Gender & Society*, 30(2), 334-360.

Fernandez, R. M., & Campero, S. (2017). *Gender sorting and the glass ceiling in high-tech firms. ILR Review*, 70(1), 73-104.

Fernandez, R. M., & Galperin, R. V. (2014). *The causal status of social capital in labor markets.* In *Contemporary Perspectives on Organizational Social Networks*(pp. 445-462).

Geyfman, V., Force, C. M., & Davis, L. M. (2016). *Women in business. Administrative Issues Journal*, 5(2), 51-63.

Hassink, W. H., & Russo, G. (2010). *The glass door.* IZA Discussion Paper No. 4858.

Kräft, C. (2022). *Equal pay behind the glass door?Gender, Work & Organization*, 29(6), 1910-1926.

Javdani, M. (2015). *Glass ceilings or glass doors?Canadian Journal of*

Economics, 48(2), 529-560.

Malin, L., & Wise, R. (2018). *Glass ceilings, glass escalators and revolving doors*. In *Sequence Analysis and Related Approaches*(pp. 49-68).

Nielsen, O., & Anders, R. (2015). *The right mix?Public Administration Review*, 75(2), 291-301.

Picardi, I. (2019). *The glass door of academia. Social Sciences*, 8(5), 160-172.

Powell, G. N. (2013). *Sex, gender and aspirations to top management. Journal of Vocational Behavior*, 82(1), 30-36.

Rubineau, B., & Fernandez, R. M. (2013). *Missing links. Management Science*, 59(11), 2470-2489.

Smith, R. A. (2013). *Money, benefits, and power. Annals of the American Academy of Political and Social Science*, 639(1), 149-172.

Stainback, K., & Kwon, S. (2012). *Female leaders, organizational power, and sex segregation. Annals of the American Academy of Political and Social Science*, 639(1), 217-235.

Stanley, D. (2016). Gender, generational groups and leadership. In *Clinical leadership in nursing and health care*(2nd ed., pp. 291-308).

Walsh, M., Walker, T., Patterson, B., & Hardy, P. (2016). *So many open doors?Journal of Women, Politics & Policy*, 37(4), 417-438.

Williams, C. L. (2015). *Crossing over. Sex Roles*, 72(7), 390-395.

Zhang, S., Schmader, T., & Forbes, C. (2009). *The effects of gender stereotypes on women's career choice*. In *The Glass Ceiling in the 21st Century*(pp. 125-150).

제5장

원숙연. (2009). 공직 내 여성관리자에 대한 고정관념적 평가의 역학: 성차(性差)를 중심으로 한 탐색적 접근. 한국여성학, 25권 1호, 73-101.

원숙연. (2010). 조직의 문화적 특성이 여성관리자에 대한 인식에 미치는 영향. 한국행정학보, 44권 2호, 63-84.

우양호. (2011). 공공부문 고위직 여성의 공적관계에 대한 새로운 접근: 토큰 여성

(tokens)과 여왕벌 신드롬(queen bee syndrome). 지방정부연구, 14권 4호, 61－85.
우양호. (2014). 우리나라 공직사회의 양성평등 문제에 대한 새로운 접근: 양가적 성차별 이론의 규명. 행정논총, 52권 1호, 271－301.
우양호. (2020). 고위직 여성의 유리절벽(Glass Cliff) 현상: 공공 및 민간부문의 실태규명과 비교. 행정논총, 58권 1호, 271－301.
우양호 · 홍미영. (2007). 지방자치단체 여성공무원에 대한 승진과 보직차별의 성차 분석. 한국지방자치연구, 8권 3호, 65－87.
홍미영 · 우양호. (2005). 지방공무원의 여성관리자에 대한 차별원인과 태도 및 행태의 구조적 관계. 한국행정논집, 17권 4호, 1207－1230.
홍미영 · 우양호. (2008). 여성관련 연구수요와 전망에 관한 델파이 연구. 한국사회와 행정연구, 19권 1호, 235－259.
공무원연금공단. (2020). 『공무원연금공단 퇴직통계』(2016년－각 연도).
인사혁신처. (2025). 『인사혁신통계연보』.
행정안전부. (2025). 『국가공무원 인사통계』(2016년－각 연도).
Ashby, J. S., Haslam, S. A., & Ryan, M. K. (2007). Legal work and the glass cliff: Evidence that women are preferentially selected to lead problematic cases. William and Mary Journal of Women and the Law, 13(3), 775－793.
Bechtoldt, M. N., Bannier, C. E., & Rock, B. (2019). The glass cliff myth? Evidence from Germany and the UK. The Leadership Quarterly, 30(3), 273－297.
Bowling, C., Kelleher, C., Jones, J., & Wright, D. (2006). Cracked ceilings, firmer floors, and weakening walls. Public Administration Review, 66(6), 823－836.
Bremner, J. B. (2015). Black pink collar workers: Arduous journey from field and kitchen to office. Journal of Sociology & Social Welfare, 19(3), 7－27.
Bruckmuller, S. (2007). Gender stereotypes and the glass cliff. Doctoral dis－sertation, University of Kansas.
Bruckmuller, S., & Branscombe, N. R. (2010). The glass cliff: When and why

women are selected as leaders in crisis contexts. British Journal of Social Psychology, 49(3), 433-451.

Bruckmuller, S., Ryan, M. K., Rink, F., & Haslam, S. A. (2014). Beyond the glass ceiling: The glass cliff and its lessons for organizational policy. Social Issues and Policy Review, 8(1), 202-232.

Buckalew, E., Konstantinopoulos, A., & Russell, J. (2012). The future of female CEOs and their glass ceiling. Journal of Business Studies Quarterly, 3(4), 145-153.

Carroll, W., Hennessey, S. M., & MacDonald, R. (2013). Is there a glass cliff? Examining the phenomenon using board of director appointments in Canada. Allied Academies International Conference Proceedings, 18(2), 9-13.

Cook, A., & Glass, C. (2014). Above the glass ceiling: When are women and racial/ethnic minorities promoted to CEO? Strategic Management Journal, 35(7), 1080-1089.

David, E. (2015). Purple-collar labor: Transgender workers and queer value at global call centers in the Philippines. Gender & Society, 29(2), 169-194.

D'Agostino, M. J. (2014). The difference that women make: Government performance and women-led agencies. Administration & Society, 46(3), 212-233.

Eagly, A. H., & Karau, S. J. (2002). Role congruity theory of prejudice toward female leaders. Psychological Review, 109(3), 573-598.

Hall, L. J., & Donaghue, N. (2013). Constructions of ambition in media coverage of Australia's first female prime minister. British Journal of Social Psychology, 52(4), 631-647.

Hewlett, S. A. (2014). The glass cliff: Are women leaders often set up to fail? Harvard Business Review.

Hunt-Earle, K. (2012). Falling over a glass cliff: A study of the recruitment of women to leadership roles in troubled enterprises. Global Business and

Organizational Excellence, 31(5), 44–53.

Kulich, C., Ryan, M. K., & Haslam, S. A. (2014). The political glass cliff: Understanding how seat selection contributes to the underperformance of ethnic minority candidates. Political Research Quarterly, 67(1), 84–95.

Macarie, F. A., & Moldovan, O. (2012). Gender discrimination in management: Theoretical and empirical perspectives. Transylvanian Review of Administrative Sciences, 35(5), 153–172.

Main, B. G., & Gregory–Smith, I. (2017). Symbolic management and the glass cliff. British Journal of Management, 28(1), 1–20.

Nutley, S., & Mudd, J. (2005). Has the glass cliff replaced the glass ceiling for women employed in the public sector? Public Money & Management, 25(1), 3–4.

Powell, G. N. (2011). The gender and leadership wars. Organizational Dynamics, 40(1), 1–9.

Powell, G. N. (2013). Sex, gender and aspirations to top management: Who's opting out? Who's opting in? Journal of Vocational Behavior, 82(1), 30–36.

Powell, G. N., & Butterfield, D. A. (2015). The glass ceiling: What have we learned 20 years on? Journal of Organizational Effectiveness, 2(4), 306–326.

Ryan, M. K., & Haslam, S. A. (2005). The glass cliff: Evidence that women are over–represented in precarious leadership positions. British Journal of Management, 16(2), 81–90.

Ryan, M. K., & Haslam, S. A. (2007). Exploring the dynamics surrounding the appointment of women to precarious leadership positions. Academy of Management Review, 32(2), 549–572.

Ryan, M. K., Haslam, S. A., & Hersby, M. D. (2011). Think crisis–think female: The glass cliff and contextual variation in the think manager–think male stereotype. Journal of Applied Psychology, 96(3), 470–484.

Ryan, M. K., Haslam, S. A., & Postmes, T. (2007). Reactions to the glass cliff: Gender differences in the explanations for the precariousness of women's leadership positions. Journal of Organizational Change Management, 20(2), 182－197.

Schein, V. E. (2001). A global look at psychological barriers to women's progress in management. Journal of Social Issues, 57(4), 675－688.

Smith, R. (2014). Images, forms and presence outside and beyond the pink ghetto. Gender in Management, 29(8), 466－486.

제6장

강인호 · 권경득. (2005). 지방정부의 여성 친화적 정책과 조직성과에 관한 연구. 「한국정책과학학회보」, 9(4): 343－360.

권경득. (2010). 공직 내 여성의 대표성과 조직문화, 직무행태 및 조직성과에 관한 연구. 「한국행정논집」, 21(3): 795－819.

박기남. (2002). 관리직 여성의 사회적 자본과 성별 직무 분리. 「한국사회학」, 36(6): 109－136.

박천오. (2010). 한국 여성공무원의 여성대표적 역할 인식에 관한 탐색적 연구. 「한국행정연구」, 19(1): 177－200.

박천오 · 김상묵. (2001). 한국 정부조직의 여성친화성 실태 및 강화방안에 관한 실증적 연구: 공무원의 인식과 선호를 중심으로. 「한국행정연구」, 10(3): 190－212.

박천오 · 김상묵 · 강제상. (2000). 한국 공무원의 성별 직무관련태도 차이에 관한 실증적 조사연구: 지방공무원을 중심으로. 「한국행정학보」, 34(2): 269－287.

우양호. (2013). 공직사회 성차별의 양가적 차원과 요인 검증: 지방공무원을 중심으로. 「지방행정연구」, 27(1): 173－202.

우양호 · 홍미영. (2018). 공직부처의 성별 직무분리에 관한 탐색적 분석: 단순한 차이인가? 의도적 차별인가?. 「지방정부연구」, 22(1): 25－44.

홍미영. (2006). 관료제의 여성대표성 확대에 대한 공무원 태도의 결정요인. 「한국행정논집」, 18(2): 447－473.

행정안전부. (2018). 「행정부 국가공무원인사통계」, 「연도별 인사통계연보」, 내부자료 14건.

이학식 · 임지훈. (2016). 「구조방정식 모형분석과 AMOS 22」. 서울: 집현재.
조철호. (2014). 「SPSS/AMOS 활용 구조방정식모형 논문통계분석」. 서울: 도서출판 청람.
Anker, R. (1997). *Theories of Occupational Segregation by Sex: An Overview.* International Labour Review. 136(3): 315－339.
Anker, R. (2000). *Gender and Jobs: Sex Segregation of Occupations in the World.* Work, Employment and Society. 14(2): 401－416.
Baldwin, M., Butler, R. and Johnson, W. (2001). *Hierarchical Theory of Occupational Segregation and Wage Discrimination.* Economic Inquiry. 39(1): 94－110.
Baunach, D. M. (2002). *Trends in Occupational Sex Segregation and Inequality, 1950 to 1990.* Social Science Research. 31(1): 77－98.
Bielby, W. T. and Baron, J. N. (1996). *Men and Women at Work: Sex Segregation and Statistical Discrimination.* American Journal of Sociology. 91(4): 759－799.
Blau, F. D. and Kahn, L. M. (2000). *Gender Differences in Pay.* Journal of Economic Perspectives. 14(4): 75－99.
Blum, L. M. (1991). *Between Feminism and Labor: The Significance of the Comparable Worth Movement.* University of California Press: 44－89.
Bremner, J. B. (2015). *Black Pink Collar Workers: Arduous Journey from Field and Kitchen to Office.* Journal of Sociology & Social Welfare. 19(3): 7－27.
Brown, K. (1995). *Out of the Pink Collar Ghetto: Award Restructuring and Equity.* International Journal of Employment Studies. 3(2): 135－144.
Cava, R. (1989). *Escaping the Pink Collar Ghetto: How Women Can Advance in Business.* Key Porter Books: 1－95.
Cline, C. G. (1989). *What Now? Conclusions and Suggestions.* In E. L. Toth and C. G. Cline(Eds). Beyond the Velvet Ghetto. San Francisco: IABC Research Foundation: 299－308.
David, E. (2015). *Purple－Collar Labor Transgender Workers and Queer Value*

at Global Call Centers in the Philippines. Gender & Society. 29(2): 169－194.

D'Agostino, M. J. (2014). *The Difference That Women Make: Government Performance and Women－Led Agencies.* Administration & Society. 46(3): 212－233.

England, K. (1993). *On Suburban Pink Collar Ghettos: The Spatial Entrapment of Women?.* Annals of the Association of American Geographers. 83(2): 225－242.

Frehill, L. M., Abreu, A. and Zippel, K. (2015). *Gender, Science, and Occupational Sex Segregation.* In Pearson, W., Frehill, L. M. and McNeely, C. L. (Eds). Advancing Women in Science: An International Perspective: 51－92.

Ghiloni, B. W. (1987). *The Velvet Ghetto: Women, Power, and the Corporation.* In William, D. and Dye, T. R. (Eds). Power Elites and Organizations: 21－36.

Green, M. (2005). *Job Stress in the Pink Collar Ghetto: Clerical Workers in the Telecommunications Industry.* Mount Saint Vincent University Press: 1－139.

Grow, J. M. and Deng, T. (2014). *Sex Segregation in Advertising Creative Departments Across the Globe.* Advertising & Society Review. 14(4): 24－36.

Hartmann, H. (1976). *Capitalism, Patriarchy, and Job Segregation by Sex.* In Women and the Workplace: The Implications of Occupational Segregation. The University of Chicago Press: 137－169.

Howe, L. K. (1977). *Pink Collar Workers: Inside the World of Women's Work.* Avon Books: 1－257.

Jacobs, M. (2006). *Nursing, a Pink Collar Ghetto? From Semi－Professional to Professional.* In The Professionalization of Work. Whitby: de Sitter Publications: 90－132.

Kerr, B., Miller, W. and Reid, M. (2002). *Sex－Based Occupational Segregation in US State Bureaucracies, 1987-1997*. Public Administration Review. 62(4): 412－423.

Ko, L., Kotrba, L. and Roebuck, A. (2015). *Leaders as Males?: The Role of Industry Gender Composition*. Sex Roles. 72(7): 294－307.

Lewis, G. B. and Nice, D. (1994). *Race, Sex, and Occupational Segregation in State and Local Governments*. American Review of Public Administration. 24(4): 393－410.

Mastracci, S. H. (2004). *Breaking Out of the Pink－Collar Ghetto: Policy Solutions for Non－College Women*. Routledge: 1－256.

Mez, J. and Buhler, E. (1998). *Functional and Spatial Segregation in the Swiss Financial Sector: Pink－Collar Ghetto and Male Bastion*. Environment and Planning A. 30(9): 1643－1660.

Monk, J. (2003). *Women's Worlds at the American Geographical Society*. Geographical Review. 93(2): 237－257.

Morgan, R. (2007). *Sisterhood Is Forever: The Women's Anthology for a New Millennium*. Washington Square Press: 358－367.

Navarro, M. and Mink, G. (1999). *The Reader's Companion to U.S. Women's History*. Mariner Books: 450－452.

Nix, S., Perez－Felkner, L. C. and Thomas, K. (2015). *Perceived Mathematical Ability under Challenge: A Longitudinal Perspective on Sex Segregation among STEM Degree Fields*. Frontiers in Psychology. 1(1): 1－51.

Pierce, J. L. (2014). *American Workplaces Since the Civil Rights Act: The Changing Parameters of Race and Sex Segregation in the Private Sector*. Contemporary Sociology. 43(3): 331－335.

Probert, B. and Wilson, B. W. (1993). *Pink Collar Blues: Work, Gender and Technology*. Melbourne University Press: 1－90.

Reese, C. C. and Warner, B. (2012). *Pay Equity in the States: An Analysis of the Gender－Pay Gap in the Public Sector*. Review of Public Personnel Administration. 32(4): 312－331.

Reid, M., Miller, W. and Kerr, B. (2004). *Sex-Based Glass Ceilings in U.S. State-Level Bureaucracies, 1987-1997*. Administration & Society. 36(4): 377-405.

Reskin, B. (1993). *Sex Segregation in the Workplace*. Annual Review of Sociology. 19(1): 241-270.

Ross, A. (2004). *No Collar: The Humane Workplace and Its Hidden Costs*. Temple University Press: 1-312.

Rung, M. C. (1997). *Paternalism and Pink Collar: Gender and Federal Employee Relations, 1941-50*. Business History Review. 71(3): 381-416.

Smith, R. (2014). *Images, Forms and Presence Outside and Beyond the Pink Ghetto*. Gender in Management: An International Journal. 29(8): 466-486.

Sneed, B. G. (2007). *Glass Walls in State Bureaucracies: Examining the Difference Departmental Function Can Make*. Public Administration Review. 67(5): 880-891.

Stainback, K. and Kwon, S. (2012). *Female Leaders, Organizational Power, and Sex Segregation*. The Annals of the American Academy of Political and Social Science. 639(1): 217-235.

Toth, C. (1989). *The Velvet Ghetto: The Impact of the Increasing Percentage of Women in Public Relations and Business Communication*. IABC Research Foundation: 1-294.

Stockdale, M. S. and Nadler, J. T. (2013). *Paradigmatic Assumptions of Disciplinary Research on Gender Disparities: The Case of Occupational Sex Segregation*. Sex Roles. 68(3/4): 207-215.

Yamagata, H., Kuang, S., Stewman, S. and Dodge, H. (1997). *Sex Segregation and Glass Ceilings: A Comparative Statics Model of Women's Career Opportunities in the Federal Government over a Quarter of a Century*. American Journal of Sociology. 103(3): 566-632.

Zoch, L. M. and Russell, M. P. (1991). *Women in PR Education: An Academic Velvet Ghetto?*. Journalism Educator. 46(3): 25-35.

>>> 제7장

Arneson, P. & Johnson, J. (1991). *Women Expressing Anger to Women in the Workplace: Perceptions of Conflict Resolution Styles.* Women's Studies in Communication. 14(3): 24–41.

Baldwin, M., Butler, R. & Johnson, W. (2001). *Hierarchical Theory of Occupational Segregation and Wage Discrimination.* Economic Inquiry. 39(1): 94–110.

Berry, J. & Kushner, R. A. (1975). *A Critical Look at the Queen Bee Syndrome.* Journal of the NAWDAC (National Association of Women Deans and Counselors). 38(4): 173–176.

Broom, G. (1982). *A Comparison of Sex Roles in Public Relations.* Public Relations Review. 8(3): 17–22.

Broom, G. & Dozier, D. (1986). *Advancement for Public Relations Role Models.* Public Relations Review. 12(1): 37–56.

Buttner, H. (2001). *Examining Female Entrepreneurs' Management Style: An Application of a Relational Frame.* Journal of Business Ethics. 29(3): 253–269.

Cline, C. G. (1989). *What Now? Conclusions and Suggestions.* In E. L. Toth and C. G. Cline(Eds). Beyond the Velvet Ghetto. San Francisco: IABC Research Foundation: 299–308.

Cooper, V. W. (1997). *Homophily or the Queen Bee Syndrome: Female Evaluation of Female Leadership.* Small Group Research. 28(4): 483–499.

Corsun, D. & Costen, W. (2000). *Is the Glass Ceiling Unbreakable?: Habitus, Fields, and the Stalling of Women and Minorities in Management.* Journal of Management Inquiry. 10(3): 16–25.

Creedon, P. (1990). *Public Relations and Women's Work: Toward a Feminist Analysis of Public Relations Roles.* In James E. Grunig and Larissa A. Grunig(Eds). Public Relations Research Annual. Hillsdale: Lawrence Erlbaum Associates: 67–84.

Creedon, P. (1993). *Acknowledging the Infra-system: A Critical Feminist Analysis of Systems Theory.* Public Relations Review. 19(2): 157-166.

Dozier, D., Lauzen, M., Real, M. & Tam, S. (1995). *Impact of Superior-Subordinate Gender on the Career Advancement of Public Relations Practitioners.* Journal of Public Relations Research. 7(4): 259-272.

Ellemers, N., van den Heuvel, H., de Gilder, D., Maass, A. & Bonvini, A. (2004). *The Under-representation of Women in Science: Differential Commitment or the Queen Bee Syndrome?.* British Journal of Social Psychology. 43(3): 315-338.

Ford, T. E. (2000). *Effects of Sexist Humor on Tolerance of Sexist Events.* Personality and Social Psychology Bulletin. 26(9): 1094-1107.

Freeman, J. (2003). *Gender Differences in Gifted Achievement in Britain and the U.S.*Gifted Child Quarterly. 47(3): 202-211.

Glick, P., Ugurlu, N. S., Ferreira, M. C. & deSouza, M. A. (2003). *Ambivalent Sexism and Attitudes Toward Wife Abuse in Turkey and Brazil.* Psychology of Women Quarterly. 26(4): 292-297.

Goldberg, P. (1968). *Are Women Prejudiced Against Women?*Transaction. 5(April): 28-30.

Grunig, L., Hon, L. & Toth, E. (2000). *Feminist Values in Public Relations.* Journal of Public Relations Research. 12(1): 49-68.

Grunig, L. & Toth, E. (1993). *The Missing Story of Women in Public Relations.* Journal of Public Relations Research. 5(3): 153-175.

Grunig, L., Toth, E. & Hon, L. (2001). *Women in Public Relations: How Gender Influences Practice.* New York: The Guilford Press: 1-89.

Harper, N. & Hirokawa, R. (1988). *A Comparison of Persuasive Strategies Used by Female and Male Managers: An Examination of Downward Influence.* Communication Quarterly. 36(1): 157-168.

Heilman, M. E., Martell, R. F. & Simon, M. C. (1988). *The Vagaries of Sex Bias: Conditions Regulating the Undervaluation, Equivaluation, and Overvaluation of Female Job Applicants.* Organizational Behavior and Human Decision Processes. 41(1): 98－110.

Husu, L. (2000). *Gender Discrimination in the Promised Land of Gender Equality.* Higher Education in Europe. 25(2): 221－228.

ICA (International Communication Association). (2005). *What's the Buzz? The Queen Bee Syndrome in Public Relations.* The 55th Annual Conference Communication: Questioning the Dialogue. New York: 1－30.

Izraeli, D. N. (1983). *Sex Effects or Structural Effects? An Empirical Test of Kanter's Theory of Proportions.* Social Forces. 62(1): 153－165.

Jackson, J. C. (2001). *Women Middle Managers' Perception of the Glass Ceiling.* Women in Management Review. 16(1): 30－41.

Jerdee, T. H. & Rosen, B. (1974). *Sex Stereotyping in the Executive Suite.* Harvard Business Review. 52(2): 45－58.

Kanter, R. M. (1977a). *Men and Women of the Corporation.* New York: Basic Books: 1－257.

Kanter, R. M. (1977b). *Some Effects of Proportions on Group Life: Skewed Sex Ratios and Responses to Token Women.* American Journal of Sociology. 82(5): 965－990.

Kanter, R. M. (1989). *Work and Family in the United States: A Critical Review and Agenda for Research and Policy.* Family Business Review. 2(1): 77－114.

Kathlene, L. (1994). *Power and Influence of State Legislative Policy－making: The Interaction of Gender and Position in Committee Hearing Debates.* American Political Science Review. 88(3): 560－576.

Krider, D. S. & Ross, P. G. (1997). *The Experiences of Women in a Public Relations Firm: A Phenomenological Explication.* The Journal of Business Communication. 34(4): 437－454.

Lowe, L., Mills, A. & Mullen, J. (2002). *Gendering the Silences: Psychoanalysis, Gender and Organization Studies.* Journal of Managerial Psychology. 17(5):

422－434.

Mathison, D. (1986). *Sex Differences in the Perception of Assertiveness Among Female Managers.* The Journal of Social Psychology. 126(5): 599－606.

Maume, D. J. (2004). *The Glass Ceiling a Unique Form of Inequality?: Evidence from a Random－Effects Model of Managerial Attainment.* Work and Occupations. 31(2): 250－274.

McDonald, T. W., Toussaint, L. L. & Schweiger, J. A. (2004). *The Influence of Social Status on Token Women Leaders' Expectations about Leading Male－dominated Groups.* Sex Roles. 50(5－6): 401－409.

McRae, M. B. (1994). *Influence of Sex Role Stereotypes on Personnel Decisions of Black Managers.* Journal of Applied Psychology. 79(2): 306－309.

Merrick, B. (2002). *The Ethics of Hiring in the New Workplace: Men and Women Managers Face Changing Stereotypes.* Competitiveness Review. 12(1): 94－115.

Olsson, S. (2002). *Gendered Heroes: Male and Female Self－Representations of Executive Identity.* Women in Management Review. 17(3/4): 142－151.

Reskin, B. E. & McBrier, D. B. (2000). *Why Not Ascription? Organizations' Employment of Male and Female Managers.* American Sociological Review. 65(2): 210－233.

Roth, L. M. (2004). *The Social Psychology of Tokenism: Status and Homophily Processes on Wall Street.* Sociological Perspectives. 47(2): 189－214.

Sax, L. J. (1996). *The Dynamics of Tokenism: How College Students Are Affected by the Proportion of Women in Their Major.* Research in Higher Education. 37(4): 389－425.

Schein, V. E. (1975). *Relationships Between Sex Role Stereotypes and Requisite Management Characteristics Among Female Managers.* Journal of Applied Psychology. 60: 340－344.

Soto, D. H. & Cole, C. (1975). *Prejudice against Women: A New Perspective.* Sex Roles. 1(4): 385－393.

Spangler, E., Gordon, M. A. & Pipkin, R. M. (1978). *Token Women: An Empirical Test of Kanter's Hypothesis*. American Journal of Sociology. 84(1): 160–170.

Staines, G., Tavris, C. & Jayaratne, T. E. (1973). *The Queen Bee Syndrome*. In Tavris, C. (Ed). The Female Experience. Del Mar, CA: CRM Books.

Staines, G., Tavris, C. & Jayaratne, C. (1974). *The Queen Bee Syndrome*. Psychology Today. 7(8): 55–60.

Stolte–Heiskanen, V. (1991). *Women in Science: Token Women or Gender Equality?*. Oxford: Berg Publishers: 1–12.

Wellington, S. (2002). *Be Your Own Mentor*(공경희 역, 『여자, 너 스스로 멘토가 되라』). 서울: 해냄출판사: 1–239.

Yakushko, O. (2005). *Ambivalent Sexism and Relationship Patterns among Women and Men in Ukraine*. Sex Roles. 52(9–10): 589–596.

Yoder, J. D. & Sinnett, L. M. (1985). *Is It All in the Numbers?: A Case Study of Tokenism*. Psychology of Women Quarterly. 9(3): 413–418.

Catalyst. (2025). http://www.catalyst.org.

>>> 제8장

김양희 · 정경아. (2000). 한국형 남녀평등의식검사(K–GES) 개발. 「한국심리학회지: 사회 및 성격」, 14(1): 23–44.

김재기. (2006). 여성공무원 차별인식과 인사정책방향: 관리직 여성공무원을 중심으로. 「서울대학교 행정논총」, 44(1): 127–153.

박상희 · 김병섭. (2006). 여성채용목표제의 정책적 효과 분석: 공직대표성에 대한 영향을 중심으로. 「한국행정학보」, 40(4): 179–203.

박통희. (2004). 『편견의 문화와 여성리더십: 여성공직자의 역할모형』. 서울: 대영문화사: 1–338.

안상수 · 김혜숙 · 안미영. (2005). 한국형 양가적 성차별주의 척도(K–ASI) 개발 및 타당화 연구. 「한국심리학회지」, 19(2): 39–66.

엄영옥. (2004). 양성평등 인사정책에 관한 연구. 「한국인사행정학회보」, 3(1):

95－117.

윤병해 · 고재홍. (2006). 양가적 성차별 태도에 따른 성폭력 피해자에 대한 비난 차이: 강간통념의 매개효과. 「한국심리학회지」, 11(1): 1－19.

원숙연 · 조승은. (2009). 정부조직에서의 여성관리자에 대한 평가: 권력기반과 관리효과성을 중심으로. 「한국정책학회보」, 18(1): 69－99.

원숙연. (2010). 조직의 문화적 특성이 여성관리자에 대한 인식에 미치는 영향. 「한국행정학보」, 44(2): 63－84.

이주희 · 한영희 · 성현정 · 인정. (2007). 공직의 유리천장: 여성공무원의 승진저해기제 및 제도의 이면효과. 「한국여성학」, 23(3): 5－22.

정재명. (2010). 공직 인사상 여성공무원의 차별인식이 직무만족에 미치는 영향: 신뢰의 매개변수를 중심으로. 「한국행정논집」, 22(3): 721－748.

제갈돈. (2000). 국 · 공립대학교 공무원의 승진에서 성차별. 「한국정책과학학회보」, 4(1): 27－46.

행정안전부. (2012). 『2012년 정부인사포털; 지방자치단체 여성공무원 인명록; 지방공무원통계』.

Abrams, D., Viki, G. T., Masser, B. & Bohner, G. (2003). *Perceptions of Stranger and Acquaintance Rape: The Role of Benevolent and Hostile Sexism in Victim Blame and Rape Proclivity.* Journal of Personality and Social Psychology. 84(1): 111－125.

Baldwin, M., Butler, R. & Johnson, W. (2001). *Hierarchical Theory of Occupational Segregation and Wage Discrimination.* Economic Inquiry. 39(1): 94－110.

Barreto, M. & Ellemers, N. (2005). *The Burden of Benevolent Sexism: How It Contributes to the Maintenance of Gender Inequalities.* European Journal of Social Psychology. 35(5): 633－642.

Begany, J. & Milburn, M. (2002). *Psychological Predictors of Sexual Harassment: Authoritarianism, Hostile Sexism, and Rape Myths.* Psychology of Men and Masculinity. 3(2): 119－126.

Buttner, H. (2001). *Examining Female Entrepreneurs' Management Style: An*

Application of a Relational Frame. Journal of Business Ethics. 29(3): 253－269.

Christopher, A. N. & Wojda, M. R. (2008). *Social Dominance Orientation, Right－Wing Authoritarianism, Sexism, and Prejudice toward Women in the Workforce*. Psychology of Women Quarterly. 32(1): 65－73.

Cuddy, A. J. C. (Ed.). (2009). *Stereotype Content Model across Cultures: Universal Similarities and Some Differences*. British Journal of Social Psychology. 48(1): 1－33.

Dardenne, B., Dumont, M. & Bollier, T. (2007). *Insidious Dangers of Benevolent Sexism: Consequences for Women's Performance*. Journal of Personality and Social Psychology. 93(5): 764－779.

Eagly, A. H. & Karau, S. J. (2002). *Role Congruity Theory of Prejudice toward Female Leaders*. Psychological Review. 109(3): 573－598.

Exposito, F., Herrera, M. C., Moya, M. & Glick, P. (2010). *Don't Rock the Boat: Women's Benevolent Sexism Predicts Fears of Marital Violence*. Psychology of Women Quarterly. 34(1): 36－42.

Fischer, A. (2006). *Women's Benevolent Sexism as Reaction to Hostility*. Psychology of Women Quarterly. 30(4): 410－416.

Fiske, S. T. & Glick, P. (1995). *Ambivalence and Stereotypes Cause Sexual Harassment: A Theory with Implications for Organizational Change*. Journal of Social Issues. 51(1): 97－115.

Ford, T. E. (2000). *Effects of Sexist Humor on Tolerance of Sexist Events*. Personality and Social Psychology Bulletin. 26(9): 1094－1107.

Garcia－Retamero, R. & Lopez－Zafra, E. (2006). *Prejudice against Women in Male－Congenial Environments*. Sex Roles. 55(1－2): 51－61.

Glick, P. & Fiske, S. T. (1996). *The Ambivalent Sexism Inventory*. Journal of Personality and Social Psychology. 70(3): 491－512.

Glick, P. & Fiske, S. T. (1997). *Hostile and Benevolent Sexism*. Psychology of Women Quarterly. 21(1): 119－135.

Glick, P. & Fiske, S. T. (2000). *Beyond Prejudice as Simple Antipathy*. Journal of Personality and Social Psychology. 79(5): 763–775.

Hebl, M. R., King, E. B., Glick, P., Singletary, S. L. & Kazama, S. (2007). *Hostile and Benevolent Reactions Toward Pregnant Women*. Journal of Applied Psychology. 92(6): 1499–1511.

Yakushko, O. (2005). *Ambivalent Sexism and Relationship Patterns among Women and Men in Ukraine*. Sex Roles. 52(9–10): 589–596.

>>> 제9장

권경득 · 최연택. (2010). 지방공무원의 성격유형, 직무행태 및 조직성과에 관한 연구: MBTI 의사결정유형을 중심으로. 「한국지방자치학회보」, 22(4): 265–287.

박천오 · 김상묵 · 강제상. (2000). 한국 공무원의 성별 직무관련태도 차이에 관한 실증적 조사연구: 지방공무원을 중심으로. 「한국행정학보」, 34(2): 269–287.

김금미 · 정해숙 · 정경아. (2007). 공무원의 양성평등행동의도 및 행동에 영향을 미치는 요인. 「여성연구」, 72(1): 189–223.

김명소 · 김금미 · 한영석. (2004). 남성의 양성평등행동에 대한 합리적 행위이론 및 계획된 행동이론의 적용: 도덕적 책무의 역할 탐색. 「한국심리학회지: 여성」, 9(1): 1–21.

김양희 · 정경아. (2000). 한국형 남녀평등의식검사(K–GES) 개발. 「한국심리학회지: 사회 및 성격」, 14(1): 23–44.

노안영 · 강영신. (2003). 『성격심리학』. 서울: 학지사.

이학식 · 임지훈. (2016). 『구조방정식 모형분석과 AMOS 22』. 서울: 집현재.

정재명. (2010). 공직 인사상 여성공무원의 차별인식이 직무만족에 미치는 영향: 신뢰의 매개변수를 중심으로. 「한국행정논집」, 22(3): 721–748.

Carver, C. S. (2012). *Personality psychology: Perspectives on personality*. 김교현 역, 『성격심리학: 성격에 대한 관점』. 서울: 학지사.

여성가족부. (2018). 『제5차 여성정책기본계획(2018-2022); 한국양성평등교육진흥원 중장기사업계획(2018-2020)』.

행정안전부. (2018). 『2018년 지방공무원통계; 지방자치단체 여성공무원 인명록; 지방자치단체 여성공무원통계』.

Allport, G. W. & Odbert, H. S. (1936). *Trait-names: A psycho-lexical study.* Psychological Monographs. 47(211): 1-171.

Ashton, M. C. & Lee, K. (2001). *A theoretical basis of major personality.* European Journal of Personality. 15(5): 327-353.

Barlett, C. P. & Anderson, C. A. (2012). *Direct and indirect relations between the Big Five personality traits and aggressive and violent behavior.* Personality and Individual Differences. 52(8): 870-875.

Barrick, M. R. & Mount, M. K. (1991). *The Big Five personality dimensions and job performance: A meta-analysis.* Personnel Psychology. 44(1): 1-26.

Costa, P. T. & McCrae, R. R. (1992). *Four ways five factors are basic.* Personality and Individual Differences. 13(6): 653-665.

Costa, P. T. & McCrae, R. R. (2008). *The five-factor theory of personality.* In O. P. John et al. (Eds), Handbook of Personality. New York: Guilford Press: 159-181.

Judge, T. A., Higgins, C. A., Thoresen, C. J. & Barrick, M. R. (1999). *The Big Five personality traits, general mental ability and career success across the life span.* Personnel Psychology. 52(3): 621-652.

McAdams, D. P. (1992). *The five-factor model in personality: A critical appraisal.* Journal of Personality. 60(2): 329-361.

Naff, K. C. (1995). *Subjective vs. objective discrimination in government.* Political Research Quarterly. 48(3): 535-557.

Schmitt, D. P., Allik, J., McCrae, R. R. & Benet-Martínez, V. (2007). *The geo-graphic distribution of Big Five personality traits.* Journal of Cross-Cultural Psychology. 38(2): 173-212.

Weichselbaumer, D. (2004). *Is it sex or personality? The impact of sex-ster-eotypes on discrimination in applicant selection.* Eastern Economic Journal. 30(2): 159-186.

찾아보기

ㄴ

ㄷ

ㅁ

ㅂ

ㅈ

ㅊ

ㅋ

ㅌ

ㅍ

ㅎ

A-Z

저자 소개

우양호(禹良昊)

국립한국해양대학교의 교수로 재직하고 있으며, 교양학부 등에서 학생들을 가르치고 있다. 학생들에게는 성인지 감수성 등의 인성 교과 과정과 정부 인사 및 성평등 정책 등을 강의하고 있다. 중앙 및 지방정부의 공무원 채용 심사와 공공기관 인사위원으로 다년간 활동하였으며, 부산광역시 시사편찬위원과 전국 규모 다수 학회의 이사를 맡고 있다. 학계에서는 한국지방정부학회 연구부회장, 총무위원장 및 감사를 맡았으며, 과거 대한지방자치학회 편집위원, 지방자치인재개발원 외래교수 등을 역임했다. 주요 관심 분야는 인사행정, 양성평등 정책, 도시 및 지방행정, 해양정책 등이다(이메일: woo8425@kmou.ac.kr).

양성평등인사론

초판발행 2026년 2월 2일

지은이 우양호
펴낸이 안종만·안상준

편　집 최유라
기획/마케팅 박부하
표지디자인 BEN STORY
제　작 고철민·김원표

펴낸곳 (주) 박영사
서울특별시 금천구 가산디지털2로 53, 210호(가산동, 한라시그마밸리)
등록 1959. 3. 11. 제300-1959-1호(倫)
전　화 02)733-6771
f a x 02)736-4818
e-mail pys@pybook.co.kr
homepage www.pybook.co.kr
ISBN 979-11-303-9759-7 93350

정 가 18,000원